U0870675

开放式教育理论与实践研究

赵样 著

西北工業大學出版社
西 安

【内容简介】　本书内容包括课程观与开放教育课程、开放式教学的理论基础、国外开放式教育课程的现实探索、开放教育课程设计与开发、教育课程组织与实施、信息技术与开放式教育、以自主教学引导开放教育和以反转教学促进开放教育等8章。

本书可作为远程教育相关专业以及从事相关职业的人员参考。

图书在版编目（CIP）数据

开放式教育理论与实践研究 / 赵样著. -- 西安 : 西北工业大学出版社, 2020.8
ISBN 978-7-5612-7257-2

I. ①开… II. ①赵… III. ①开放教育一研究 IV. ①G728

中国版本图书馆 CIP 数据核字(2020)第 154453 号

KAIFANGSHI JIAOYU LILUN YU SHIJIAN YANJIU
开放式教育理论与实践研究

责任编辑：梁　卫　　策划编辑：雷　鹏
责任校对：雷　鹏　　装帧设计：吴志宇
出版发行：西北工业大学出版社
通信地址：西安市友谊西路127号　　邮编：710072
电　　话：（029）88493844　88491757
网　　址：www.nwpup.com
印 刷 者：北京市兴怀印刷厂
开　　本：710 mm×1 000 mm　　1/16
印　　张：13.25
字　　数：252千字
版　　次：2020年9月第1版　　2020年9月第1次印刷
定　　价：68.00元

前　言

开放大学的全面建设、整体推进，必须紧紧围绕“质量”这一中心。质量保障虽然取决于多种因素，但从根本上说则取决于内涵建设的成效，而内涵建设显然又是一个复杂的系统工程，涉及模式的改革、资源的优化、服务的规范、教师的素质等诸多方面，但加强课程建设，无疑是内涵建设与质量保障的关键性要素，即高度关注课程建设，也就是准确把握了内涵与质量建设的重点，同时也是开放教育模式深化探索的实践性标志。

本书运用国际与本土、整体与专题、理论与实践相结合的方法，对开放教育的课程与教学支持问题进行了较为系统的探讨。一是立足于互联网背景下开放教育的转型，探讨了开放教育课程设计、开发的原则与模式，课程的组织与实施，课程的监控与评价，由此丰富了开放教育课程建设的内涵。二是在实践的基础上强化了开放教育教学改革的理念，探索了自主学习式教学、契约式教学、反转式教学等体现开放特征的教学实践模式，对教师的教学行为以及学生的学习方式转变具有重要的促进作用。三是以“互联网+”的思维，并基于MOOCs、微课、大数据技术，对以生为本的新型教育形态进行了较为充分的论述。同时，基于以生为本的理念对传统的教学论进行了较为深刻的反思，由此推动了教学理论与模式的创新。

限于水平，本书肯定有许多纰漏之处，一些问题还有待于进一步探讨。因此，敬请各位专家、同行提出宝贵意见与建议，我们将根据这些意见与建议完善我们的研究与探索，以期为“开放教育”更为广泛的实施提供借鉴，让更多学习者享受到更好的教育资源和服务。

最后，笔者衷心地感谢关注、支持和帮助支持本书出版的各位领导、专家；感谢各位同僚、前辈的研究经验为作者提供借鉴，此外由于本书参考了大量的图书、论文资料，整理过程中可能会有所遗漏，这里对这些文献的作者表示诚挚的歉意。

著　者

目　录

第一章　课程观与开放教育课程

第一节　当前国内外基本课程观比较

课程是课程论学科领域中的最基本的概念。课程观的发展，受政治、经济、文化等方面影响，在不同的时代，甚至在同一时代，都存在着不同的甚至是相对立的课程观。国内外学者对课程概念有种种不同的看法。明了不同的认识对我们深入探讨开放教育课程、进行开放教育课程建设有着重要意义。

一、课程概念的源起

中国古代，“课程”一词始见于唐宋年间。唐代孔颖达为《诗经·小雅·小弁》中“奕奕寝庙，君子作之”句作疏：“教护课程，必君子监之，乃依法制。”但是，这个课程的含义并非我们今天理解的课程。宋代朱熹在《朱子全书·论学》中有“宽着期限，紧着课程”，“小立课程，大作工夫”等。虽然他对这里的“课程”没有明确界定，但含义与我们今天理解的课程接近，指功课及其进程，这是当今课程论中“课程”的基本含义。

在西方，“课程”(Curriculum)一词是从拉丁语“Currere”一词派生出来的，意为“跑道”。从名词形式看，课程就是为不同学生设计的不同轨道；从动词形式看，“Currere”是指“奔跑”，课程是指个体认识经验的自我建构。19 世纪 60 年代，英国教育家斯宾塞(H．Spencer)在其《什么知识最有价值》一文中使用“课程”一词，把它界定为教学内容的系统组织。虽然说早期教育家的著作中蕴含了一些课程思想，但是，课程问题成为人们关注的重要问题还是 19 世纪末 20 世纪初的事情。[①]把课程独立出来加以研究是在 20 世纪 20 年代。在 20 世纪初，美国学者博比特(F．Bobbitt)出版《课程》(1918)一书，标志课程作为一个独立的研究领域已从教育研究中分化出来。自博比特之后，美国学者逐步认识到，教育领域中存在一个课程领域。

从中国古文和英文的词源上看，课程是一个活动过程，是一个学生功课得到发展的动态过程。

---

① 靳玉乐．课程论[M]．北京：人民教育出版社，2012：6．

二、课程的代表性定义

课程定义多样复杂，学者们多立足于自己的学术背景，从自己看问题的角度和分析问题的方法对课程做出不同的定义。

1974 年，课程论专家塞勒(J．G．Saylor)和亚历山大(W．M．Alexande)概括了四类课程定义：课程即学科或教材；课程即经验；课程即目标；课程即计划。奥恩斯坦(Allan C．Ornstein)和亨金斯(Francis P．Hunkins)概括出五类课程定义：课程即行动(活动)计划，或书面文件；课程即安排学习者的经验；课程即进程或系统；课程即学科或与学习内容有关的东西；课程包括计划、系统和学习领域。

我国学者施良方将课程的定义归纳为以下六种类型：第一，课程即教学科目；第二，课程即有计划的学习活动；第三，课程即预期的学习结果；第四，课程即学习经验；第五，课程即社会文化的再生产；第六，课程即社会改造。顾明远在《教育大辞典》中将课程定义分为三种类型：一是“学科”说，认为课程有广义、狭义之分，广义指所有学科的总和或学生在教师指导下各种活动的总和；狭义指一门学科。二是“进程”说，认为课程是一定学科有目的有计划的教学进程，不仅包括教学内容、教学时数和顺序安排，还包括规定学生必须具有的知识、能力、品德等的阶段性要求。三是“教学内容”或“总和”说，将列入课程计划的各门学科和它们在课程计划中的地位开设顺序等总称为课程。[①]

课程具有复杂多样的表现形式，概括分析主要有以下几种：

(1) 课程即课程内容或教材。

“课程即课程内容或教材”是最为普遍的一种课程定义。夸美纽斯(J．A．Comenius)认为，课程内容就是学生要学习的知识，而知识的载体就是教材。学校教育是向学生传递知识，而知识的传递是以教材为依据的，教材是知识内容的基本表现形式。如《教育大辞典》指出，课程是“为实现学校教育目标而选择的教育内容的总和”。

课程即课程内容或教材，是从课程存在的物质形态定义课程，强调受教育者需要掌握完整的科学知识体系。向学生传授知识，注重知识的逻辑与结构，教材或学习内容的建设至关重要。但是，仅仅把课程等同于学生将要学习的教材知识内容，不把学生从特定的教学活动方式中实际获得的学习经验也看成是课程的有机要素，这有失偏颇。

(2) 课程即目标或计划。

有研究者认为，课程即目标或计划。泰勒(R．Tyler)在 1949 年指出：“学校课程一般被界定为所有学校的计划和指导的学习。”计划不仅包括了组成课程体系的

[①] 顾明远．教育大辞典[M]．上海：上海教育出版社，1998：257．

知识内容，还包括了课程内容的范围、序列和进程的安排，以及教学方法和技术设计。[①]塔巴(H. Taba)将课程定义为“学习计划”。普雷特(D. Pratt)认为课程是“一组有组织的正规教育或训练意图”。西北师大李秉德主编的《教学论》认为：“课程就是课堂教学、课外学习以及自学活动的内容纲要和目标体系，是教学和学生各种学习活动的总体规划及其过程。”

课程即目标或计划，是从课程实施与管理出发，强调课程的目标性，强调课程目标的发现与课程的组织，有可取之处。但是，因为课程是个动态的过程，所以课程不但包含了内容体系，还包括了课程内容实施的整个环节。

(3) 课程即学习经验。

20 世纪 30 年代末期以来，视课程为经验的课程观受到重视。美国教育家杜威将这种观点加以系统化、理论化并付诸实践。杜威认为，课程是学生在教师指导下或自发获得的经验或体验。卡斯威尔(H. L. Caswell)及坎贝尔(D. S. Campbell)主张学校课程涵盖学生在教师指导下的所有经验。蔡斯(R. S. Zais)指出，课程是“在学校当局指导下，学习者所经历的全部经验”。[②]

课程是学习经验，是从课程的本质属性出发，强调学生的学习是通过学生的主动行为而发生的，学生的学习取决于他自己做了些什么，而不是教师呈现了什么内容或要求做些什么。课程即经验取向强调外在的知识要转化为学习者自身所有——经验，重视师生交互作用产生的结果。

(4) 后现代课程观。

后现代课程学者小威廉姆·E. 多尔借鉴、吸收了格里芬的建设性后现代主义理论、皮亚杰的生物学世界观、普利高津的耗散结构理论、杜威的过程理论、怀特海的有机论等观点，对现代课程观进行了颠覆，其代表作《后现代课程论》(A Post-Modern Perspective on Curriculum)针对现代课程范式的危机提出新 4R，即课程的丰富性(rich)、回归性(recursive)、关联性(relational)和严密性(rigorous)。[③]多尔认为，丰富性是指“课程的深度、课程意义的层次、课程的多种可能性和解释”。课程应具有不确定性、模糊性、耗散性与生动的经验。每门学科应以自己的方式解释“丰富性”；回归性是通过自身反思性行为扩展和生成知识与课程内容。在回归中，有必要让他人——同伴、教师考查、批评并对自己的行为做出反应；关联性包括教育联系和文化联系。教育联系主要是指课程结构内在的联系，这种联系通过回归性发展课程的深度。文化联系则强调描述和对话，通过对话，话语可以扩展到全球和生态韵网络之中。严密性意味着有目的地寻找不同解决方案、关系

---

① 靳玉乐．课程论[M]．北京：人民教育出版社，2012：40．

② 王伟廉．课程研究领域的探索[M]．成都：四川教育出版社，1988：8．

③ 多尔．后现代课程观[M]．王红宇，译．北京：教育科学出版社，2000：230．

与联系，包括解释性和不确定性两个因素。

多尔认为，后现代的课程是生成的，而非预先设定的。如果把课程当作一种文本，就会忽视学生的经历和体验。课程是经验的创生；课程是对话，是师生之间的交往与沟通；课程要促进学生个体意义的建构。可以说多尔的课程论为我们提供了一些新的观点与思维方法，虽然有不足之处，但是其奠定了建设性后现代主义课程研究的基础。

通过学者们对课程定义的表述，我们不难发现课程内涵发展的新趋势，即从强调课程内容到强调学习者的经历和体验；从强调目标、计划的预设到强调师生共同创生课程的价值；从强调静态的教材学习到强调教师、学生、教材、环境之间的对话。

三、对开放教育课程的启发意义

课程每一种定义的背后都有特定的哲学、社会学、心理学为其理论基础，我们无须纠结于课程不同的定义，而是可以着眼于几种代表性的课程定义对开放教育课程建设与发展的启发意义。

(一) 开放教育课程要考虑经验性

课程是一种具有教育意义的经验，它的教育性就体现在这些经验能够促进学生在身心上的全面发展。因此，教师更需要关注学生的学习体验，从学生出发，进行师生间交互学习活动。开放教育课程关注的焦点要由“教”转向“学”，关注成人学生的生活经验与工作体验，应据此进行相应的教学安排。只有当学生把课程内容与他们大脑中原有的认知经验相联系时，有意义的学习才会发生。

(二) 开放教育课程要注意目的性

课程是带有教育意义的有组织和有意图地安排学习，获得学习结果的过程。由此，开放教育需要明确的课程目标与清晰的课程计划。课程目标要能够促进学生的个性发展，增强学生终身学习的意识和能力；应能够促进学生认知系统、操作技能系统、情意系统的发展。课程目标与计划隐含着课程评价的因素，课程必须以有助于成人学生能力提升为标准，绝不是唯分数论。

(三) 开放教育课程要注意整合性

课程总是以一个完整的系统出发的，具有预期目标的课程，不论其存在形式如何，总脱离不了一定的结构系统。开放教育课程结构组织要注意整合性，即成人学生心理发展与教材结构逻辑的契合；成人学生情感领域与认知领域的整合；相关学科、课程内容与行业、岗位需求内容的综合。处理好分科与通识课，选修与必修课之间的关系，体现课程结构的综合性、均衡性和选择性。

(四) 开放教育课程要考虑开放性

开放教育课程要适应社会进步和经济发展的需求。课程设置国际化、开放化，既要体现时代精神，又要具有国际视野。课程设置在赋予学习者更大的自主权基础上，要遵循开放性原则，和终身教育、学习型社会理念相一致。要建立一种开放的、鼓励学生大胆质疑的、师生可以进行真实交往的关系，实现师生平等对话、促进师生的共同成长。

四、课程的组成与课程建设

(一) 课程的组成部分

课程的组成部分即课程要素。1942 年，哈里·贾尔斯(Harry Ciles)在《八年研究》报告中，将课程划分为以下四个组成部分：①具体目标；②学科内容；③方法和组织；④评估。这四个部分的关系如图 1-1 所示。

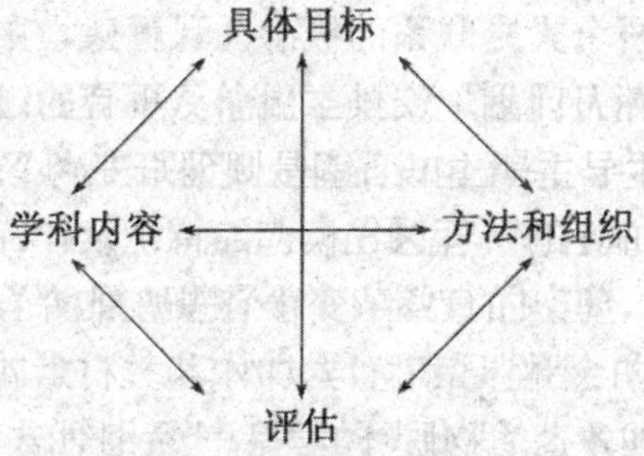

图 1-1　课程的组成部分

实际上哈里·贾尔斯提出了课程的四个基本问题[①]：①要做什么？②包括哪些内容？③要使用哪些教育策略、资源和活动？④要使用哪些方法和工具去评价课程结果？现代课程论之父泰勒认为，课程与教学的基本原理围绕着四个中心问题[②]：①学校应该达到哪些教育目标？②提供哪些教育经验才能实现这些目标？③怎样才能有效地组织这些教育经验？④我们怎样才能确定这些目标正在得到实现？马什(Colin J. Marsh)在其《理解课程的关键概念》一书中提出，一个课程框架文献通常包括如下组成部分：一是一种原理或纲领；二是课程领域的范围和界限；三是一般性教育目标和课程领域内学科的目的；四是具体课程设计指南；五是内容；六是教与学原理；七是学科评价指南；八是学科鉴定和证明的标准；九是该领域的未来发展。

① 丁念金．课程论[M]．福州：福建教育出版社，2007：26．
② 泰勒．课程与教学的基本原理[M]．施良方，译．北京：人民教育出版社，1994：2．

基于学者的论述，我们认为，课程包括以下几个基本部分：第一个组成部分是课程目标，即课程学习活动所要达到的预期结果，也就是所期望的学生身心发展的结果。课程目标的确定是课程设计与开发中的重要一环，它对后面的各个环节、各个组成部分起着指导和定向的作用。第二个组成部分为课程内容，它是要求学生通过课程学习活动而掌握的、以一定形式组织起来的各种知识、技能等多方面的内容要素。课程设计与开发中学习内容的确定包括学习内容的选择、学习内容的组织。第三个组成部分是课程教与学方式，它是指如何教与学的问题，是由教学活动的类型、方式方法及运行时间、空间和程序等构成的总和。在课程设计与开发过程中，需要对教学方式及学习方式做出指导、设计。第四个组成部分是课程评价，即对课程进行价值评判。

上述课程的组成部分表明，课程包含了为什么而学、学什么、如何学及学的效果如何这几个层次。因此，在开放教育中围绕这几个层次进行课程改革与课程建设非常重要。

(二) 课程建设概念的界定

课程建设与课程是两个紧密联系的概念，课程建设由课程引发而来。当代课程理论认为，课程是一种有计划地安排学生学习机会的过程，在这一过程中，使学生获得知识、丰富体验。课程建设是基于对课程的系统认识，根据对课程要素功能和结构功能的要求进行的目标课程模式的系统设计，并按此目标模式对课程进行创新性的系统改造。[①]广义的界定下，我国高校的课程建设不仅包括对外显的专业课程方案(教学计划)、课程标准(教学大纲)和教材形式明确陈述的显性课程建设，而且包括对内隐的以教育的物质环境、精神氛围等方式存在的隐性课程建设。课程建设不同于学科建设。课程建设就是指学校所开设科目的建设，具体包括课程门数、类别、选科、选课、选修课、必修课、学分制等具体的工作。[②]

基于以上对课程的认识，本研究认为，课程建设是基于对课程的系统认识，根据对课程要素功能和结构功能的要求，对课程进行创新性的变革。课程建设包括课程设计、开发和应用的过程。教育部教高〔2001〕4 号文件《教育部关于印发(关于加强高等学校本科教学工作提高教学质量的若干意见)的通知》，就高等学校加强本科教学工作，提高教学质量，提出了 12 条指导意见，其中有 7 条直接涉及课程建设的有关方面。由此可见，为确保和提高教学质量，加强课程建设是极其重要的。课程建设是开放教育体系构建的核心，我们应根据开放学习的规律和特点，坚持优质的课程资源开发、有效的课程教学管理、可靠的课程质量保证来提高开放教育质量。

[①] 王根顺，刘亚军．高等学校课程建设与评估的理论与实践[J]．兰州大学学报(社会科学版)，2003(4)：128-132．

[②] 王建华．高等教育学的建构[M]．广州：广东高等教育出版社，2009：65．

第二节　开放式教学的内涵及特点

一、开放教育的含义

在开放教育研究领域中，学者们关于开放教育有种种理解，这里我们有必要先厘清“开放”概念的内涵。“开放”在《辞海》中为“展开、不关闭”之意。现代社会中，“开放”已成为一种先进的理念、思想。“开放”概念的两个核心理念是平等主义和共享。平等主义意味着平等参与的权利(获取、使用和协作)。共享所根植的理念是扩大曾被限制的获取范围。开放动机往往来自共享意愿。它可以是为共同利益做出贡献的意愿，也可以是参与协作活动的意愿。[①]我们认为，开放教育涵盖了以下三个层面。

(一) 开放教育是思想、观念

开放教育(Open Education)思想源于 18 世纪法国启蒙运动思想家、哲学家卢梭创立的自然主义的教育理论。卢梭提出，教育应该顺应人的天性发展，应该回到自然的系统。自然教育的最终培养目标是“自然人”，而自然人是独立自主、平等、自由的。

真正意义上的开放教育应该是一种教育的观念、一种教育的思想、一种教育的态度、一种教育的政策，正如教育家莫利森(G. S. Morrison)认为，开放教育是一种态度、一种自由、一种以学生为中心式的教育。[②]所谓“开放”“公开”是相对于“封闭”“拒绝进入”而言，“开放教育”指不封闭、尽量容纳的教育，是以“开放”为原则，从各方面减少甚至消除学习者的学习障碍。[③]开放教育以崇尚自由、顺应自然为理念，以社会化教育、终身教育为宗旨，给予不同的学习者最大的学习空间、最自由的学习时间，这是最为关键的。

(二) 开放教育是实践方法和教育形式

我国台湾学者陈伯璋、卢美贵认为，开放教育就其字面意义而言，意味着开放的课程与教材、开放的学习方式、开放的学习空间、开放的辅导制度、开放的人际关系……[④]开放教育概念术语流行起于 20 世纪 60 年代。英国政府在 20 世纪

---

① 布彻，胡森，涂维莉，等．后传统在线高等教育质量指南[M]．中文版．刘占荣，等译．北京：中央广播电视大学出版社，德稻教育，2014：9．

② 梁士荣．开放教育特质论[J]．开放教育研究，1999(1)：8-11．

③香港公开大学编写组．遥距学习方法[M]．香港九龙：香港公开大学出版社，2006：2．

④陈伯璋，卢美贵．开放教育[M]．台北：师大书苑，1991：6．

60年代中期将建设中的“放送大学”的校名改为“开放大学”的决策，使得“开放学习”和“开放教育”的概念和术语在世界上更加普遍流行起来。

1969年，英国开放大学举行开学典礼，标志着世界上第一所开放大学的诞生。英国开放大学的首任校长克劳瑟爵士在其就职庆典上，给开放大学赋予了四项含义：开放教育对象，开放教学时空，开放教学方法，开放教育观念。对于传统教育而言，开放教育从几个方面打破了传统教育的封闭状态，使教育走出世纪的樊篱。在这以后的数十年间，美国、加拿大、澳大利亚等国，中国的台湾、香港地区陆续涌现出一所所名称不同、开放程度不等、侧重点不一、规模范畴不尽一致的高等教育机构；院校一般不设入学限制，把受教育的机会提供给所有希望受教育的人，这成为开放教育的大规模的实践。

循着英国开放大学之路，中国广播电视大学进行了开放教育的实践。在打破入学限制、改革学习方式、提高学生支持服务质量等方面都进行了诸多有益的尝试，同时也使得“开放教育”这一概念在中国教育界日益深入人心。经过多年的探索实践，实现了预期目标，形成了中央广播电视大学开放教育人才培养模式的基本框架，开放教育已经成为推进远程教育和继续教育发展的一种重要形式。

(三) 开放教育是理念，也是形式上的挑战

“开放”主要表现为对不同思想乃至异质思维的包容，“教育”则体现了时代的要求。教育创新的一个共同目标是更大的开放。“开放”应成为学校与各种教育机构学习资源、学习平台和教学实践的显著标志。开放学习的概念曾经主要用来指入学要求，但现在它已经演变成“开放”理念的一道彩虹，直接挑战传统校园的中心地位、所有权、有限访问、学术特权及教育等级制度。因此，开放教育不仅意味着对教育对象的开放，更重要的是在教育观念与教学方法上的开放，以及在教育资源和运行机制上的开放。

随着现代信息技术的快速发展，“无所不连”的移动互联网已突破了传统课堂的面对面教学。教育教学活动已不可能孤立存在于真空中，网络和生活、学习的结合将越来越紧密，MOOCs 打出“开放”的旗帜，发展迅速，开放教育对传统教育挑战是未来教育的发展趋势。构建开放的教育模式并实现信息技术与教育教学的融合也是开放大学与普通高校共同追求的目标。

综上所述，我们认为，开放教育是相对于封闭教育而言的，以学习者为中心，顺应学习者的自然天性，从各方面减少或消除学习者的学习障碍，给予学习者最大的学习空间、最自由的学习时间的理念及形式。多种媒体和现代信息技术手段可以为开放教育推波助澜。

二、远程教育的内涵

远程教育与开放教育密不可分。开放教育对于远程教育的实践有着极为重要的意义。

(一) 远程教育的含义

远程教育也被称为远距离教育。一般认为，远程教育的概念形成源于函授教育。函授教育起源于 19 世纪的英国。20 世纪，随着视听技术和多媒体的发展，函授教学向多种媒体教学形式转变。1969 年，英国开放大学成立，使得开放教学、远程教育概念兴起。

远程教育的定义由多曼(Dohmen)第一个提出。多曼在《远程教育研究和活动的新领域》一文中认为，远距离教育是一种有系统组织的自学形式，在这种形式中学生的咨询、学习材料的准备，以及学生成绩的保证和监督都是由一个教师小组进行的。这个小组的每一个成员都具有高度的责任感。通过媒体手段有可能消除距离，媒体手段可以覆盖很长的距离。穆尔(Moore)在 1973 年发表的《独立学习理论初探》中给出的远程教育的定义为：远程教育可以定义成教学方法大全。在这个教学方法家庭中，教学行为与学习行为是分开实施的，也包括有学生在场进行接触的情况。结果在学生和教师之间的交流必须通过印刷的、电子的、机械的或其他手段来促进。霍姆伯格(Holmberg)在 1977 年发表的《远程教育文献与评述》中给出的远程教育的定义：在远程教育中，学生和教师并不出现在同一教室或同一地点，因而学生并不处于教师连续的、直接的教学指导之下，但是学生仍然从教育组织的计划、指导和教学辅导中受益。

1986 年，国际上比较权威的远程教育专家德斯蒙德 • 基更(Desmond Keegn)对远程教育的定义使我们获得更为具体的认识[①]：①在整个学习过程中，教师和学生处于准永久性分离状态(以此与常规面授教育相区别)；②教育组织在材料计划、准备和学生支持服务准备两方面的影响(以此与个别学习和自教计划相区别)；③技术媒体——印刷媒体、视听媒体或计算机媒体的使用把教师与学生联系起来并成为课程内容的载体；④提供双向通信，使学生可以主动对话并从对话中受益(以此与教育技术的其他应用相区别)；⑤在整个学习过程中，准永久性地不设学习集体，结果人们通常不在集体中而是作为个人在自学，为了教学和社会两方面的目的，有可能须召开必要的会议。

我国学者丁兴富在基更等学者探讨远程教育的基础上指出，远程教育有广义与狭义之分。广义的远程教育是对各类教育、培训和学习(包括各类学校或其他社

[①] 基更．远距离教育基础[M]．丁新，译．北京：中央广播电视大学出版社，1996：42．

会机构组织实施的以及社会生活情境中发生的)中远程教学和远程学习活动的总称。狭义的远程教育指学校远程教育，是对教师和学生在时空上相对分离，学生自学为主、教师助学为辅，教与学的行为通过各种教育技术和媒体资源实现联系、交互和整合的各类学校或社会机构组织的教育的总称。

从远程教育的发展来看，技术的更新和社会的需求是远程教育发展的动力，现代远程教育是远程教育的飞跃。现代远程教育是随着现代信息技术的发展而产生的，以计算机通信技术和网络技术为依托，采用远程实时多点双向交互式多媒体现代化教学手段，实现跨越时间和空间的一种新型的远程教学过程及形式。

(二) 远程教育践行开放教育的理想

通过上述分析，我们不难看出，开放教育和远程教育是两个层次不同的概念。开放教育是针对教育的封闭而提出的开放理念或形式，而远程教育是针对面授而提供的远程学习的形式。远程教育在实质上只是一种特定的授课方式，这个概念本身并不具备完整的顺应自然教育、消除入学资格限制等内涵。如果想使远程教育真正地、全面地实现开放，与开放教育做到同步，很有必要在更大程度上借鉴、吸收、践行开放教育的理念和思想。因此，使用远程手段实现开放学习，可以认为是远程开放教育。

远程教育可以遵照开放教育的理想，按照教育需求者的生存方式、生存需要和生活喜好来设计多种教育方式、方法和途径，使得受教育者以最适合的方式来接受教育。因此，受教育者拥有最大的自主权，这也是整个开放教育的核心思想。远程教育必须具备开放教育的“有教无类”的思想，广为接纳一切教育需求者，消除入学资格、年龄、学历等的限制，有利于建构终身教育体系。

开放教育的主体是自由、自主、个体化的学习者，教育者要树立以学生为主体的思想，围绕学生的自主学习展开教学活动。远程教育亦是如此。远距离的学习，学习的主动性在学习者手中，以学生为主体是必然的趋势和要求。当下，在现代信息技术的推动下，远程教育已经向更多的学习者开放，这种开放是基于多媒体的。只有借助于多种媒体的力量，努力消除时空差异所带来的学习障碍，才能从最基本的客观条件上达到开放的教育。

(三) 远程教育课程

随着现代远程教育的发展，出现了不同于传统教学的网络教学(在线教学)。支撑网络教学(在线教学)的是网络课程(在线课程)。网络课程(在线课程)是互联网信息时代条件下课程新的表现形式。

1. 网络课程

“网络课程”一词的定义最早是教育部现代远程教育资源委员会在 2000 年《现

代远程教育资源建设技术规范》中给出的，即“网络课程是通过网络表现的某门学科的教学内容及实施的教学活动的总和”。它包括两个组成部分：按一定的教学目标、教学策略组织起来的教学内容和网络教学环境，其中网络教学支撑环境特指支持网络教学的软件工具、教学资源及在网络教学平台上实施的教学活动。

陈保军、杨改学着眼于课程要素，认为网络课程是传统课程在现代网络信息环境下的重建，是教师、学习者、媒体教材和网络学习环境四者持续地相互作用的过程与内容的总称。何克抗认为，网络课程是在先进的教育思想、教学理论与学习理论指导下的基于 Web 的课程，其学习过程具有交互性、共享性、开放性、协作性和自主性等基本特征。武法提着眼于网络学习方式对网络课程做出界定：网络课程是在课程论、学习论、教学论指导下，通过网络实施的以异步自主学习为主的课程，是为实现某学科领域的课程目标而设计的网络学习环境中教学内容和教学活动的总和。金伯格等将网络课程分为三代：第一代是通过网页给学习者提供教学材料和有关资料，以及与其他相关资源的链接；第二代是除了在网上提供学习材料外，还要求学习者通过电子邮件、电子公告栏、网上练习和测量进行异步双向交流；第三代是除了具备第一代、第二代的特点外，还要求通过网上交谈室、电话会议或视频会议系统进行同步双向交流。金伯格等的分类近似远程教育分代之述。

2. 在线课程

对于在线课程的界定，目前尚未达成一致的看法。基本有两种指向：一种认为在线课程是“在线+课程”，“在线”与“离线”相对，表示当前状态是登录了计算机网络的线路，可以通过网络进行信息沟通的状态；“在线课程”即“在线”与“课程”的黏合。一种将在线课程同网络课程画等号。因为网络课程的教与学是基于网络进行的，因此在线课程也可认为就是网络课程。

从本质上看，在线课程(Online Course)仍然属于课程的范畴。一些研究者多倾向于根据线上及线下学习过程的比例来界定在线课程。丁兴富认为，教师网络教学与学生网络学习占传统校园学校教育教学全过程的比例或成分超过 80%，这类面对校园学生的网络远程教学课程称为在线课程。美国学者伊莱恩·艾伦、杰夫·西蒙根据课程内容的在线比例做了典型的描述，如表 1-1 所示。

表 1-1　课程分类说明

课程内容在线比例	课程类别	典型描述
0%	传统面授	没有网络技术的应用——发布课程内容用书面或者口头提出
1%～29%	网络辅助	使用基于 web 的技术来促进本质上是一个面对面的课程。可以使用一个课程管理系统(CMS)或 web 页面发布自己的教学大纲和作业

续 表

课程内容在线比例	课程类别	典型描述
30%～79%	混合课程	混合了在线教学和面对面教学。大部分的内容都是网上进行的，通常使用在线的讨论，面对面教学较少
80%	在线	一个课程，大多数或所有的内容都是在线进行。通常没有或仅有极少的面对面教学

在线课程真正成为开放课程是从2001年4月麻省理工学院发起的开放式课程(简称 OCW)计划开始。麻省理工学院提出开放式课程计划，旨在通过网络平台向本校教师和学生在线、免费提供教学大纲、讲义、作业和测试题目等教学资源。随着开放教育资源这一概念的推广，麻省理工学院的开放式课程计划也发生了转变，开始通过网络平台向全球学习者提供免费、开放的教学材料。自从麻省理工学院开放式课程网站正式发布教学资源以来，这些教学资源覆盖 2 080 多门本科和研究生课程。透过这些课程能全面了解麻省理工学院的课程设置。开放式课程提供的教学资源已经吸引了将近数亿名学习者，对网站的翻译有超过 1 000 多个版本，包括中文、西班牙语、葡萄牙语、波斯语和泰语等，网络宽带有限的地区可通过 290 多个副本网站进行学习。该网站访问量每月超过 150 万人次，其中在校学生的比例占 42%，教师和自主学习者分别占 9%和 43%，其他用户占 6%。相关调查表明，12%的教师已将开放课件和个人的课件相结合开展教学。

紧随其后，一些世界名校也陆续推出开放的在线课程(MOOC)，MOOC 的教学活动、测验、作业及讨论全部在网上进行。MOOC 理念的独创性在于，学习者可以根据自己学习过程的需要，对课程内容任意进行重新组合。课程所有的资料和课程本身都是开源免费的。学习者可以选择通过支付一定费用获取大学学分。随着全球在线教育发展趋势加速，接受在线学习的人数越来越多。据斯隆联盟发布的美国在线教育调查报告显示，至少注册学习一门课程的学生数量超过 610 万人，高等教育中近乎 1 / 3 的学生注册学习了一门在线课程。在线教育市场在中国也进入高速发展时期。2013 年 1 月，香港中文大学加入 Coursera 平台。5 月，北京大学、清华大学、香港大学、香港科技大学等 6 所大学宣布加盟 edX，9 月，北大首批 MOOC 课程开课。2013 年 10 月，清华大学发布了中国大陆第一个由高校主导的中文 MOOC 平台——学堂在线(http：//www．xuetangx．com)，这个学习平台发布清华大学及其他国内外优质 MOOC 课程。2014 年 5 月，网易云课堂与“爱课程网”合作推出的“中国大学 MOOC”项目正式上线，首批来自中国 16 所高校的 56 门课程使国内优质的开放教育课程资源得以传播。根据相关调查，2018 年我国网民近 60%使用过在线教育产品，市场空间巨大。未来几年中国在线教育市场将保持每年 30%以上的增速。预计到 2022 年，我国在线教育市场规模将会突破 2 600 亿元。由此看来，在线课程不再是传统理念的远程学习，而是网络教学的新形态。这种几乎完全基于网络的课程不仅给学习者，而且给课程授受者提供了便利。

三、远程教育的特征

一般认为，远程教育已经历三代：第一代是函授教育，以印刷教材为主要的学习资源，以邮寄批改作业为辅导方式；第二代是广播电视教育，主要通过广播、电视及视听、视频会议进行辅导教学；第三代是利用计算机网络和多媒体技术，在数字信号环境下进行教学活动。远程教育发展已有150多年的历史，与传统的课堂教学相比，远程教育有其独特的灵活性优势，突破了时间、空间的限制，通过资源共享，降低了教育的成本，为人们提供了终身学习的机会和条件。现阶段我国远程教育有如下特征[①]。

(一) 跨越性

从空间、时间维度看，远程开放、新媒体新技术的应用，实现了教师与学生的教学实体分离，形成了教学场地的空间分离和教学过程的时间分离，为学习者提供了与传统教学不同的学习方式。随着现代信息技术的飞速发展，教育全球化的时代已到来，文化的边界已变得不明显，现代远程教育超越了本土传统文化，能自如地对外域文化吸收与纳入。国际开放与远程教育协会秘书长瑞德罗尔指出，新的先进的教育技术在过程教育中的使用，使教育突破了地理意义上的国界。国际远程教育已进入我国，中央广播电视大学 / 国家开放大学已与美国、加拿大、英国等多国远程教育机构建立了良好的交流与合作关系，在专业人才培训、课程材料制作等方面取得初步成效。海外一些知名大学，如麻省理工学院把许多门课程制作成网络课件免费在网上公布，供全球任何地方的任何学习者使用。现代远程教育在教育的交流和文化的相互学习中，促进了各国各民族文化的融合。

(二) 普及性

远程教育对于文化的真正普及和个体完全的文化具有独特的优势。在知识信息时代，处于不同文化水平的人都必须学习新知识，越来越多的人把终身学习作为新的生活方式。远程教育办学形式以及办学层次为处于不同文化水平的社会个体提供了最为广泛、最为丰富的更新自身文化水平的机会与渠道。1998年教育部指定了清华大学、浙江大学、北京邮电大学、湖南大学等四所普通高等院校进行现代远程教育试点，拉开了远程教育的序幕，此后，除学校教育外，社会各领域远程教育机构也迅速发展，呈现多元形态。现阶段，我国现代远程教育的体制适合各类人群，已经开设的学历教育有研究生课程进修班、专科起点进修本科、高

---

① 章玳．论远程教育的文化选择[J]．扬州大学学报(高教研究版)，2010(3)：26-29．

中起点攻读本科、普通专科，并已经覆盖到全国 31 个省、自治区、直辖市，并逐步向市、县延伸。随着继续教育、终身教育观念深入人心，远程教育的受益人群越来越广泛。

(三) 开放性

远程教育的开放性主要体现在：

(1) 教育对象开放。面向全社会各类成员提供学习的条件和机会，对入学者的年龄、职业、地区等方面没有限制。年满 18 岁的公民都可以报名参加开放教育的学习，通过各省级电大 / 省级开大按照中央电大 / 国家开大统一要求组织的入学水平测试即可注册入学，不需要参加全国统一的普通和成人高等学校招生考试。

(2) 学习过程开放。可以注册学习专业，也可以注册学习课程；累计学分、8 年有效，符合学历教育毕业要求者，可以获得毕业证书，符合学位授予条件的可获学位证书。学习者可根据自己的情况选择课程、学习地点、学习方法、学习进度等。

(3) 学习资源开放。开放教育有自主学习式的文本学习材料，也有各种多媒体课件，还有远程教学平台提供的各类动态资源，学习者可以通过多种途径自主选择适合自己的学习资源和信息。

(四) 整合性

现代远程教育通过一定的远程学习服务系统整合了不同类型文化，为学习者提供整合的在线文化信息服务。不同的文化要素按照时代的要求和社会的需要重新建构成了具有内在联系的文化整体；而受教育者不同的身心状况以及教育者自身的价值观的差异又赋予文化传统以新的意义，各文化要素的重组、整理、融合使文化传统发生性质、功能等方面的变化，衍生出新的文化要素。从文化背景看，几乎任何一个国家都存在着多元文化，并且价值体系、思想观念上的差异也不单是在民族间才存在，在各社会阶层之间、地域之间、年龄之间、性别之间、小群体之间和宗教之间同样也存在着。随着网络空间的发展，各种价值观念得到进一步重组与融合，在多元文化的基础上会衍生出具有全球性的核心价值观。

(五) 非均衡性

远程教育一直被认为是实现教育公平，为各阶层人群提供教育机会的一种有效方式。但我们从世界范围看，经济文化发达的国家，远程开放教育发展迅速，而发展中国家远程教育发展缓慢。从我国来看，我国人口众多，文化发展极不平衡，文化经济发达地区师资力量相对比较雄厚，教学资源相对比较丰富；而在一些文化经济欠发达地区或贫困山区，尤其是中西部地区和偏远农村，师资力量缺乏，教学资源相对也比较缺乏。不少地区虽然引进了先进的远程教育设备，但由于技术知识、人的素质、观念等的滞后，限制了远程教育的发展。

远程开放教育未来发展方向应是提供社会成员多元学习、终身学习的广泛机会，吸引各组织、各社区、各阶层的人各取所需，进行个性化学习。因此，营造远程教育的文化氛围，提升远程教育机构的文化品位，转变远程教育教师的教育理念、教学方式，提高远程开放教育课程质量，应是远程开放教育的文化选择。

第三节　开放式教学的发展演变

利用现代化教学手段面向全国创办远程开放教育的广播电视大学，是邓小平同志为了尽快改变中国教育事业落后的局面，借鉴国际上开放大学的经验，紧接着恢复高考制度后，亲自做出的又一个高瞻远瞩的战略决策。1979 年 2 月，中央广播电视大学与全国 28 所省级电大同时开学，中国广播电视大学系统自此产生，系统运用文字教材、视听教材、计算机课件和网络等多种媒体开展远程开放教育。

一、我国开放教育课程发展历史阶段概述

纵观中国广播电视大学迄今 35 年的历史，课程发展基于电大系统发展的基础上，可分为以下几个阶段。

(一) 创立发展阶段(1979—1989 年)

国务院以国发〔1979〕14 号文件批转教育部、中央广播事业局《关于全国广播电视大学工作会议的报告》，并在通知中指出："举办广播电视大学，是我国高等教育事业发展中的新事物，对于扩大高等教育的规模，提高广大群众的科学文化水平，加速培养大量又红又专的人才，将会起重大作用。"国务院要求各省、市、自治区革命委员会和国务院各部委、各直属机构"大力支持广播电视大学的筹办工作，切实解决工作中的问题，注意总结经验，努力把广播电视大学办好"。

此时期的广播电视大学属学历补偿教育阶段，在学对象主要是在职职工、学校教师和城市青年，是被"文化大革命"耽误的青年人，整个学生群体优秀，求知欲望迫切。1979 年 2 月 6 日，中央广播电视大学(以下简称"中央电大")和全国 28 个省、自治区、直辖市广播电视大学同时开学，王任重副总理出席开学典礼并讲话。华罗庚教授通过中央电视台给全国电大学生讲授第一节课。此阶段主要采用广播电视、广播进行教学；要求授课教师是本领域、本学科一流名师、专家；教育部统一制定教学计划与教学要求；采取国家统一文化考试，教育质量有所保障，毕业生成绩突出。

（二）多元探索阶段(1990—1998年)

1993年中共中央、国务院发布《中国教育改革和发展纲要》，提出："积极发展广播电视教育和学校电化教学，推广运用现代化教学手段。要抓好教育卫星电视接收和播放网点的建设，到20世纪末，基本建成全国电教网络，覆盖大多数乡镇和边远地区。"

此阶段，普通高校扩招，电大招生人数也持续增加。学习者范围扩大，学习对象更为复杂，主要为普通高中、职业高中及相当学历的在职人员及社会青年，他们以业余学习为主。教学手段上运用录音、录像、光盘、多媒体和网络教学。在质量保障上，全国遴选了近千名著名学者和优秀教师担任教材主编和主讲；中央电大60%的专业学分课程，由中央电大教学指导委员会、课程建设评审组、课程组、评估办公室等四个不同质量保证组织和部门进行审核和监控。全国各级电大统一考试时间、统一评分标准；中央电大和省级电大统一组织到考场进行巡考和督考，较为有效地保证了课程学习质量。

（三）开放教育阶段(1999—2011年)

中央电大进行人才培养模式改革和开放教育试点，招生规模、办学规模迅速扩大。中国现代远程教育卫星宽带多媒体传输平台正式开通。由中国教育电视台播出的中央电大课程信号从模拟电视转发方式改为数字压缩方式，异地接收的信号更强，图像更清晰。同时，该平台还通过VBI和IP数据广播系统传播中央电大教学资源。课程教学上，首次综合使用教育卫星和因特网的远程交互式教学方式，例如，组织了电大英语、宏微观经济学等两门课程的远程交互式直播教学，教学现场实况由教育电视台的CEB Sat TV6频道播出，各地学习中心课堂的教学场面由VCON系统通过因特网传回网络中心直播课堂。

出台课程建设文件。中央电大印发《中央广播电视大学课程建设工作流程》(电校教〔2000〕32号)。文件指出，在广播电视大学现代远程开放教育中，课程是沟通教与学的桥梁和纽带，搞好以统设必修课为基础的课程建设，为学生提供合理、有效、优质的学习资源，是中央电大一项长期而艰巨的任务。

为保障课程学习质量，中央电大于2001年4月13—20日开展教学检查工作，对象为参加试点项目研究工作的44所省级电大。教学检查的范围是开放教育试点的教学、教学管理及教学研究工作。教学检查采用中央电大实地检查与省级电大自查相结合的方式进行。2001年8月20日教育部高教司组织广播电视大学教学工作评估课题组部分成员和有关学科专家，对中央电大已经开设的12个本、专科试点专业进行评估。通过教学检查、教学督导、教学评价、巡考保证教学质量。2005年6月—2006年9月，中央电大完成了对44所省级电大的项目评估。2005

年，中央电大在全国进行毕业生追踪调查，调查的 1 万多个用人单位对电大毕业生质量的总体满意度达到 83.4%。形成“开放式人才培养模式”和“导学、助学、促学”结合的教学模式，建成了统筹规划、分级办学、分级管理的远程教育体系。

实行了教学计划、教材、考试试卷、考试时间、评分标准“五统一”的教学管理模式，开发了网上形成性测评系统。经研究，教育部决定对现代远程教育试点高校网络教育学生的部分公共课实行全国统一考试。2004 年统考科目为英语和计算机基础。出台《广播电视大学课程标准》，在总结开放教育试点及相关课题研究成果的基础上，基于广播电视大学课程定位，从课程总体设计、教学内容、教学设计、教学资源、教学条件、教学过程与教学效果等七方面对课程建设、课程教学实施与课程评价提出了明确要求。《广播电视大学课程标准》既是课程建设的基本依据，又是课程评价的基本依据。

建设课程超市，探索专业建设及课程建设的新机制。2006 年，中央电大提出了以多种媒体教学资源建设、教学过程控制、支持服务、教学管理、系统运作五要素为重点的质量保证体系，特别强调保证教学条件尤其是专业办学条件，提升教学质量，实现工作重心向提升教学质量、打造品牌、提升综合办学实力的转变。根据年教育振兴行动计划以及“高等学校本科教学质量与教学改革工程”精神，教育部组织了国家精品课程建设工作。广播电视大学积极组织申报，取得了阶段性的可喜成绩。中央广播电视大学 3 门课程入选年度国家精品课程。中央广播电视大学也积极组织全国电大系统精品课程申报，评选首批广播电视大学精品课程，有 52 门课程入选。中央电大出版社 5 种教材在全国普通高等学校优秀教材评奖活动中分别获一、二等奖。

(四) 转型发展阶段(开放大学成立，2012 年至今)

2012 年 7 月 31 日，国家开放大学、北京开放大学、上海开放大学在人民大会堂正式揭牌成立。随后，江苏开放大学、云南开放大学和广东开放大学也相继成立，“1+5”开放大学开始转型发展。随着教育与技术的深度融合，国家开放大学与省级开放大学相继开发基于自主学习的新平台，开始全面推进在线课程的建设与教学。

加强课程资源建设取得进一步成效。2012 年度广播电视大学精品课程评选，有 37 门课程入选。2013 年国家开放大学精品课程揭晓，有 40 门课程上榜。探索微课教学。国家开放大学现已建设完成了 4 000 多个五分钟课程，课程时长为 5 至 10 分钟，涉及西方经济学、公共经济学、茶文化、百家姓、摄影、文学欣赏等近 60 个系列。微课主要以视频为载体，它将动画、三维、虚拟实现等多种技术融于一体。这些课程并不严格限制在 5 分钟，大都制作精美、短小精悍、开门见山，很适合平时利用边角时间的碎片化学习、移动学习。微课使开放教育同时具备了移动学习的特性，并在某些情况下演变为泛在学习。

学分银行制度雏形初现。2012 年教育部正式委托国家开放大学开展“国家继续教育学习成果认证、积累与转化制度的研究与实践”项目。初步构建了以学习成果框架为核心的制度模式。明确了“框架+标准”的技术路线，国家开放大学在学习成果框架研制、认证标准开发、认证服务体系建设及信息平台建设等关键性环节进行了验证性的实践。上海开放大学已建成上海市学分银行服务网络，实现了学历教育学分的有效转换。

进一步探索新时期下的课程建设路径。5 所省级开放大学自建特色专业，进行课程建设。例如，北京开放大学引进美国哈佛大学、英国开放大学、香港大学优质课程及自主开发职业发展课与项目研究课 59 门、通识课 5 门。上海开放大学为社会公众提供更为丰富的精神食粮，这些资源既包括大众化学习资源，也包括专业性课程。在 2011 年发布的 3 批分别以“优质”“微型”“特别”为主题特征的 1 500 个开放学习资源的基础上，2012 年分两批再推出 1 000 个开放学习资源。目前，与上海 10 余所高校合作开发三个本科专业课程 61 门，教学视频 1 362 课时。江苏开放大学自 2012 年起已展开四批次课程建设，已建课程资源 115 门，其中 64 门课程投入教学运行。录制视频课程 900 多讲，聘请高校名师、名家和企业专家主讲的课程 500 多讲，系统共建课程、与高校合作建设课程 15 门。自 2014 年起按照专业需求建设相应的虚拟实验实训课程项目，目前已经自行开发虚拟实验课程 12 门。云南开放大学采用“自主建设、合作共建、引进改造”三种途径，在建课程资源共计 564 门。建立了“主体性、立体化、贯通型”的专业课程体系，以学分银行为支撑，实现了不同类型教育、不同体系办学学习成果相互融会贯通，已构起了网络虚拟实训、校内实体实践、校外拓展实训、个体实训学习包的“四元一体”实践教学体系，开发出虚拟实训课程 141 门。

国家开放大学进一步通过改革考试方式，对网上教学情况检查、实地巡考等保证课程质量。各分校加强自身对课程学习情况的检查与监管。国家开放大学成立“三会”，即质量保证委员会、学位评定委员会、学术委员会，以此促进开放大学提高人才培养水平、科学研究水平及服务社会质量。

二、我国开放教育课程发展的特点

在广播电视大学创办到发展的过程中，我们发现，开放教育课程发展呈现了如下特点。

(一) 课程定位：重视开设满足社会及市场需求的专业与课程

近十多年来，我国在政治、经济、文化和科学技术的发展等方面发生了巨大的变化和改革，这些变化和改革无论从思想上还是行为上，都给予人们巨大的冲击。随着经济全球化、高等教育大众化以及人才培养的本土国际化时代的到来，原有的一些专业设置及其课程体系，已不能满足新的经济市场对人才职业素质的要求。在广播电视大学向开放大学转型后，围绕开放大学的办学宗旨及人才培养目标，省级开放大学多开设了适应社会需求的、具有地方特色的专业与课程。例如，上海开放大学新开设了电子工程专业、软件工程专业、城市公共安全管理专业(社区安全管理方向、食品安全管理方向)；江苏开放大学开设了农业资源与环境、环境工程、工程管理、文化产业管理本科专业；广东开放大学开设了标准化工程法学(劳动争议调解与仲裁)、文化产业管理、信息安全本科专业；云南开放大学首批设置旅游管理、机械电子工程、化学工程与工艺、汉语国际教育四个本科专业。就课程设置与内容而言，开放教育课程在涵盖学科基本理论、基本知识的前提下，结合本地经济的发展，更加注重学生实际应用能力的培养和操作技能的训练，使其与现实职业岗位的要求更为贴近。

(二) 课程设置：为学习者个性化发展搭建良好平台

社会的变革影响课程的设置。长期以来，广播电视大学课程设置本着培养应用型人才目标要求设置多种课程类型，有通识的、必修的、限修的、选修的、补修的、实践的，既保证了专业基础的科学性，又兼顾了社会经济发展的特殊需求，也强调了专业实践能力。随着学习型社会的到来，以及人们的学习需求的变化，模块化的课程设置应运而生。模块化的课程设置是指专业教学计划中各科目安排的模块化。开放大学已根据人才市场的需求，适时调整专业模块的课程设置，使毕业生的专业技能最大限度地适应就业市场的需要。例如，通识课分为公共基础模块、素质基础模块；职业能力培养模块包括专业基础课、专业核心课、专业实践课及跨专业选修课；职业能力发展模块包括专业方向课、职业证书课及跨专业选修课。模块化的课程设置有利于培养学习者的学术能力、操作能力与创造能力。学习不同专业模块的学生如果能够满足规定的学分要求，就可以获取相应的职业资格证书。

课程设置更加注重结构的合理化、内容的综合化，注意各种形态的课程合理配置，课程灵活多样。必修课与选修课之间达成一种相互衔接、相互协调的关系，在功能上相互促进。为了实现对学生的导学，学生入学第一课“开放教育入学指南”中，包括了计算机基本操作，学习资源查找、点播和下载，学习形式与学习方式的介绍等，课程为学习者学好专业课打下良好的基础。与普通高校不同，广播电视大学学习者从专科升到本科不受专业限制，同层次专业的转换公共科目学分有效。课程设置为发挥学生学习的主动性、自主性和创造性创造了条件。

(三) 课程资源：教学资源、媒体形式越来越丰富

广播电视大学将网上教学资源配置作为专业办学条件的基本要求，定期发布统设课及省非统设课程教学资源配置清单，不断研制教学软件，通过制作优秀课件，推动课程建设，课程资源建设取得了较为显著的成绩，越来越多的精品课程在全国高等教育中脱颖而出。

中央电大与各级电大在线平台提供了丰富的教学资源，除提供所开设课程的教学大纲、教学实施方案、考核方案、文本教学辅导、作业讲评、综合练习、往届试题等资源外，还提供了 IP 课件、网络课件等，课程教学资源的数量和质量不断增加和提高。与其他高等院校相比，电大的文本教材有自己的特点。教材在内容、形式、结构及表达的设计上，都较多地关注到成人学生在文化基础和实践经验方面的特点。注重多种教学媒体的一体化设计，强调多种媒体和手段的综合运用。根据文字、音像、CAI 等不同媒体的特点，精心选择和设计，使学生在优化的媒体组合中获得最佳学习效果。

近年来，随着计算机网络技术的发展和数字电视技术的发展，电大 / 开大正加快开发计算机网络数字化、交互式教学媒体。多媒体、教学资源在电大 / 开大的教学过程中得到越来越广泛的应用。除了 MP3 音频课件、三分屏视频课件、多媒体网络课件等，3G、4G 技术，智能手机、平板电脑等新媒体技术的发展和应用，正在引发开放教育在学习资源的形态、学习方式等方面的变革。

(四) 课程实施：加强信息技术与教学的融合，推动教学组织形式的转型

没有新技术和新平台的物质基础，谈不上现代网络远程教育，也谈不上现代远程教育课程。[①]广播电视大学的课程实践印证了实现真正意义上的以网络在线学习为主体的课程教学。随着信息技术与网络技术发展，课程由面授到混合再到完全在线教学及移动学习，广播电视大学 / 开放大学走在前列。

广播电视大学自“人才培养改革和开放教育试点”项目开展以来，硬件建设得到充分加强，建立了三级网络教学平台，形成“天地人网结合，三级平台互动”的网络教学环境及教学资源传输系统，为教学资源的整合和利用及实现网上教学资源授权共享提供了有效的技术支撑。从应用函授教材到多媒体发送的课程再到如今的 Moodle 网络教学平台，实学、实用的学习平台方便了学生的学，也方便了教师的教。利用卫星或互联网进行双向或单向实时教学，通过网络视频会议进行双向实时教学，学习者还可以通过因特网点播课件、浏览教学网页，利用局域

[①] 丁兴富. 北京开放大学网络平台建设和课程开发的若干思考[J]. 北京开放大学学报，2012(4): 3-5.

网或光盘进行课件点播。通过 BBS 实时答疑与非实时交流答疑、电子邮件答疑、WIKI 小组讨论学习等。多种媒体、多种方式可以有效实现对学生的助学，提高促学效果，实现了真正意义上的远程开放式教育。

(五) 课程考核与评价：加大对考核、考试管理的力度，以考促学

针对远程学习的特点，制定相关的文件，加大对考核、考试管理的力度。从出台广播电视大学全国统一考试试题试卷的编制与管理办法；到广播电视大学全国统一考试考点布置及工作人员配置规范、广播电视大学全国统一考试考点主考职责、广播电视大学全国统一考试考场纪律、广播电视大学全国统一考试监考工作守则、广播电视大学全国统一考试巡考人员工作职责；再到广播电视大学全国统一考试考生考试违规处理办法、广播电视大学全国统一考试工作人员违规处理办法，多个文件出台规范考核环节，起到一定成效。

通过考核，学生能明确今后的努力方向和改进学习方法的途径。要求每门课程考核要明确客观题与主观题的比例，评价学生对知识的了解、掌握和运用方面的情况，还要评价学生综合运用知识分析问题、解决问题的能力和学习效果。考核形式多样，如闭卷、开卷，笔试、口试或机考、论文、设计或制作等。

开发了形成性测评系统。进一步加强课程实施组织与管理。在形成性测评系统中，教师从教学需要出发，按阶段发布任务，学生必须在规定时间内完成任务并按时提交，系统会通过在线消息自动提醒学生，作业系统自动批改作业，教师可以及时把批阅情况给予反馈，有针对性地对学生进行个别学习辅导。创设半开卷考试方式，减轻传统闭卷考试死记硬背的压力，从源头上降低考试风险。半开卷复习专用纸的使用，在客观上促使学生积极复习课程，激发了学生的学习兴趣，人性化地对考试进行了改革。自 2015 年起，考试周期由原来的 4 天 16 个时间单元调整为 2 天 8 个时间单元。通过委托分部考试、采用开放式考试、增加网络考试科目等，减少了近 100 门统一时间考试科目，体现了以学生为本的办学理念。

(六) 课程开放：加强与国际多领域、多方位的合作

开放大学积极开展多层次、多领域、全方位的国际合作与交流项目取得一定成效。目前国家开放大学的国际合作项目主要集中在以下几个领域：①学者交流；②合作研究；③合作培训；④合作办学；⑤教学资源引进；⑥远程对外汉语教学。在当前建设开放大学新的历史条件下，注重对外合作与交流工作的实效性，使合作项目与学校的中心任务紧密结合，开拓了教师的课程设计与开发的国际视野，推动了国家开放大学的教学改革，提升了学校的国际影响力。

探索开放大学国际化课程发展的新思路、新模式。在课程合作上，主要采用

两种形式：一是引进一些成熟的课程译为中文供电大学员使用；二是尝试双语教学，配置导学和辅导。例如，在学历教育方面，江苏开放大学引进英国开放大学课程“时间管理”(Time Management)与“冲突管理”(Conflict Management)两门课。北京广播电视大学于 2011 年 3 月与英国开放大学签订了合作协议，引进了“西方职场道德”(Ethics at Work)和“非财务经理的财务课”(Finance for Non-financial Managers)两门职业发展类课程。

国家开放大学开设了网络教育从业人员培训课程，三门课分别是在线课程设计、学生支持服务、在线学习辅导，这三门是从英国开放大学引进的原版课程，经本地化改造后，专门为提高我国网络教育教师的教学水平和业务能力而开发的，具有双语学习、开放式学习、小班教学、学用结合的特点。自 2009 年 9 月 14 日正式开班至今，“网络教育教师培训”已覆盖全国 70%以上省(直辖市、自治区)，学习人数已经达到 1 346 人次。除引进国际优质课程和资源外，电大 / 开大系统已派出教学、管理和研究人员前往英国开放大学、美国凤凰城大学等世界著名开放大学学习，开展实地考察、专家访谈和参与各类学术活动，开阔了视野，提高了教师自身的英语水平、教学管理和科研能力。

三十多年来，电大系统不断发展，形成了“一个系统(1 所中央电大、44 所省级电大、1 125 所地市级电大和 1 827 所县级电大共同组成)、二级办学(各级电大相对独立，中央电大和省级电大具有成人高等学历教育办学权)、三级平台(中央电大、省级电大、地市级电大统一搭建教学管理与学习平台)、四级管理(教学业务上，下级电大接受上级电大的管理、指导、监督和评估。)、五个统一(统一教学计划、统一教学大纲、统一教材、统一考试、统一颁发证书)”的开放办学模式，培养了近千万名本专科毕业生，开展了各类非学历继续教育近亿人次，为各行各业输送了大批应用型人才，成为我国高等教育、继续教育和现代远程教育中不可或缺的组成部分，在缩小教育差距、促进教育公平方面发挥了重要作用。自 2012 年电大转型升级以来，“1+5”所开放大学在人才培养、学科与专业、课程建设及社会服务等方面已取得一定成绩。在开放大学未来的发展中，省级开放大学的课程自主权将逐步加大，课程管理体制的弹性将进一步扩大。信息技术与课程的整合将进一步带来课程教学的革命性变化，开放教育课程也将为学生全面、主动发展提供更为广阔、自由的空间。

第二章　开放式教学的理论基础

第一节　多元智能理论

一、智力的定义

目前关于智力的定义有多种说法。

有人认为，智力是一种高级的抽象思维能力；也有人认为智力是对环境的适应能力；还有人认为智力是学习的能力，智力是智力测验的结果，等等。

英文“Intelligence”在韦氏大词典中被定义为：“学习、理解，或应付陌生困难环境的能力。”传统的智力概念是用“智力商数”(IQ)表示的，即智力是通过智力测验而量化的东西。在学校中，由智力测验发展的学习能力倾向测验成为学生升学和分班的重要依据。

自法国心理学家比内和西蒙编制出世界上第一个智力测验量表以来，智力测验主要根据测试结果来鉴别个体的智力水平，没有考虑到受试者在做测试题时的认知及情感过程，因此智力测验量表的编制也引发了不少的争论。于是，许多心理学家开始从智力测验以外的角度来认识和探讨智力问题。美国哈佛大学心理学教授霍华德 •加德纳(Howard Gardner)不相信智力测验能完美无缺地测量出人的智能。他认为，按照传统的智力测验，语文和数学约定俗成地被看作智能考查的主要内容，学生在这方面的“高分”或优异成绩便是“超常”和“聪慧”的一元标准；然而，事实上好多在社会上获得卓越成就的人，并不一定在学校期间是那些“高分”或“高智商”的学生。

实际上，自20世纪80年代以来，在美国教育和心理学界其他较具影响的智能结构理论也曾对传统的智能一元化提出批判，具有代表性的是斯滕伯格(R．Sternberg)的智能三元理论和塞西(S．Ceci)的智能领域独特性理论。

斯滕伯格的智能三元理论强调，人的智能是由三个相关但相对独立的基本智能组成的，即分析、创造和应用。智能分析单元包括分析、判断、评价、比较和对照的能力；智能创造单元包括建造、设计、发明、创新和想象的能力；智能应用单元则包括选择、适应、改造环境和应用知识解决实际问题的能力。他认为，智能上的差异主要表现在以上智能的不同方面的强弱。

塞西的智能领域独特性理论则发现，每门学科领域的学习活动都有其独特的活动内容和方式，对智能活动的要求也不尽相同，因而从事不同领域活动和研究的人在智能和思维形式上存在着差异。

霍华德·加德纳与上述两位心理学家都对智能一元论持批判观点，并且更加深入地提出以多元智能理论取而代之。他认为，传统的智能一元化理论过于狭隘，不能全面准确地反映学生的能力；以传统的智力测验测量的是语言能力、逻辑—数理能力，而忽视了对人类和个体的生存和发展具有同样重要的其他能力如音乐、空间、交往等。

二、多元智能理论产生的背景

首先，“单一智力理论”受到质疑。传统的智力理论认为，智力是以语言能力和数理逻辑能力为核心、各种智能整合起来的方式存在的一种能力，包括记忆力、观察力、想象力、思维力和注意力。基于这种认识，人们编制出各种形式的智力测量表，用来衡量一个人聪明的程度(以智商 IQ 为指标)。按照这种观点，智商越高，人就越聪明；而智商越低，人就越笨。但是，一方面现实生活中不少成功人士并不是在智力测试中被认为高智商的人；另一方面，很多被认定为低智商的甚至是弱智的人在一些领域表现了其突出才能以及聪明过人之处。这样的事例说明了一个问题：低智商的人不一定不“聪明”，也就是说，仅仅以语言能力以及和数理逻辑的能力来判断一个人是否聪明，这种“智商说”有失偏颇。

其次，智商测试理论受到了神经学研究者成果的巨大挑战。神经学的大量研究成果说明，人的神经系统在经历长期的演变之后已经变成较为独立的多种智能，每种智能都是以人的脑生理为基础的，这些智能全部是人的生物本能，即智能是先天具备的。每个表现正常的人，在一定的程度上是拥有多种智能的。

最后，国际上的科技竞争催生了多元智力理论。1957 年苏联的人造卫星升天使美国教育界对美国的教育进行了深刻反思，得出的结论是：美国在物理教育方面是非常先进的，但是在艺术领域却大大落后于苏联，两国科技人员的文化艺术素质的差别较大，这也导致美国在空间技术上的落后。1967 年以来，哈佛大学的教育研究生院创立了“零点计划”，旨在加强艺术教育，开发学生的形象思维。

加德纳和他的同事们对智能现象进行了多年的社会观察和认真思考，做了大量的资料分析和实验研究，最终认定“智能是在特定文化背景下或社会中解决问题或制造产品的能力”。与传统的智力理论相比，加德纳的研究不仅建立了一个更为科学的智能体系，而且提出了新颖、实用的智能概念。

加德纳研究小组对已知的正常儿童各项技能的开发过程和脑损伤后这些技能丧失的状况进行了分析，发现人类的神经系统经过 100 多万年的演变，已经形成了互不相干的多种智能，而且在对脑部受伤的病人进行研究时发现，有些病人丧失了某些智能而其他智能却完好无损。另外，他们通过对超常儿童、白痴学者、患孤独症儿童和学习障碍儿童的研究，发现这些不同群体儿童所表现出参差不齐的认知能力，但用一元化的智能观点很难解释这些能力。于是，他们提出了智能多元化的观点。智能多元化理论认为，人类的智能是多种多样的，可以分成三大族，即“与物有关的智能”包括视觉—空间智能、身体—运动智能、逻辑—数学智能；“与物游离的智能”包括言语—语言智能、音乐—节奏智能；“与人有关的智能”包括人际交往智能和自我内省智能，在后来的研究中又加进了自我观察者智能和生存智能。加德纳认为，智能是以组合的方式存在的，每个人都是具有多种能力组合的个体，而不是只拥有单一的、用纸笔测验可以测出的解答问题能力的个体。

多元智能的提出除了得益于脑神经科学成就外，皮亚杰关于认知科学的一些研究成果也给予了很大启发。皮亚杰从 20 世纪 20 年代开始采用相互交流的全新方式有选择地对各个阶段的儿童进行观察、测定，为认知科学的发展奠定了基础。他把符号运用的所有方面都进行了概念化处理，并把它作为单一的语言符号功能来进行认识，也就是说，个体在处理语言、数字、图像、手势和其他语言符号系统时表现为单独的心理过程，早熟的个体在运用一种形式的符号时不需要其他符号形式的参与。同理，在脑损伤的情况下，一种符号的运用可能会受到损害，但不会涉及其他符号的运用能力。由此看来，运用不同形式的符号与不同的大脑皮质是相关的。因此，脑科学和认知心理学的突破和发现是多元智能理论产生的理论根基。加德纳对多元智能理论的研究源于他对认知和符号运用能力的发展与障碍的研究。

不过，很多学者对加德纳的“多元智能”概念提出了质疑，他们认为加德纳使用的“智能”一词应称为“能力”，还有学者认为加德纳的多元智能理论缺乏科学的研究方法和神经学基础。尽管科学界还没有完全接受加德纳的多元智能理论，但教育工作者还是将多元智能理论广泛用来指导教育改革。

多元智能理论一经提出，便受到了教育界的广泛关注。教育工作者之所以对多元智能理论广泛持积极的态度，是因为多元智能理论承认个体之间存在智能差异，强调“认真分析每个人的智能状态，使教育在每个人身上得到最大成功，让受教育者最大限度地发挥其智能潜力”，“帮助教育家辨认和培养那些在传统教育中不被承认和没有被发现的智能强项，为教育工作者找到了一条发现和培养每个儿童潜能的途径和方法，为确立差异教学理念奠定了理论基础”。

三、多元智能理论的主要内容

加德纳在修正传统的智能概念的基础上，对智力做了如下界定：智力是在单元或多元文化环境中解决问题并创造一定价值的能力；智力是一整套使人们能够在生活中解决各种问题的能力；智力是人们在发现难题或寻求解决难题的方法时不断积累新知识的能力。

加德纳在《智能的结构》一书里将人类的智能分成八个(后来增加至九个)方面。

(一) 语言智能

语言智能是指用言语思维、用语言表达和欣赏语言深层内涵的能力，即人对语言的掌握和灵活运用的能力，主要表现在个人能顺利而有效地利用语言描述事件、表达思想并与他人交流。作家、诗人、记者、演说家、律师、新闻播音员都显示出高度的语言智能。在语言类学科教学中，学生就是运用语言智能来诵读课文和复述故事等。

(二) 逻辑—数学智能

逻辑—数学智能是指人能够计算、量化、思考命题和假设，并且能够进行复杂数学运算的能力，即对逻辑结构关系的理解、推理、思维表达的能力，主要表现是个人对事物间各种关系，如类比、对比、因果和逻辑等关系的敏感，以及通过数理进行运算和逻辑推理等。例如，科学家、数学家或逻辑学家具有较强的逻辑—数学智能。他们靠推理来进行思考，喜欢提出问题并进行实验以寻求答案，以及事物的规律及逻辑顺序；他们善于从他人的言谈及行为中寻找逻辑缺陷，对可被测量、归类、分析的事物比较容易接受。在教学中，这种智能通常用于开展头脑风暴智力游戏。

(三) 视觉—空间智能

视觉—空间智能指的是人对色彩、形状、空间位置等要素的准确感受和表达能力，主要表现是个人对线条、形状、结构、色彩和空间关系的敏感，以及通过图形将他们表现出来的能力。视觉—空间智能可用于艺术或科学中，画家、雕刻家或建筑师一般具有较强的视觉—空间智能，在英语听力和阅读理解教学中也要运用这种智能。

(四) 肢体运动智能

肢体运动智能指善于运用整个身体来表达想法和感觉，以及运用双手灵巧地生产或改造事物的能力。具有较强肢体运动智能的人善于调节身体运动及用巧妙的双手改变物体，喜欢动手制作和户外活动，对事件能够做出恰当的身体反应，与人谈话时常用手势或其他肢体语言来协助表达，学习时是透过身体感觉来思考。运动员、舞蹈家、外科医生、手艺人多具有这种智能优势。

(五) 音乐智能

音乐智能主要指人敏感地感知音调、旋律、节奏和音色等的能力，主要表现是对音乐节奏、音调、音色和旋律敏感，以及善于通过作曲、演奏和歌唱等表达思想情感。作曲家、指挥家、歌唱家、乐师、乐器制作者、音乐评论家等人员的这种智能较强。

(六) 人际智能

人际智能指的是理解别人和他们的关系，与人沟通交往的能力，包括四个要素：①组织能力，涵盖了动员能力及协调能力；②谈判能力，包括了仲裁和解决争端的能力；③分析能力，指的是敏锐地察觉他人的感受，善于与他人建立亲密关系的能力；④人际关怀能力，指的是关心他人、团体协作的能力。这种智能在教师、推销员、政治家等人身上表现突出。

(七) 内省智能

内省智能主要指认识到自己的能力。具有较强内省智能的人，能够正确把握自己的长处和短处，把握自己的情绪、意向、动机、欲望；对自己的生活有规划，能自尊、自律，会吸收他人的长处，会从各种回馈渠道中了解自己的优劣；常静思以规划自己的人生目标；爱独处，以深入自我的方式来思考；喜欢独立工作，有自我选择的空间。这种智能在优秀的政治家、哲学家、心理学家、教师等人员那里较为突出。

(八) 自然探索智能

自然探索智能指能认识植物、动物和其他自然环境(如云和石头)的能力。自然探索智能可归结为探索智能，包括对于社会的探索和对于自然的探索两个方面，在旅游家、航海家、猎人身上有较高的表现。

(九) 生存智能

生存智能指的是陈述、思考有关生与死、身体与心理的最终使命运筹的倾向能力，如为何要到地球上来、在人类出现之前地球是怎样的、在另外的星球上生命是怎样的，以及动物之间能否相互理解等。

加德纳认为，个体身上存在着的各种智能并非一成不变。他所提出的九种智能的观点虽然比较准确地反映了人类智能的特点，只要能够得到足够证据的支持，灵感、直觉、幽默感、烹调能力等就能成为多元智能结构中的一种智能，即智能可能会出现第十种、第十一种甚至更多种。加德纳强调指出，多元智能理论注重的不是个体到底具有多少种智能，而是一种多维地分析智能问题的视角。

多元智能理论强调，每个人都有多种彼此相对独立的智能，这些智能之间的不同组合表现出个体间的智能差异。加德纳的研究表明：“智能总是以组合的方式运作的，任何有经验的成年人在解决问题时，都会运用多种智能的组合。”也就是说，在完成多种不同学习任务的过程中，学生首先要表现出自己的优势智能，同时也随之暴露出自己的智能弱项，即在解决问题时学生的优势智能和弱项智能在相互支持、相互作用，任何优势智能的发挥都需要其他智能的配合。因此，在教学中我们要善于发现并发展学生的优势智能，同时还要帮助他们找出弱项智能。只有把优势智能和弱项智能有机地结合在一起，才能使每个学生都能成功。

四、多元智能的特征

多元智能具有以下主要特征。

（一）智能是普遍存在的

智能并不是单一存在的，每个人身上都拥有多种智能，即多元智能具有普遍性。根据多元智能的这一特征，一些学生即使在任何一项智能上都没有特殊天赋，但是经过多元智能的整合，也是可以在各个方面表现得非常突出的。不过，如果学生没有开发智能的机会，不管其本身多么优秀，不管其具有多大的生理潜能，都不太可能自觉地发展出智能。这就要求教师在教学活动中尽可能地多了解学生，从而激活学生的学习欲望，充分地挖掘学生的潜力，引导学生在各门课程的学习中构建最佳智能组合。

（二）智能具有差异性

每种智能在每一个体身上的表现形式以及发展的程度是不同的，也就是说，每一个体身上都拥有多种潜能，只是有的人在某几种方面表现得突出而在其他方面表现得缺乏，这就是智能的个体差异。在教学活动中对待有学习困难的学生，只有正确地理解多元智能的差异性，面向全体学生因材施教，发挥每个学生的智能优势，制定出符合学生的心理特点的教学模式，才能进行耐心地帮助及鼓励他们，对他们的错误采取宽容的态度，从而提升课堂教学活动的民主性。

（三）智能具有发展性

人的智能是可以通过后天的不断学习得到开发的。学校教育不仅仅要传授知识，也需要引导学生发展智能。多元智能理论主张以多样的、不同的、生动的教育教学活动来挖掘学生的各种智能。例如，在科学课教学中，可以利用课前 5 分钟，讲科学小故事，或做小实验，或看教学视频等多样教学方式来刺激学生感观，提高学习兴趣。

(四) 智能具有组合性

人的几种智能不是彼此毫无联系的，而是相互作用的，是以组合的形式来发挥其综合作用的，也就是说，没有任何一种智能是能单独存在的。在教学中，我们需要充分利用到多元智能组合性的特点，合理设计课堂教学，综合音乐智能、逻辑数学智能、肢体运动智能等共同配合语言智能，这样才能达到最好的教学效果；还可以充分利用学生的人际智能及内省智能，开展小组之间的合作，发挥学生的不同优势，共同完成教学活动。

五、多元智能理论对实施开放式学校教育的启示

(一) 每个学生都有自己的优势智能

传统的智力观以 IQ 测验分数的高低来判断一个人的智力水平，这就自然而然地把学生分成了好、中、差三个层次。这种“以学习成绩比高低”的做法让那些学习成绩暂时落后的学生的心理蒙上了一层厚厚的阴影，他们对学习不再感兴趣，久而久之，他们与学习成绩较好的学生的差距就越来越大了，教育的公平性在他们身上无法得以体现。多元智能观让学生看到了自己所具有的多种智能，同时让教师认可这些智能在不同学生身上的不同体现，只要学生努力了，总会在某一方面表现出自己的优势，这样的教学活动就为教育公平的实现奠定了基础。在多元智能理论指导下，教师对学生的认识更加全面、开放，注意发现每个学生的优势智能，放大他们身上的“闪光点”。承认学生之间的智能差异，是开放式学校教育实施的前提。

(二) 每个教师都应树立开放式的教学观

学生与生俱来就各不相同，我们不可能指望每个学生都拥有相同的智能潜力，也不应该忽视学生之间的智力差异；相反，应该承认学生之间的智能差异，努力使每个学生在教学活动中最大限度地发挥他们的智力潜能。

传统的教学观认为，教学成了教师按照既定的教学目标向学生传授书本知识的过程，教授哪些内容、采用什么方法、布置什么样的作业以及如何评价学生的成绩等，完全由教师说了算，学生只能被动地接受。在这样韵课堂教学中，教师的教和学生的学都失去了应有的个性，教学活动遵照构造千篇一律的固定模式，长此以往，不单是学生学习的积极性泯灭了，教师教学的激情也丧失了。多元智能理论则要求形成因内容而异和因人而异的“开放式”的教学观，因此，教师的教学目标、教学内容、教学组织形式、作业的布置及评价都应具有开放性的特点。具体来说，在学校教育实践中，教师应制定具有挑战性的教学目标、精选具有开

放性的教学内容、运用灵活多样的教学组织形式、设计可选择性的作业、通过多元化的评价方式来努力使每个学生都在原有基础上得到发展。

第二节　终身教育理论

在古代社会，由于生产力落后，人们整天忙碌维持生计，除了学生外根本没有时间从事学习活动。随着社会的进步、经济的发展，生产力迅速提高，特别是在高科技、高自动化的现代社会，智能化生产大大缩短了人们的工作时间，使人们有了更多的空闲时间来自由地安排个人的生活包括学习。面对社会发展的要求，如今越来越多的人在闲暇时间选择了继续接受教育并已形成一种大趋势，这必然要求建立一种新的教育体系以满足人们的需求。

一、终身教育的含义

终身教育，最早由联合国教科文组织成人教育专家保罗·朗格朗先生于 1965 年正式提出。这一术语一经提出，就备受世界各国教育界人士的广泛关注，并发表自己的认识和见解。

关于终身教育的含义，目前主要有以下观点。

保罗·朗格朗认为，“教育不能停止在儿童期和青年期，只要人还活着，就应该是继续的。教育必须以这样的做法来适应个人和社会的连续性的要求”。此后，他又在《何谓终身教育》一文中指出，终身教育论，它所要论述的第一件事——恐怕是最广泛地为人们所接受的，就是教育不再是一个人由初等、中等或大学等任何一个学校毕业之后就算完结了，而应该是通过人的一生持续进行。

由联合国教科文组织举办的“巴黎全国讨论会”对终身教育做出了如下定义：终身教育“是从幼儿期到死亡的不间断的学校及校外教育，不存在青少年、成年之区别，与培养人格和职业生活的训练相结合”，即终身教育是由一切形式、一切表达方式和一切阶段的教学行动构成一个循环往复的关系时所使用的工具和表现方法。

意大利学者埃特里·捷乐比·班认为，“终身教育应该是学校教育和学生毕业以后教育及训练的统称”。

富尔等人在《学会生存》中表示，“终身教育这个概念包括教育的一切方面，包括其中的每一件事情，整体大于其部分的总和，世界上没有一个非终身的而又分割开来的永恒教育部分”。

在我国，有学者认为“终身教育的核心思想是以人一生的主动自愿学习为基础，以个性化、多样化、非职业化学习为特征，以个体发展的多样性、个体享受的丰富性为原则，它的实质是以人为本、品质优先、能力为优、服务为核，它的本质是不断促进人的全面发展”。

顾明远主编的《教育大辞典》认为，“终身教育是面向社会全体成员并为其生命全程提供的教育。它既是一种先进的思想体系，又是一种崭新的教育体系”。

二、终身教育思想的发展历程

随着人类社会的发展，教育思想也日趋深入发展，而终身教育思想则是其中的一个重要成果，现在终身教育已成为世纪教育发展战略的重点。

终身教育思想起源于成人教育活动的开展。18 世纪中叶，近代产业革命的策源地英国根据工业社会发展的需要率先突破了传统的教育模式，通过各种途径对校外学生进行教学和职业技术培训，开始了最早的成人教育活动。英国建设部下属成人教育委员会的一份报告指出，成人受教育的机会“应当是普遍的和终身的”。第二次世界大战以后，科技革命的兴起加速了科技更新，引起社会经济结构的巨大变化，使得职业的更替和迁移日益频繁，极大地影响着人们的工作方式和生活方式，人们越来越清楚地认识到传统教育的弊端。传统教育将人的一生分成“职前”“职后”两个阶段：“职前”在学校集中学习，“职后”则一心工作。如此看来，传统教育是一种不完全的教育，已不能适应社会发展，因为教育不应仅仅是单一的、阶段性的学校教育，而应是在任何时刻都能以最恰当的方式为任何人提供的终身教育。这种观念上的转变为“终身教育”观点的提出打下了良好的基础，催生了“终身教育思想”。1965 年，国际成人教育促进委员会第三次会议在巴黎召开，主持会议的朗格朗在总结会议成果的大会报告中，首次阐述了“终身教育”的基本原则。

关于终身教育的思想，不少思想家、教育家对此都有过论述。例如，古希腊大家柏拉图认为，“那些极有天赋的人，应受教育到 35 岁，然后再进行巧年的锻炼，才能成为最好的人才——哲学王”。再如，我国古代著名思想家、教育家孔子指出“人非生而知之”，而在于终身努力学习。他至晚年仍然勤奋学习，“加我数年，五十以学《易》，可以无大过焉”，“发愤忘食，乐以忘忧，不知者将至”。不过，直到 20 世纪 60 年代，终身教育这一国际性的教育理论才正式提出并逐步发展起来，也就是说，它的产生和发展有着一定的历史背景。

20 世纪 50 年代，世界上开始出现新技术革命；进入 80 年代，电子科学、信息科学、材料科学、能源科学、生物工程、海洋工程，以及光纤通信技术、激光技术、宇航空间技术等实现重大突破，技术革命进入一个崭新的阶段。

1972 年，国际教育发展委员会主席埃德加·富尔主持撰写了著名的调查报告

《学会生存——教育世界的今天和明天》。在该报告中他指出，委员会强调两个基本观念即“终身教育和学习化社会，必须重新考虑原有的教育体系，构建新的学习环境，达到一个学习化社会的境界”。在学习化社会里，“活到老，学到老”成为人们的基本生存方式之一，人们只有按照终身教育思想的原则“学会学习”，才能“学会生存”。

该报告还指出：“到目前为止，还没有什么东西可以和我们现在所说的科学技术革命所产生的后果相比拟。”首先是知识更新的速度加快。

据统计，20 世纪 80 年代每年全世界发表的科学论文约万篇，平均每天发表包含新知识的论文达 500 万篇；登记的发明创造专利每年超过 1.3 万件，平均每天有一件专利问世。根据美国有关部门统计，一个大学毕业生在大学期间所学的知识，在第一次世界大战之前至少可用 30 年；到第二次世界大战时只能使用 15 年到 20 年；到 20 世纪 60 年代中期只能使用一年，个别领域则缩短到半年左右，而其他知识都老化、陈旧或无用了。科技革命具有高度综合性和学科相互渗透性的特征。以前的技术革命一般是由某一领域、某一学科而引起的，新的科学技术革命无疑出现了学科综合性的特点，环境、能源、材料、海洋工程、宇航空间等，都是多学科研究成果的综合性运用。

1989 年，面向世纪教育同际研讨会在北京召开。面对臭氧层破坏、大气变化、森林被毁、动植物物种灭绝、各种环境污染等对人类生存的严峻挑战，大会提出“学会关心”的口号，要求年轻的一代跳出只关心自我的小圈子，逐步达到“关心他人”“关心其他物种”“关心社会和国家的经济和生态利益”“关心全球的生活条件”“关心真理、知识和学习”等超越自我的境界，从而也引发了终身教育思想由“学会生存”到“学会关心”的升华。

为了适应新科学技术革命的发展趋势，终身教育作为全球最为重要、最具影响力的国际教育思想之一引起了世界各国的深切关注。从西方到东方，从发达国家到发展中国家，无一不在积极宣传和贯彻执行这一重要的教育理论。许多国家从终身教育理论视野出发，对本国的教育体制、教育结构、教育内容、教学方法、师资建设等一系列问题进行试验和革新。

法国以终身教育思想为指导，规定“终身的职业训练是国家的责任”，职工享有继续教育的权利。瑞典通过一项职工享有教育假的权利法，以保障职工接受继续教育。美国通过《终身学习法》，并专设终身教育局。日本颁布《终身学习振兴法》，并与学校教育法、社会教育法并列为教育基本法。我同通过《面向世纪教育振兴行动计划》，提出要在 2010 年“基本建立起终身学习体系”。与此同时，继英国开放大学正式建立以来，美国学院式中心、加拿大无围墙大学、中国广播电视大学等相继成立，许多国家也积极进行终身教育实践，构建体系完备的终身教育。

这样一来，学历教育和非学历教育协调发展，职业教育和普通教育相互沟通，职前教育和职后教育有效衔接。继续教育参与率大幅提升，现代国民教育体系更加完善，促进全体人民学有所教、学有所成、学有所用，终身教育成为未来教育不可逆转的趋势。

1986 年，我国颁布的《中华人民共和国教育法》用法律形式肯定了“终身教育体系”，其中多条涉及终身教育。终身教育理论已成为许多国家高等教育改革的指导思想之一。

国外有学者指出，“终身教育思想在近年来已经集聚很大的力量，虽然不能说它是我们这个时代的创见，但是它已经传遍全世界，成为一个具有历史意义的问题了”。

根据终身教育理论，由于“人们不能刻苦地、一劳永逸地获取知识了，而需要终身学习去建立一个不断演进的知识体系”，因此，“再也不能将包括高等教育在内的任何形式的高等教育视为是真正的最后阶段的教育，教育结构和课程不能始终固定不变，而应多样化、灵活化、机动化，以适应社会需求和愿望的变化，尤其是应预测和引导这种变化”。高等教育不再是青年学生在一段时间内接受专门教育的活动，也不是人生接受教育的最后阶段，它只是终身教育体系中的一个组成部分。高等教育的功能不再仅仅满足人类已有文化知识的传递和继承，更为重要的是唤醒和培养学生学习的动机与能力，使学生由被动接受转为主动学习，学会学习的方法，塑造学生真正的人格。

终身教育思想强调将教育和学习活动贯穿于人的一生。为了促进社会的发展，也为了满足人的全面发展的要求，终身教育思想要求在人们需要的时候应以最恰当的方式为他们提供最必要的学习和进修机会。因此，终身教育思想一产生，就以其强大的生命力日益深入人心，在教育领域引起一场广泛而深刻的革命，对全球教育产生了深远的影响。

三、终身教育的本质特征

终身教育具有深邃且丰富的内涵，其本质特征主要有以下三点。

一是教育并不只限于青少年阶段而是贯穿于人的整个一生，人的一生的各个阶段都有接受教育的任务，教育在时间上是永不停息的。终身教育突破了正规学校的框架，把教育看作一个人一生中连续不断的学习过程，是人们在一生中所受到的各种教育的总和，实现了“活到老，学到老”的统一。

二是教育不只限于学校这样的正规教育部门，学校以外的任何机构可以以任何形式开展教育活动，也就是说，教育成为整个社会的责任。终身教育既包括家庭教育，又包括学校教育，还包括社会教育，也就是说，它包括人的一切时间、一切地点、一切场合和一切方面的教育。终身教育扩大了学习范畴，为整个教育事业注入了新的活力。总之，终身教育强调人的发展，是时间和空间有机统一的教育。

三是把教育与社会生产、生活紧密联系起来，边学习边工作、边生活边学习成为现代社会的一种时尚。一直以来，教育被看作人们为未来工作、生活做准备的一项任务，学生往往背着某种压力而求学，学习成了功利色彩严重的一项活动，学习与生活、学习与工作严重脱节。而在终身教育思想指引下，工作与学习、生活与学习成为高度统一的有机体，工作亦是学习，学习亦是工作，学习成了人们生活中不可或缺的重要内容。

四、终身教育的意义

终身教育的提出和实施，对于当代世界教育改革和发展具有十分重要的意义。

首先，它主张教育应该贯穿于人的一生，使教育获得全新的诠释，彻底改变了过去将人的一生截然划分为学习期和工作期两个阶段的观念。

其次，它改变了将学校视为唯一教育机构的陈旧观念，促进了教育社会化和学习型社会的建立，使教育超越了学校教育的局限，扩展到人类社会生活的广阔空间。

再次，它指出教育不是单纯的知识传递，而应以促进人的全面发展为宗旨，学习者不仅要学习已有的文化，更要培养个人对环境变化的主动适应性，从而引发了教育内容的更新，并使传统的师生关系发生了根本变化，代之而来的是一种新型的、民主的、开放式的关系。

最后，它的多元化价值标准，为学习者指出了一条自我发展、自我完善的崭新之路。

五、终身教育对实施开放式学校教育的启示

（一）中小学教师应该牢牢树立终身教育的观念

终身教育是一种知识更新、知识创新的教育，其主导思想就是要求每个人必须有能力在自己的一生中利用各种机会不断地学习，充实、深化和更新知识结构，使自己适应快速发展的社会。每位教师都必须具备自我发展、自我完善的能力，不断更新自己的教育观念，不断地接受新的知识和新的技术，了解教育改革和学科教学的最新发展。全面提高自我素质。提高终身学习的能力既是社会发展对人的要求，也是教育变革对教师提出的要求。为此，中小学应该抓好对教师的培训，教师自己也需要端正态度不断进行学习。

(二) 中小学教育重要的是引导学生学会学习，树立终身学习的理念

普通中小学教育属于基础教育的范畴，所打基础也包括终身教育的基础。为此，要彻底转变终身教育只是非正规教育或是成人教育的观念。终身教育是一种教育理念，体现这种理念的教育体系就是终身教育体系，它贯穿于人的一生。中小学教育不仅要为人的终身学习打好基础，而且也负担着继续教育的任务。

第三节　陶行知生活教育理论

1922 年，陶行知在文章《生活教育》(刊登在《时事新报》副刊《学灯》上)提出了生活教育的理念。他对这一理念的英文解释是“Education of life，Education by life，Education for life”，意即“教育融入生活，用生活进行教育，通过教育来满足生活进步发展需要”。陶行知的生活教育理论主要包括三个部分：“生活即教育”“社会即教育”以及“教学做合一”。

一、陶行知生活教育理论形成的“三个基础”

陶行知先生创造的生活教育理论既适合中国国情，又符合世界近现代教育发展潮流，成为陶行知教育思想的精华和核心。

陶行知生活教育理论形成的过程是在特定的主客观条件下，经过逐步发展和完善的过程。理论基础、社会基础和实践基础是其形成的“三个基础”。

(一) 理论基础——兼容中外的理论体系

理论基础是陶行知借鉴杜威的教育理论，构建起的兼容中外的理论体系。

在 1914 年到 1917 年留学美国的三年间，陶行知对西方文化进行了认真研究并亲身体验，结合我国传统文化，构建起自己的兼容中西文化的知识体系。陶行知“凭着自己随事留意的行为特征和敏锐的观察能力，尤于美国教育事业有关优长之处，多有感悟和记取。而这些感悟和记取，又为他后来从事中国教育改造事业，播下了思想良种和伏下了行动契机：在美观察到凡是著名大学都有教育科试验教育，归国后即首倡试验主义教育之说，欲使中国教育充满试验之精神。在美观察到美国的研究所采用师傅带徒弟的形式，实行师生边教边学边做的研究方法，留下了后来提倡教学做合一的教学法如何实施的最初印象材料”。

美国进步教育运动的倡导者、20 世纪前半期教育革新的杰出思想家杜威，在第一次世界大战期间先后发表了《明日的学校》和《民主主义与教育》两部教育论著，使自己的教育理论进入发展过程中最为辉煌的时期。此时，正在哥伦比亚

大学师承杜威的陶行知，受到杜威的教育思想的深刻影响。毕业回国后，陶行知极力宣传杜威的教育理论，不过，他并没有照搬杜威的观点。陶行知深知，“中外情形有同者，有不同者。同者借镜，他山之石固可攻玉。不同者而效焉，则适于外者未必适于中”；“一个国家的教育，无论在制度上、内容上、方法上不应靠着稗贩和因袭，而应该准照那国家的需要和精神，去谋适合，谋创造”。陶行知在吸收杜威先进教育思想的过程中，注意掌握其思想精髓，并用于解决当时中国教育的弊端，创造性地提出了“创造的教育是以生活为教育，就是在生活中才可求到的教育”，创立了以生活实践为基础的生活教育理论。也就是说，陶行知根据当时中国的实际，继承和发展了杜威的实用主义理论，创造了生活教育理论。

陶行知对杜威的教育理论的继承和发展主要表现在以下三个方面。一是“反传统”精神。为适应社会对教育的要求，杜威严肃地批判了美国的传统教育，指出“传统学校的拘泥形式和固定性似乎是压迫人和束缚人的”，应当排除“这种人为的和使人的思想僵化的束缚”。“反传统”思想也成为陶行知建立生活教育理论的一个重要指导原则。二是对教育本质的认识。杜威认为，“教育即生长”，并由此得出“教育即生活”“学校即社会”的论断。而陶行知在杜威教育理论的基础上形成了生活教育理论，其内涵为“生活即教育”“社会即学校”。三是对教育的方法原则的认识。杜威认为，教学过程要以儿童为中心，强调“做中学”。受这一教学理论的影响，陶行知提出“教学做合一”的观点。日本学者斋藤秋男高度评价了这一观点，指出陶行知的“教学合一”到“教学做合一”的理论“是对杜威‘做中学’理论的批判性运用”。

另外，孔子的教育思想、墨子的亲知思想、王阳明的哲学思想等中国传统文化的思想对陶行知生活教育理论的形成产生了很大的影响。他认为中国的传统教育有很多的弊端，但却不应全盘否定。他指出“反洋化教育的用意并不是反对外来知识，反传统教育也不是反对固有的优点”，并主张要面对中国的现实进行扬弃，在扬弃中创造适合中国的教育理论和思想。

陶行知的教育思想既植根于中国传统教育，又借鉴国外的先进教育思想，并充分考虑到中国的社会实际和未来的发展，从而形成了适合中国国情且对世界有重要影响的教育理论。

(二) 社会基础——结合国情的教育探索

陶行知在建立自己的教育理论的过程中，认真研究了中国具体的教育实情，探索的是适合中国国情的教育途径。

陶行知生活在灾难深重、危机四伏的旧中国，那时学校数量极少，学校教育的指导思想和教学方法十分陈旧，劳苦大众因生活所迫无法送子女进校求学，从而文盲遍地。尤其是当时的教育“完全走错了路”，“完全脱离了农民需要”，“背离农村的实际”，“整个教育围着考试转，教育等于读书，读书等于赶考，培养出来的学生多是缺乏生活能力和创造能力的书呆子”。在这种形势下，陶行知深深地感觉到“中国的教育应当有一个总反省，总忏悔，总白新，非来一个彻底改革不可”。于是，于20世纪20—40年代，以陶行知为代表的进步的教育家们发起了中国教育史上的一场革命性运动——创造教育运动。陶行知在《教育的新生》一文中指出：“宇宙是在动，世界是在动，人生是在动，教育怎能不动？”在这场运动中，陶行知以改革教学方法为突破口，变传统的“教授法”为“教学法”，向旧的教育制度发起了猛烈的抨击。他提出并实践了许多新的教育思想，生活教育理论便是在这种情况下逐渐形成的。

(三) 实践基础——“晓庄试验乡村师范学校”

陶行知以晓庄试验乡村师范学校为基地，进行生活教育理论的构建与实践。陶行知曾说：“本校特异于平常的学校有两点：一无校舍，二无教员。”“我们的校舍上面盖的是青天，下面踏的是大地，我们的精神一样的要充溢于天地间。所造的草屋，不过避风躲雨之所。”“本校只有指导员而无教师，我们相信没有专能教的老师，只有经验稍深或学识稍好的指导。所以农夫、村妇、渔人、樵夫都可做我们的指导员，因为我们很有不及他们之处。”“我们认清了这两点，才能在广漠的乡村教育的路上前进。”晓庄试验则是陶行知主编主导主演的一出新剧，从头到尾都烙上了他个人风格的教育革新活动。在这里，陶行知依据“生活即教育”“社会即学校”“教学做合一”的原理进行着变革教育的实验，对学生实施着康健的教育、劳动的教育、科学的教育、艺术的教育和改造社会的教育，努力把学生培养成有“康健的体魄”“农夫的身手”“科学的头脑”“艺术的兴趣”和“改造社会的精神”的人才。其中，康健教育包括体育锻炼、自卫力训练以及日常的医疗卫生保健三方面；劳动教育有“农事教学做”和日常生活的独立能力像烧茶煮饭、打扫卫生等的教育；科学教育在实施科学文化知识教育的同时，注重培养学生“手脑联盟”“手脑并用”的能力；艺术教育包括戏剧、音乐、歌舞等艺术形式的教育；改造社会教育注重培养学生主宰环境的能力。陶行知的生活教育理论体现着教育的全面性和生活化，将学校教育与社会教育结合起来，把社会改良与教育改革联系在一起，将近代以来中外改革的经验融会其中。

陶行知的老师克伯屈十分赞赏“以生活来引导”，“依照实际生活的方法来实现生活的教育”以及晓庄试验乡村师范学校的办学经验。他说：“这学校是我这几年天天所想到而急要看的一个学校……在这学校，不读死书本，是在生活上直接接触。办教育用这种生活，可负引导农民的使命，使合乎现代的思潮。”他还预言，作为“教育革命的策源地”，过了100年以后人们还要回过头来“纪念晓庄”“欣赏晓庄”！正是克伯屈等学者的评价和传扬，使陶行知的生活教育理论和晓庄试验师范学校的办学经验赢得了世界声誉。

晓庄试验师范学校成为陶行知实践生活教育的重要基地，正如陶行知在《中国的大众教育运动》一文(发表于印度杂志《民族旗帜》上)中所说的，“晓庄试验……主要成果是形成了生活即教育、社会即学校、教学做合一等一系列的理论”。

二、陶行知生活教育理论的发展过程

(一) 1917—1925 年：萌芽期

萌芽期是教育即生活、学校即社会时期。

1918 年，针对当时中国的教育现状，陶行知主张以“教学法”取代“教授法”，并依照杜威的教育思想，提出“生活与教育不能分离”“教学合一”的教育观念。

杜威的“教育即生活”思想主要包括以下三方面含义。一是教育是生活的需要，具有生活的意义，生活离不开教育。二是教育即生长，强调教育是生活的过程，是生活本身，与人的生活共始终。三是教育改造生活，是沟通现实生活与未来生活的桥梁。

受杜威“教育即生活”教育思想的影响，1921 年，陶行知在题为“活的教育”的演讲中，首次明确提出了“生活教育”的概念。他认为，教育不通过生活是没有用的，我们需要的是生活教育，用“生活来教育，为生活而教育”。后来，他还在《生活教育》一文中给出了“生活教育”的定义：“生活教育是生活所原有，生活所自营，生活所必需的教育。教育的根本意义是生活之变化。生活无时不变即生活无时不含有教育的意义。”

陶行知认为，教育的根本目的在于造就人才，改良人才，“能使社会因之而发达”。“既为社会而设，若与社会不相往来，何以知社会之需要？”据此，他主张把社会上的事放到学校来，使学校“成为具体而微的社会”。

“教育即生活”突出了教育和生活的密切联系，奠定了陶行知“生活即教育”的理论基础。

(二) 1926—1939 年：发展期

发展期是“生活即教育”时期。

陶行知将生活教育理论应用于晓庄学校的试验之中，实施新的教育模式，使教育和生活结合起来，把教育者和受教育者从传统的旧教育中解放出来。陶行知提出了“行是知之始，知是行之成”，并将自己的名字改为“行知”。他认为一切知识的核心是自己体验出来的“亲知”，老师传授的“闻知”与自己推想出来的“说知”必须经过“亲知”即“行”方能发生效力；只有以亲知为基础，再嫁接别人的间接经验，这样才能学到真正的知识。

陶行知在晓庄试验乡村师范学校主办的乡村教师讨论会上发表的题为“生活即教育”的演讲，指出生活本身含有对人的教育作用。他说：“‘教育即生活’这句话，是从杜威先生那里来的，我们过去常常用它，但是从来没有问过这里面有什么用意。现在我把它翻了半个筋斗，改为‘生活即教育’。”他还进一步说：“为生活需要而办教育，教育与生活是分不开的，以前进的生活提高落后的生活，以合理的生活提高不合理的生活，以有计划的生活克服无秩序的生活。”

“生活即教育”的理论是陶行知生活教育理论的重要思想，成为生活教育理论的三大基石之一。陶行知认为学校与社会之间的关系，一是“学校生活是社会生活的一部分”，因此“必须与社会生活息息相通，要有化社会的能力，先要情愿社会化”；二是“学校生活是社会生活的起点”，因此“改造社会环境”“要从改造学校环境做起”。

(三) 1940—1946 年：成熟期

成熟期是生活教育理论完整建构时期。

1940 年，陶行知给“生活教育”下了一个更为明确的定义，即“生活教育是给生活以教育，用生活来教育，为生活向前向上的需要而教育。从生活与教育的关系上说：是生活决定教育”；并指出“教育要通过生活才能发出力量而成为真正的教育”。“生活教育”的这一定义提出了“生活即教育”的具体原则，认为只有积极的生活才是教育，并且指出了生活和教育的作用与反作用的关系。同时，陶行知还提出生活教育理论其他的一些重要原则，如：为避免瞎教、瞎学、瞎做而提出“教学做合一”的生活法，亦即教育法，以达到理论与实践的统一；要把教育从鸟笼里解放出来的“社会即学校”原则；“行是知之始，知是行之成”，教人从源头上去追求真理的方法；以“在劳力上劳心”为基础的陶氏教育哲学，等等。

在这一时期，陶行知先生对“生活教育”理论的具体定义、内涵和原则、方法等做了更为科学、更为全面的阐述，这样，“生活教育”理论的三大基础已经筑成，生活教育理论完全建构起来。

三、陶行知生活教育理论的思想内涵

“生活教育”就是“给生活以教育，用生活来教育，为生活向前向上的需要而教育”，“生活教育是活的教育”；其理论包括“生活即教育”“社会即学校”“教学做合一”三大教育原理，使陶行知的“生活教育”思想具有丰富的内涵。

(一) 生活即教育

“生活即教育”指的是生活决定教育，教育影响生活，也就是说，生活具有教育功能，教育改变人们的生活，并随着生活不断发展变化。

“生活即教育”思想认为，生活本身就具有教育的作用。陶行知指出，生活和教育是有机统一整体，教育活动开展应建立在生活基础上；生活在发生着改变，教育则要随着发生改变、不断改革创新，以适应与引导变化了的生活；生活过程就是一种教育过程，人们通过教育不断进步、发展；生活和教育是相伴而生的，生活水平决定着教育水平，教育来源于生活并受生活的控制。

陶行知指出，人们接受教育主要是为了适应自然环境、社会环境，满足自身生存发展需要，教育形成于人们社会生活经验传承过程中，这种经验传承目的在于适应自然环境和社会环境变化，创造更好的生活。从根本上说，教育目的就是改造社会、改善生活；因此，教育影响了人们的生活，也就是影响了人本身。教育的改造作用是教育影响生活的主要方式。

“生活即教育”思想认为，教育取决于生活，并随着生活变化而不断改革和发展。由于生活决定教育，生活教育理论的核心在于生活。陶行知认为，“生活教育是把教育融入生活，用生活进行教育，通过教育满足生活发展进步需要。生活和教育的关系应当是前者决定后者。从作用角度分析，教育功能实现依赖于生活，融入生活的教育才是真正的教育”。总而言之，生活是教育的核心，是教育的根本目标，是教育活动平台。

（二）社会即学校

为了扩大教育群众基础，实行社会化教育改革，陶行知从中国国情出发对杜威教育理论进行了改造，提出了“社会即学校”思想。“社会即学校”指的是“把整个社会看作一所学校”，扩大教育范围，扩充教育资源，调动全社会力量来发展教育。社会即学校，生活即教育，社会生活就是学校生活，“教育应该包含所有社会活动”，“生活存在于社会每一处，即教育存在于社会每一处；社会就是一个生活场所，也是一个教育场所”。这样一来，国民教育就有了广阔的平台，也可以从根本上实现教育全民普及。

“社会即学校”是陶行知生活教育理论的场所论或范围论。陶行知深知，自有人类以来，社会就是学校，社会的每一个角落、地方和生活的单位，统统都肩负着学校的职能，因此社会就是一所大学校。“社会即学校”是“生活即教育”的逻辑延伸，与“生活即教育”是紧密联系的。要使教育能够充分发挥作用，就要求学校不能关门办学，要将学校教育与整个社会实际联系起来，实行开放式办学。基于此，陶行知积极组织学生走出校门、走向社会，让学生在接触自然和社会的过程中，将课内知识与课外活动相结合，将学校生活与社会实践相结合起来，增强了教育的活力。由此看来，“社会即学校”的根本内涵在于学校教育必须要符合社会发展需要。基于这一思想，陶行知开展了大量教育实践，亲手创办了社会大学、育才学校、晓庄试验乡村师范学校、山海工学团，秉承“社会即学校”思想，把课堂教学建立在社会生活基础之上。

(三) 教学做合一

陶行知反对教师“教死书、死教书、教书死”，学生“读死书、死读书、读书死”的陈腐式教学，主张将“教授法”改称为“教学法”，倡导“教学做合一”。陶行知认为，“生活教育必须要实现教学做合一”。所谓“教学做合一”，就是教法要符合学法，学法要符合做法；事情怎么做就应该怎么学习，学生怎么学就应该怎么教。这样，教和学都应围绕“做”展开，并把教、学、做有机结合起来。不管是教师的教学，还是学生的学习，都应建立在“做”的基础上。在实际生活中，教学做合一现象随处可见，每个人都可以当老师，也可以当学生。所谓教学相长，不仅是教育概念，也是社会生活概念。

“教学做合一”就是做到“知行合一”，把教与学、理论和实践有机结合起来。其中，“做”处于主导地位，是一种可以创造新价值、获得经验的实践活动。“做”包含着十分丰富的内容，可以是发明创造，也可以是生产劳动，或者是寻找解决办法的活动。实际上，“做”不仅是一种社会实践活动，更是一种创造活动。同时，“做”贯穿于人的一生，“做”的过程中必然伴随着思考，这种思考就是“学”的过程。换句话说，人活在世上必定会做一些事情来维持自己生存发展，而做事情必须依赖于一定的学习经验成果。因此，陶行知提出：“活到老、做到老、学到老。”

“生活即教育”是生活教育理论的核心，也就是说，生活应当包含教育，教育与生活是密不可分的，教育必须和生活紧密结合才能发生作用。“社会即学校”，使学校教育和改造自然，改造社会紧密联系，使学校教育的范围伸展到大自然、大社会和群众生活中去，向大自然、大社会和人民群众学习，形成真正的生活教育。“生活即教育”和“社会即学校”这两种思想紧密结合，构成陶行知生活教育课程论。陶行知的教学实践就是从“教授法”到“教学法”，将以“教”为中心，以“学”为中心，将从“教学合一”变为“教学做合一”，从注重“学”到注重“做”，把教育和生活紧密联系起来，建立真正意义上的生活教育。

四、陶行知生活教育理论对开放式学校教育的启示

(一) 陶行知的生活教育理论与现代教育理论一脉相承

陶行知的生活教育理论从人的实际需求和发展出发，提倡全社会应成为一个开放的大学校；克服了传统教育的弊端，努力使人在德、智、体、美、劳等方面都得到发展，培养具有实践能力的、具有创造精神的、能适应社会发展的人才。这些与现代教育理论倡导的是一致的。因此，生活教育理论不仅具有重要的理论意义，对于现代教育也有很大的启示。

(二) 教育实践是推动教育理论发展的不竭动力

我们应当积极学习陶行知先生的创新精神，在认真实践的基础上努力构建和完善开放式学校教育理论。无数事实证明，只有教育实践才是推动教育理论发展的动力。陶行知的“生活教育理论”之所以具有旺盛的生命力，是因为它植根于教育实践中又指导教育实践。在开放式学校教育的实践中，要加强对生活教育理论的学习和研究，全面推行素质教育，充分发挥学生的主观能动性，激发学生的学习动机，提高学生的学习兴趣，充分挖掘学生的潜能，培养学生的创新精神，促进学生和谐、健康、全面地发展。

第四节　以人为本的教育理论

一、“以人为本”的含义

“以人为本”的科学内涵需要从以下两方面来认识。

(一) 关于“人”

“人”在哲学上，常常和“神”“物”这两个东西相对，即“人”是相对于“神”和“物”而言的。在西方，早期的人本思想相对于神本思想，主张用人性反对神性、用人权反对神权，强调把人的价值放到首位。在我国，历史上的人本思想主要是强调人贵于物，“天地万物，唯人为贵”。在现代社会，无论是西方还是我国，作为一种发展观，人本思想都主要是相对于物本思想而提出来的。

(二) 关于“本”

“本”在哲学上可以有两种理解：一是世界的“本原”，一是事物的“根本”。“以人为本”中的“本”，不是“本原”的“本”，而是“根本”的“本”。这里的“本”是与“末”相对的。“以人为本”这一观念的提出，要解决的是世界上什么最重要、什么最根本、什么最值得我们关注的问题，答案当然是与“神”相比、与“物”相比，“人”更重要、更根本。另外，“百年大计，教育为本；教育大计，教师为本”，以及“学校教育，学生为本”等，都是从“根本”这个意义上理解和使用“本”这个概念的。

“以人为本”是一种价值取向，强调尊重人、解放人和塑造人。“以人为本”是一种思维方式，要求我们在分析、思考和解决一切问题时，把符合客观规律同反映人性发展要求结合起来，把“物”的尺度和“人”的尺度结合起来，关注人的生活世界，关注人的共性、人的普遍性与人的个性。

随着社会的发展，人在社会历史中的主体地位和作用日益增强。人既是社会存在和发展的主体，又是价值评价的主体。坚持“以人为本”就是要坚持人在社会发展中的主体地位。人是社会属性和自然属性的统一体。人的全面发展是人、社会、自然的辩证统一。人的发展与社会发展是同一历史过程的两个方面，二者互相结合、互相促进。人的全面发展不仅仅是社会发展的动力，更重要的是社会发展的目的。现今，全面提高人的素质和能力、充分发挥人的能动作用越来越成为社会发展的决定因素。

总之，以人为本，就是以人为价值核心和社会本位，把人的生存和发展作为价值目标，体现了对人的价值的尊重和人的作用的重视。

二、“以人为本”思想的历史渊源

“以人为本”的思想在中外传统文化中都有所体现，无论是中国的传统“民本思想”，还是西方的“人本主义”，都包含了“以人为本”理念的萌芽和火花。不过，无论是我国古代的“民本思想”，还是西方近现代流行的“人本主义”，虽然都意识到“人”的重要作用，都有其合理的内核，但由于它们不可能揭示人的本质和人类社会的发展规律，因而都有其无法克服的局限性。只有马克思主义人本理论打破了历史局限性，从现实的人出发，直接面向人的社会实践和现实生活，强调通过实践来充分发挥人的能动性和创造性，促进人的自由和全面发展，实现了人本思想的历史性飞跃。科学的“以人为本”的理念不仅是对中外传统文化的批判和借鉴，更是对马克思主义学说的坚持和发展。

(一) 我国传统的“民本思想”

“民本”思想源远流长，可以说它一直贯穿于中国历史的始终，从传说中的尧、舜时代，到清末封建社会的终结，再到当代社会，“民本”的管理理念一直被历代的封建统治者所传承。尧、舜时期，有许多关于他们仁政爱民的故事，以至于后代史家评论道：“尧、舜帅天下以仁，而民从之。”西周时期，“敬德保民”思想产生；到了春秋战同时期，诸子百家争鸣，其中，以孔子、孟子为代表的儒家学派明确地阐释了“民为君主的立国之本”的思想。孔子提出了“仁者爱人”的德政学说作为帝王的施政方略，要求国君对其治下的子民要“施德政”“行德礼”，争取民心，顺应民众的要求和意愿。孟子重视民心向背，提出要按照人民的意志实行“仁政”的见解，进一步发展了孔子的民本思想。荀子则进一步认识到爱民、利民事关国家的巩固、社稷的安危，他认为应为人民办好事。儒家思想发展到汉代，汉武帝“独尊儒术”，而“国以民为本”的思想则进一步得到了发展和弘扬。从汉文帝的“轻徭薄赋，与民休息”，到唐太宗的“水能载舟，亦能覆舟”，都把民众看作国家存在的根本、君主存在的依据。然而，作为中国传统文化一部分的民本思想有着一定的阶级和时代局限性。在封建社会，民本思想是君主专制政体的一种统治策略，民本思想者普遍认为民众本身没有自治能力，而君主制的存在始终是“重民”思想的前提，君主就是用来管理民众的“贤人”和“君子”；也就是说，底层庶民所希冀的快乐生活只能靠上层统治阶级的赐予，缺乏对于人的主体性的认识。尽管如此，中国历史上的民本思想仍然有其积极有益的闪光点，其“仁者爱人”的提出是思想史上具有划时代的意义的一场革命，爱民重民的思想则是对民众的重要性以及他们的力量产生的清醒认识，从而可以匡正和约束统治者的行为。

(二) 西方的“人本主义”思想

人的重要性在西方的传统哲学中时有体现。早在古希腊时期，智者派的普罗泰戈拉就将人从自然界、动物界分离出来，他认为“人是万物的尺度”，人是衡量万物的标准和宇宙的核心。哲学研究的对象第一次由自然转向了人。以神为中心的神本主义在文艺复兴以前一直在欧洲的思想界占统治地位，而文艺复兴中涌现了一批具有代表性的人物及作品，无论是但丁带有讽刺性的小说，还是莎士比亚的动人的戏剧，还是提香细致勾绘人体的画作，都高度地赞扬了人性的伟大。“人本主义”这一哲学口号第一次是由 19 世纪德国哲学家费尔巴哈提出的，他从人的本性出发，宣扬人的价值、人的尊严和人的权利，进一步继承和发展人文主义、人道主义的思想，强调人的自由、平等，推崇人的理性权威，把人提到高于一切的地位。然而，这种思想也有其历史局限性。费尔巴哈以抽象的、永恒不变的“人的本性”作为观察社会历史的准绳，在向资本主义社会过渡的历史时期，这种思想固然可以鼓舞新兴的资产阶级与封建主义宣战，但在树立起资本主义权威之后，这种思想又成了维护资产阶级剥削压迫、反对无产阶级革命的思想工具。他割裂了人的自然性和社会性，把人看作纯生物界的人，是一种典型的旧唯物主义学说。

(三) 对马克思主义人的学说的坚持和发展

人的问题向来是马克思关注的焦点，人类解放、社会解放和人的全面而自由的发展是马克思主义根本的价值取向。尽管他没有直接提出“以人为本”的观点，但马克思主义学说中无不闪耀着这一观点的光芒。马克思认为，“人是人的最高本质”。马克思主义唯物史观对人的定义是“在一定历史条件下和社会关系中从事实际活动的人”，“人是一切社会关系的总和”。马克思认为，任何人都不是孤立存在的，人创造并构成着社会，不可能脱离他人、脱离社会而孤立地成为现实的人。个人的存在和发展与社会的存在和发展是不可分离的。人的本质特征被马克思主义学说概况为“自觉的人”“现实的人”“自由而全面发展的人”。

马克思主义从人的实践性和社会性出发，提出理想社会的本质特征是自由人联合体的科学预见；从人的发展和人类社会发展规律出发，阐释人的解放及人的生产、生活方式发展的历史阶段性；明确提出个性的自由发展目标是“每个人的自由发展是一切人的自由发展的条件”，这构成了马克思主义人本思想的主要内容。在马克思创立的唯物史观的科学体系中，人的发展理论是其理论核心。在马克思看来，历史进步是社会发展和人的发展相统一的过程，“整个历史也无非人类本性的不断改变而已”。唯物史观明确主张“从现实的、有生命的个人本身出发”，亦即把“从事实际活动的人”当作理论的出发点。马克思认为，“人们的社会历史始终只是他们的个体发展的历史”，未来理想社会“以每个人的全面而自由的发展为基本原则”。在唯物史观科学体系中，人的自由和全面发展是历史发展进步的标志。以人的发展为尺度考察社会的发展，是马克思主义的基本观点之一。可见，“以人为本”是马克思主义理论的本质要求，是历史唯物史观的重要原则。

三、“以人为本”的教育理念

“以人为本”是“以师生为中心”教育理念的核心，其基本内涵就是“为了师生、尊重师生、依靠师生”。

学校教育必须以学生和教师的共同成长为根本目的，始终把师生的发展作为学校全部工作的出发点和落脚点。这就要求一方面必须以育人为本，促进每一位学生的全面发展；另一方面必须满足教师的需求，促进教师的专业发展。在这里，强调的是师生的共同发展；只有不断地提升教师的水平，学生才能获得全面发展。

“以人为本”的教育理念要求学校必须将尊重师生作为学校发展的根本准则，从关注师生生命整体发展出发，尊重、理解和信任每一位教师和学生，为学生创造成长成才的条件和为教师提供发展、创新、创业的空间。

“以人为本”的教育理念一方面强调教师要尊重学生的个性，要对学生理解、帮助、尊重和关爱；另一方面强调对教师的尊重和关怀，尊重教师的尊严、劳动和合法权益。

为此，学校要把依靠师生作为学校建设和发展的根本途径，把师生尤其是教师作为教育事业的第一资源；全心全意地依靠师生，发挥师生的创造精神，最大限度地激发师生的主观能动性，真心实意地依靠师生员工参与学校的民主决策、民主管理和民主监督，尊重民意，广集民智，在全校形成尊重劳动、尊重知识、尊重人才、尊重创造的良好氛围。

这里需要强调的是，由于教育的本质在于发现人的价值、发挥人的潜能、发展人的个性，即它是一种培养人的一种活动，因此“以人为本”中的“人”的最主要内涵是“学生”，培养学生才是学校教育的终极目标和一切学校教育活动的中心。这就要求以学生的身心健康发展为本，在教育教学中，培养学生的主体意识，“为了一切的学生，为了学生的一切”，以每个学生的身心发展作为最终的教育成果；也就是说，教育的“以人为本”，归根结底则是“以学生为本”。

总之，学校教育只有贯彻“以人为本”的教育理念，才能科学、健康地发展。

四、“以人为本”的教育理念对实施开放式学校教育的启示

“以人为本”的教育理念是时代发展的产物，它主张把学生放在第一位，以学生作为教育教学的出发点，顺应学生的禀赋，提升学生的潜能，完整而全面地促进学生的发展。无论在理论还是实际应用中，“以人为本”的教育理念都推动着开放式学校教育迈向一个新的台阶。

(一) 创造人性化、自由宽松的教育环境

根据“以人为本”的教学理念，在学校教育中，应为学生创造人性化之、自由宽松的教育环境、采取多样化的教育模式和方法使得教育活动丰富生动，这样学生才能保持积极主动的心理状态，全面提升自己的素质。

要重视校园物质文化景观设计，建设美丽和谐的校园自然环境。自然环境是人生存的基本条件，对人的发展具有不可忽视的影响。著名的教育家苏霍姆林斯基曾经说过：要让学校的每一面墙都会说话，使学生随时随地在良好的校园环境中受到美的熏陶。

要重视校园文化建设，建立健康的校园人文环境。良好的校园人文环境会影响学生的思想、价值观、意识等精神取向。学校文化一般可通过学校的办学目标、管理理念、校训、校风、教风、学风等形式表现出来，它们会潜移默化地影响学生，并会深深地印在他们的脑海中。

要建立提高学生综合素质的活动平台，充分发掘学生的潜能。学校应搭建各种健康向上的课外活动平台，如社团组织等，引导学生根据自身特长参与相关的社团组织活动，让学生在活动中相互交流与探讨，展示和提升自己的能力，实现课堂教学达不到的教育效果。

(二) 教育要坚持人性化

在“以人为本”教育理念的指引下，教学过程更是一个人与人之间语言、知识、情感等信息流通的过程，因此，就需要教师在整个教学过程中发挥好主导作用，使教学过程充满温馨和阳光。对于学校教师而言，首先应该热爱所从事的学科教学，把钻研学科教学作为义不容辞的责任；爱护每一个学生，在每一个教学细节中都要尊重学生的个性发展；要保护学生的求知欲，顺势引导。

在学生丰富多彩的天性中，好奇心、求知欲十分强烈。学生的这种求知愿望会在良好的环境和适当的教育下得到强化；反之，不适当的教育会终结这种求知愿望。因此，以人为本的教育理念就是在教学过程中，呵护学生的好奇心，并积极加以引导；允许和鼓励每一个人的自我意识的发扬，给予其提高自我能力的空间和时间。因此，学校教师在教育过程中要有发现、分析和解决教学问题的能力，对于工作要有责任心，更要具备良好的师德、公正的态度，为学生搭建一个平等沟通、自由畅谈的桥梁，从而使学生的受教育过程充满人性化的色彩，让其可以通过自我的理解、判断以及与他人的交流自由而主动地进行学习和感悟。

教师在教学过程中，要尊重个体差异因材施教。个体差异，是指“个人在认识、情感、意志等心理活动过程中表现出来的相对稳定而又不同于他人的心理、生理特点”。不同学生有着不同的学习风格、学习动机、认知能力和方式、知识准备水平以及兴趣爱好，要承认差异的客观存在。同时也要认识到：学生的差异性表现在两个方面：一是学生之间生理、心理上所表现出的不同的个体特征、个体间差异；二是学生个人素质结构上的差异，又称个体化差异。教师必须认识到，每个学生都是具有自己的智力特点和发展方向的潜在人才。为此，教师应做出多样化的教学选择，以适应不同学生个体差异的需要；要注意因材施教，实施差异性教学，要关注个性、关注差异，想方设法去满足学生差异化的需要，促进学生个体的充分发展。

第三章　国外开放式教育课程的现实探索

考察世界远程开放教育课程发展相关的因素有助于中国开放教育的课程运行实践。1969 年英国建立了第一所开放大学之后，世界各国掀起开办远程开放教育的热潮，许多国家都仿效其运作模式，建立本国或地区的远程开放大学。据不完全统计，世界目前有百余所独立设置的开放大学，有 50 多所用开放大学命名的学校，而具有开放大学性质的学校和机构多达 1 400 多个。[①]其中最为典型、突出的有英国开放大学、美国凤凰城大学、加拿大阿萨巴斯卡大学及英迪拉·甘地国立开放大学等。如今，世界远程开放教育进入了发展与创新阶段，其课程实践为中国远程开放教育课程建设提供了借鉴。

第一节　英国开放教育的课程实践

英国开放大学(Open University，OU)是一个独立、自治的国家高等教育机构，有权授予各种学位。在 1969 年获得皇家特许状，1971 年正式开学播课，到现在已运行了 40 多年，目前有 3 000 多名教职工，约 6 400 名兼职教师，在籍学生约 20 万人。OU 已跻身英国乃至世界的著名大学行列。在 2004 年《星期日时报》公布的“2004 年英国大学指南”中，OU 教学质量的单项评分获得历史最高排名第五名，排在牛津大学之前。2013 年英国大学生满意度调查结果显示，OU 在排名表上处于并列第十的位置，与 2006 年和 2007 年连续两年排名第一，2011 年和 2012 年连续排名第四相比，位次略有下降，但仍在参与调查的 328 所高等院校和继续教育学院中处于很高的位置。2014 年英国大学生满意度调查排名第五，72%的研究项目取得了英国大学研究能力框架考核的 3 星或 4 星级(4 星为最高)。英国开放大学的教育质量获得世界认可，与其优质、高效的课程建设是分不开的。

① 金丽霞．世界若干开放大学的共性特征以及基本经验[J]．江苏广播电视大学学报，2011(5)：19-25．

一、课程设置

(一) 开设学历与非学历的课程

OU 目前在运作的有学历教育和非学历教育各类课程 500 多门，其中学历教育的课程包括了高质量的学士学位课程、硕士学位课程、博士学位课程。基于终身学习的理念，OU 非学历教育的课程类型丰富，主要体现在职业培训、资格证书、家庭教育、科学技术、卫生福利、事业发展、个人健康、环境、艺术修养等领域的短期课程。这种多样化的办学层次有利于在培养学科专家的同时，培养跨专业、跨学科、跨领域的通才，适应了现代社会对人才知识结构的需求，有利于国民素质、公民教养的提高。

(二) 课程设置层级化、模块化

OU 在课程设置上具有层级化、模块化特点。按照课程性质、难易程度和学术层次，分入门课程、短期课程和本科教育课程。本科课程又分为三个层次：一级、二级、三级。其中，一级为以介绍学习技巧、学习方法和专业基础知识为主的基础课程；二级为多学科知识内容交叉的综合课程；三级为学术难度较高的专业课程。课程按模块组合，学生可以按照自己的兴趣灵活选择校方提供的相关学习模块，成绩合格后获得对应的认证、学历和学位证书。学生甚至可以完全根据个人兴趣及职业发展的需要任意选择不同学科的课程模块，获得“开放学位”。OU 首创“开放学位”，这是一种文学或科学学士学位，设立这种学位的初衷就是让学生选择自己想学的内容，控制和管理自己的学习过程。OU 本科学位课程中，每个课程模块 300～600 学时不等，全日制学生一般三年可完成所有课程的学习，但是对于非全日制的学生一般需六年。

近年来，OU 面向渴望获得高等教育机会的学生新开三门免费模块课程，可注册学生名额 5 000 人。课程名称分别是：文学和语言、社会工作、科学技术与数学。三门新模块课程可提供生活在英国的任何人，为学生拓宽学科学习提供重要途径。课程模块可以作为独立的课程，也可作为选修课程。OU 课程设置的层级化及模块化，灵活的选程制为学习者提供了广阔的学习空间。

二、课程设计与开发

(一) 课程设计与开发宗旨

OU 的课程设计与开发围绕着其办学的目标。开放大学皇家特许状开宗明义提出大学的目标是“基于大学本身的利益，我们构建和创设的是一所通过教学和研究发展学习和知识的大学……并在总体上提升社会的教育福祉” (The Privy

Council，1969)。在课程设计与开发上，充分考虑到学生之间、师生之间交互活动需求，重点设计并开发了学生网上选课、提交作业、课程资源、进行模拟实验以及评价方式等。在课程设计中特别注重学习活动的设计，并将学生的学习活动嵌入教材的整体结构设计中。

2013 年，OU 开始建设一系列的慕课(MOOC)，并加大了对 MOOC 的研究力度，在改善外力的影响方面做出了行动。每年向公众提供数以百计的免费教育资源，将实现全民教育作为重要任务。英国开放大学学习频道创建于 2008 年，它囊括了英国开放大学课程中的许多内容，而且其中很多视频是专门为 YouTube 定制的。随着其通过各种社会媒体渠道进行推广，该频道在较短的时间内得到迅速的发展。此外，OU 还以 OpenLearn、iTunesU 提供学习材料，提供多元灵活的学习方式。

(二) 课程设计与开发机制

OU 的课程设计与开发团队分两块：一块是课程模块开发人员(Module team)，主要负责学习材料的开发；另一块是技术开发团队(LTS team)，主要负责技术支持，把课程模块开发人员的想法变为可视、可听的电子化学习材料。OU 技术支持团队有 300 多人，包括了项目主任、教育技术专家、网页设计人员、编导、编辑、测试人员、版权专家等，为 OU 的课程建设提供了强有力的技术保障。

课程开发首先由校方指定课程开发项目负责人；再由项目负责人挑选课程团队教师，团队教师进行基于“成效为本”的模块设计；围绕“成效为本”，设计学习内容与考核任务，确保每门课程学习内容与水平达到英国高等教育资历框架(FHEQ)的要求。

课程设计与开发是根据课程理论形成的、相对结构化和稳定化的操作程序及策略体系。OU 的课程设计与开发分为三个阶段，如图 3-1 所示。

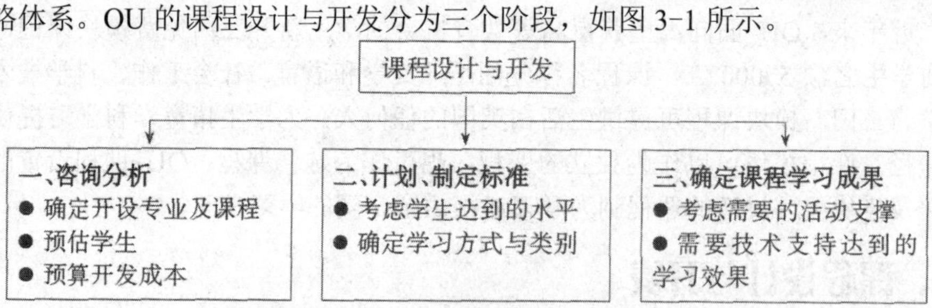

图 3-1　OU 的课程设计与开发三阶段

第一阶段是咨询分析。从学校发展层面确定需开设的专业及课程；预估学生；预算开发成本。第二阶段是计划、制定标准。考虑学生达到什么水平；确定学习方式与类别。第三阶段是确定课程学习成果。考虑需要的活动支撑；需要哪些技术支持达到学习效果。设计好的课程提案送系学术委员会初审后，报校学术委员会审批；再由开发人员测试；由 LTS 团队进行编辑；最后确定课程运行。课程运行后进入维护阶段：基于师生反馈进行修订；提交新的课程方案；发布对辅导教师教学监控的报告；在学生学习过程中发现问题，在发现问题基础上进一步管理和更新教学资源。就这样，OU 对建设后的课程从运行试用到修改更新，一门课程的建设往往持续 2～5 年时间，有效保证了课程建设的质量。

长期以来，OU 致力于开发特色课程。例如，对于垂危病人的护理和慢性病人研究和学习课程的开发，已经持续了较长一段时间。20 世纪 90 年代，OU 首次推出了“临终和死亡”课程。自课程开设以来，已经有 12 000 名学生毕业，具有很大的实用意义。2011 年，英开筹备开发一门“老年痴呆症护理”新课程，希望利用学校的技术和专长，更好地为老年痴呆症病人的护理做出贡献。OU 还通过合作形式开发课程，和 BBC 合作制作的《冰冻星球》在电视频道播放，引起极大反响。

三、课程组织与实施

(一) 以课程模块为单位实施教学

OU 从建校之初就以课程为单位组织和实施教学，学生有高度的选择权，他们可以选学一门课程，也可以选择几门课程，根据所得学分，获得证书或学位。以学科综合入门知识为特征的基础课，帮助学生了解学科基本信息，做好学科学习的准备。英开提供了 342 个本科生学习模块，而研究生的学习模块则有 141 个。

(二) 重视课程实施计划与协调

OU 十分重视课程实施的计划与协调，每一学年都会提早出台一个包含全部课程详细实施计划的表格，对作业内容、完成方法、考核标准以及有问题如何解决等说明得非常详细。课程实施计划来自每一门课程在方案撰写阶段的规划与设计，考核方案往往在考试半年前就确定。OU 课程具体实施过程通过学习平台、各地教学点以及课程辅导教师完成。地区学术人员负责发送课程学习与考核内容；LTS 非学术辅导人员提供在线支持；课程主持教师(Staff Tutor)确定课程学习时间；辅导教师(Tutor)对学生辅导。

(三) 教学组织方式

OU 早期是定期小组授课，由当地或地区学习中心教师辅导学生学习，通过电视和广播节目进行课程教学或由电话授课。20 世纪 90 年代开始通过在线会议方式、网页链接方式组织学习。随着互联网信息技术的发展，OU 寄送印刷件少了，更多的是利用电子化材料组织学习。2000 年开发在线学习平台，所有的学习材料可在桌面得到。近年来，教学组织形式发生了变化，课程学习资源建设不断创新。例如，使用 OU Anywhere 软件，将教学材料整合发到平板电脑和手机上，针对个人的教学辅导，受到好评。开发 OpenLearn，将英开课程的精华浓缩，置于其中，便于学习者免费学习。利用苹果教育资源的网站 iTunes U 提供课程，提高了课程在国际上的认知度。OU 在 YouTube 有自己的频道，视频上传 1 645 个，供喜欢视频的学习者学习。如今，OU 已推出了 MOOC FutureLearn 平台。这是一个由 OU 拥有的资源平台，平台上不但有 OU 制作的课程，也有其他合作伙伴提供的内容。OU 不仅将高质量课程内容嵌到平台中，还将社交网站内嵌到平台，可以实现生师、生生的有效互动。

四、课程评价与课程监管

(一) 严格的审核评估制度

外部的质量评估与监督是 OU 确保教育质量的关键要素。外部评估包括英国高等教育质量保证署(QAA)的审核评估与校外专家的检查。校外专家分别在课程设计与开发、课程组织与实施、考试考核等方面对课程标准与课程质量进行检查。QAA 的课程评估主要包括六个方面：课程设计、教与学和评价、学生进度和成绩、学习支持、学习资源以及质量保证和提高。审核主要着眼于学校教学的规范性、学校的学术标准的维持，以及为学生提供的学习机会的质量，每隔五六年会审查一次。2015 年审核结果，达到全英最高的水平，下一轮审核也即将展开。OU 也接受民间第三方评估机构的监督和评估，如全英学生民意调查(NSS)、进行课程质量外部认证等。

(二) 层级性的课程质量监管

OU 在质量目标上要求自己的课程质量要与普通高校相同，甚至高于英国的其他普通高校。学校内部设立课程评估委员会，开展经常性的评估和检查。教育技术研究所通过技术手段对教学质量、媒体利用情况、课程教材使用情况、学生学习情况及学习保有率进行监控和评估，对学生毕业、结业情况等进行的年度调查。OU 突出管理层的监管责任，通过监管委员会、理事会对学校课程建设方向性地把握。监管委员会负责学校整个发展方向；理事会负责教学研究、学术研究发展。OU 有 8 个学院，每个学院确保提供高质量的课程。由学院院长全面负责学院管理、课程建设工作；由课程项目主任监管课程方案、学生的保有率等；学院委员会委员负责课程监督。课程主持教师对辅导教师辅导学生情况进行监管。对 OU 而言，监管有三方面目的：一是确保学校的愿景与运营管理工作相契合；二是确保社会的办学宗旨，即社会使命能落实；三是对学校制定的策略及成效进行有效监管。

在确保课程质量提高上，OU 投入了大量的时间。为了监测学习保有率，OU 开发了一个“课程通过率模型”(Course Pass rates Model)，可以通过对预测的通过率和实际的通过率进行比较，测量显著性差异。该模型可以用来评估课程，看它们哪些方面做得特别好(一个很高的正 z-score 得分)，或者做得特别不好(一个很高的负 z-score 得分)。举例来说，有门课程的预测率通过率为 59%，而实际通过率是 53%，会得到 z-score 的分值为-2.95，与其他课程相比，这个得分是很不理想的，就意味着该门课程需要进一步评估，来看看为什么特别不好。[①]“课程通过率模型”通过技术监控有效保证了课程运行的质量。

五、学习支持服务

(一) 提供周到、细致、全面的学习支持服务

OU 教职人员遵循与学生打交道不变的原则，即尊重每个学生；目标在于激励学习精神；一起承担学习的责任；一起合作，提升大学的价值。对于入门的学生，在课程学习前有细致入微的学习存活指导(Survival Guide)；在学习过程中，由辅导教师(AL)进行学术支持服务，由学生支持小组(SSTs)进行非学术支持服务。学习支持服务团队遍布中心，整合所有的服务，符合当地独特的服务，提供针对性、个性化的交流。例如威尔士国家(地区)中心许多课程提供了英语、威尔士语双语教学，以便更好地服务有不同需求的学习者。

提供多种学习资源及安排多种学习形式方便学习者学习。例如，数字化图书馆、电子桌面服务、计算机会议服务、课堂同步会议等让学习者获得互联网资源、课程公告信息。学校官方网站上有大量的关于课程和学校方面的信息，如在线学习指导部分就给出了学校提供的服务和学习技巧以及关于选课的指导和建议。全面周到的学习指导充分体现了 OU 以学习者为中心的办学理念。

(二) 多元形式的助学辅导

OU 对它的基础课程引入了课程预览材料机制。早期的是为学生提供支持服务的专题内容，用活页印刷品形式邮寄给学生的“教材包”，现在逐渐提供网上学习资源，例如虚拟实验材料，使用苹果教育资源平台等推送课程预览内容。有的课程有两个选择，选择完全网上学习，或是文本材料学习，让学习者有机会先熟悉材料并进行一下课程测试。这些材料选自课程中非常典型的内容，但是也需要潜在的学生花费不少时间才能完成。带有辅导教师评语和分数的作业，笔试的样

[①] 辛普森．远程教育学生支持理论与实践[M]．刘永权，译．北京：中央广播电视大学出版社，2013：184．

题，使学生们能够了解今后他们将要完成课程测评的难度和级别。

OU 对于特别人群提供个性化的支持服务。除了对刚入学的学生给予更多的支持外，OU 对于“学困生”会给予特别的关注。OU 的辅导教师会确认他们认为在入门课程中处于失败边缘的学生，辅导教师在一定的资金支持下对这些学生提供额外的帮助，进行一至两个小时的补课。在学习过程中，教师会提供主动式与被动式支持服务。被动式支持服务指教师常规性推送有关学习的信息，服务于学生。主动式支持服务是指对学生学习进行主动的有效干预。主动式支持服务如同及时雨，受到学生的欢迎。

第二节　美国开放教育的课程实践

美国凤凰城大学(University of Phoenix，UPX)是一家赢利性远程教育机构，属于阿波罗集团(Apollo Group，Inc.)。1976 年，由约翰・斯伯林在亚里桑纳州州府凤凰城创办。凤凰城大学已通过联邦或多个区域认证机构的认证，有权授予从学士到博士的学位。截至 2013 年 12 月，UPX 现有教职工 2.9 万多人，在校生 40 多万人，累计培养毕业生 70 多万人。UPX 已成为美国规模最大的私立大学，通过多年的发展逐渐形成了比较成熟的商业公司化的管理体制。

一、课程定位与课程设置

(一) 课程定位

UPX 从创办之初，便明确地把大学定位于营利性大学类型，将自己定位于教育公司，其课程项目开发和学习服务面向市场所有的学习者。UPX 将目光投向了具有自主教育需求，又能够承担教育费用的目标人群，即那些 22 岁以上，不能或不愿进入传统高等教育机构学习的在职成人。目前该大学有商学院、教育学院、社会科学学院等 9 个学院，共开设 37 个专业。

(二) 课程设置灵活，重实用

UPX 只提供文科课程以及少部分理科课程。课程具有较强的实用性，注重把学生过去的经验和当前的知识交织在一起，使学生头天晚上学习的课程内容第二天就可以应用于工作中去。此外，UPX 的专业设置非常灵活，主要集中在社会急需的商业管理、信息技术、护理等应用型专业，选择了能够在工作中直接产生效益的实用学科作为教学重点；UPX 开设的课程主要是与市场经济密切相连的企业管理、市场营销、金融、信息技术、财会及健康护理等。课程的设置及内容的确定完全取决于市场的变化。

二、课程设计与开发

（一）团队进行课程设计与开发

与传统大学以教授为中心的课程设计完全不同，UPX 的课程设计研发由营销、管理、财务、学生就业顾问和教师组成的课程开发小组共同负责对课程方案、课程内容模块进行设计，课程设计和开发小组内的人员有不同的分工。UPX 将教育传递和课程设计与开发剥离开来。300 多名全职教师负责保障课程大纲的质量、确定目标和内容、确定设计流程和开发工具，确保课程的内容紧跟当前市场的需求，确保负责教学的教师(一般为兼职)能够将课程内容模块中包含的有效理论知识和该领域当前的实践知识结合起来。

（二）课程开发机制

UPX 课程采用集中开发的形式。由课程开发小组先确定课程的基本框架，然后由一些课程开发人员在框架中添加内容。UPX 在课程开发时都已对课程资源、作业、学习活动、评估预先规划，做好设计。教师在讲课时主要是在已设计好的课程框架中灵活加入个人的知识、观点和经验。

UPX 的课件开发由专职的课程研发人员完成。研发人员在指定的质量标准下跟踪市场需求，对课件进行设计与更新，有些专业可以做到每两个月更新一次；制作能够复制使用的课件，供 UPX 遍布各州的教学点使用，以统一评价标准来确保课程资源质量。

三、课程组织与实施

（一）课程学习按周学习单元安排

UPX 网络课程形式称为 resource。它将每一门课程按周学习单元分成几个部分，课程的组织和学习材料完全围绕每一周的目标而展开。每周的学习内容与学习任务会提前告知学生，学生点击每一周的链接，就能够看到作业信息、阅读材料、模拟仿真以及其他学习材料。课程以一种对用户来说非常友好的方式呈现，帮助学生理解每门课程所需要的所有素材是如何组织的。课程内容以简单易懂为前提，不追求技术的新奇，多以文本为主。每门课程有清晰的提纲，明确的学习目标及学习任务，非常方便学生自主学习。

（二）对小组学习加以引导

UPX 一般每周 4 小时的授课，保持 5～6 周。每套课程有标准的、核心课程，按一定次序排列，学生会提前拿到包括作业在内的全套日程表。学习一门课程的学生被编为一小组，学习小组由4～5个学生组成。小组学习代替了教师讲授的方法，教师通过引导，使小组学习富有成效。这种对特定人群的教学比公立和非营利性大学做得要好。UPX的教授大多是兼职人员，他们多半是公司总裁、高级信息主管、财务主管或专业研究人员，具有丰富的工作经验，拥有最新的工业理论与应用技术，能够确保教授的学习内容实用与有效。UPX的师生比为1∶10，这样使得每位学生都能得到教师悉心的指导。

四、课程评估与质量保证

(一) 内部评估，持续改进

UPX 设立 IR&E 制度研究及有效性分析办公室(Office of Institutional Research&Effectiveness)，通过内部评估来跟踪学生所取得的进步并且对结果进行测量。使用成人学习效果评估系统(Adult Learning Outcomes Assessment，ALOA)，ALOA由认知测评模块、职业与教育价值评估模块、交流沟通技能测评、批判性思维能力测评等几部分组成，从认知和情感的评价及调查结果来跟踪学生的成绩，为持续改进和效果评估提供依据，有效地保证了学生的学习效果和教学质量。

(二) 参与全国的认证与评估

UPX自觉参与全国范围内的认证与评估，IR&E除内部评估外，还负有外部评估的职责。IR&E 还通过 AQMS 学校质量管理系统(Academic Quality Management System)对组织机构内不同层面的全体职员进行分析，提供关于组织机构、有效性分析等信息，来测评学校制度是否有效，并向社会评价机构，例如联邦政府、公证机关、职业协会、其他高等教育机构，以及出版商等提供报告。AQMS包括注册报名时的学生调查、课程结束时的学生调查、课程结束时的教师调查、教师等级评价、毕业生调查、校友调查、雇主调查、纵向调查和其他附加的研究调查等。UPX自觉参与到全国的各种范围的认证、评估活动中，有利于课程与教育质量的提高。

五、学习支持服务

(一) 为学生量身定制学习地图

美国阿波罗集团首席执行官、阿波罗国际有限公司董事长格雷戈里．卡普利(Gregory W. Cappelli)说，“在我们的课堂，做到了适应性的教育技术”，凤凰城大学为每位学生量身定制学习地图，“我们会告诉学生，你现在的特点是什么，你想要做什么、要达到什么目标，需要学什么技能，然后给出一个学习建议”。UPX把学生作为教育服务的对象，更多地强调了教师对远程初学者的学习支持，包括导学以及辅学。2009年，UPX开始推出面向远程初学者的三项计划，即入校前培训、第一年适应课、及时补救课程，让学生熟悉UPX的学习模式、适应远程在线学习，帮助学生做出更合适的选择，深受学习者的欢迎。

(二) 人员上的全面支持

UPX聘任了7 000～8 000名专职学习支持服务人员为学生提供7×24小时的call-center 学习支持服务，其中包括入学顾问、金融顾问、学术顾问等。入学顾问职责是为打算申请入学的学生解释课程结构、学习方式、技术要求、费用水平、缴费等内容，并对学生进行学前学习的水平测试。[①]金融顾问的职责是与学生进行沟通，确认学生是否需要经济资助，帮助他们了解助学贷款方面的事项，以解决学生经济上的困难，帮助其顺利入学。学术顾问职责是从学生注册入学到毕业这段时间内与学生紧密联系，帮助他们完成课程选择、学习进度安排、理解学校制度等问题，同时定期检查学生的学习情况。UPX对于学生提出的问题，强调必须在24小时内给予回复，否则教师将可能被解聘。

(三) 以多元的技术应用提供良好的学习体验

技术应用要围绕学习体验展开。UPX高度关注学生的学习进程和效果，充分发挥了技术优势，通过技术创建更为个性化的、具有自适应功能的学习环境，提高学生的学习参与度。技术支持上，前台的界面和操作非常简洁，课程呈现并不依赖多媒体和高新技术，课程表现形式简洁易懂，便于更新、修改和网络传输。而后台却使用了先进复杂的技术架构，足以支持人际交互所需要的强大的信息处理。据2011年报告，UPX现有的技术应用涉及了学习者学习体验的各个方面，有虚拟实验室、Prep Center(学生用于熟悉大学和了解自身情况)、Workshops(用于基础技能学习)、Gradebook(教师对学生进行评分反馈和组建学习小组等)、Early Alert System(教师及时提醒课程学习进度不理想的学生)、e-book collections(电子书以及其他文本材料)、数学和写作中心(数学和写作训练)，以及大量课程辅助工具，如模拟仿真、虚拟组织、电子档案和虚拟科学和计算机实验室等。

第三节　加拿大开放教育的课程实践

阿萨巴斯卡大学(Athabasca University，AU)，于1970年由阿尔伯塔省政府建

[①] 黄瑞红．美国凤凰城大学办学模式与我国远程教育[J]．继续教育研究，2012(7)：170-172．

立。目前，AU 设有阿萨巴斯卡、圣·阿尔伯特、埃德蒙顿和卡尔加里等四个校区，有教职工 1 350 人，学生总数约 4 万。AU 招生有最低年龄限制，年满 16 周岁才可以申请入学，但是，没有地域限制。2014 年，学生遍布加拿大本土各个省份和世界 87 个国家。1972 年学校通过试点项目开始了开放式远程教育的探索，从 1973 年开始提供第一科课程学习。1994 年开设了世界上第一个网络行政工商管理硕士课程。2006 年，经美国中部州郡高等教育委员会(MSCHE)审核，成为第一所被美国高等教育认证机构所认证的加拿大公立大学。

一、课程定位与课程设置

AU 的使命是“为加拿大及全世界成人学习者消除进入大学的障碍，让学习者成功接受大学程度教育，创造更多的学习机会”。阿萨巴斯卡大学向社会提供文科、理科和个人培训三大类共 90 多个专业的 850 多门课程，AU 还开设了一部分职业高等教育课程，涉及社会需求的各个层面，充分体现了广泛性特色，为学生提供了更为宽泛多样的选择机会和发展空间。2012 年以来新开设了 18 门课程，这些课程都是作为远程或教室在线学习设计的，例如，“上网”(Being Online)、“文化研究与日常生活”(Cultural Studies and Everyday Life)社会科学领域人类服务方面的课程等。

AU 将课程分为预备 100(Preparatory 100)、初级 200(Junior 200)、高级 300(Senior 300)和高级 400(Senior 400)四个层次，并就各层次的资格(证书、学历、学位)所对应的课程比例做出相应的规定。课程全部采用灵活的学分制，学生可以根据自己的实际需要和兴趣选择课程，学校仅仅是通过选课范围和标准来间接地影响学生要学习的课程。学校对学生取得每种教育形式的总学分有明确的规定。如取得某个职业资格证书至少需要 30 学分，获得三年制的学位证书需要 90 学分，四年制的需要 120 学分。另外，阿萨巴斯卡大学还实行学分转换机制，由专门机构负责对学生在本校或其他教育机构已经获得的学分进行认证和转换。

二、课程设计与开发

(一) 团队合作进行课程设计与开发

AU 非常重视课程设计与开发。课程设计与开发主要由课程设计开发部负责。课程设计开发部的职责是向教师(个人)、项目组、教学系部，提供设计、制作与评价的全方位的服务，以及教学设计、网络学习技能、有效使用媒体技术教学、提供开放教育资源等具体的支持和指导。

课程设计开发部由主任、课程设计经理、课程编辑经理、课程制作经理、课程设计师和教学媒体分析师、课程外观设计、程序员、编辑、版权人员、制作人员等组成。这些人员分为课程设计、编辑和制作三个大组。课程设计师和教学媒体分析师、课程外观设计师和程序员组成第一大组，由课程设计经理负责管理；编辑是第二大组，由课程编辑经理负责管理；课程制作经理则负责管理由版权室和制作团队组成的第三大组。部主任则通过三个经理指导全部门的工作。课程设计师责任重大，课程质量与设计师的工作业绩相关，但也离不了学科教师的最终把关。

(二) 课程开发模式

AU 从以下八个要素考虑和确定课程开发模式：①课程授课方式，即以什么方式讲授课程；②课程的学习成果，即从学生角度来谈的教学目标；③学科内容领域，如文科、理科；④课程的水平等级；⑤学习支持服务的水平和类型，也即用什么方式给学生提供帮助；⑥课程教授的教学和学习的理念，如行为主义、认知主义和建构主义等；⑦适当的教学技术的具备性，比如学生上网的网速可以决定是否要使用视频教学；⑧学生的情况，如背景、原有知识、学习的动机与目的等。这些要素之间没有纵向层级关系，每一个都能直接影响课程开发模型的建立。因此必须对每个方面有清晰地描述和判断之后，才能向下进行。

AU 注重对课程的不断完善与修订。组织专家和教师，采用头脑风暴法引出课程开发的理念与思路，然后根据众人思考结果划分出内容所属的上一级大类，确定出主干课程和选修课程，作为第一期开设的课程。课程开设以后也不是一劳永逸的，还会组织课程编写教师和第一线的教学老师组成“inquring”小组，共同探讨如何修改和完善课程内容。这样进行了多轮的、持续的课程修订工作，达成课程运作的规范性。

近年来，AU 紧跟时代，设计与开发慕课。2013 年，阿萨巴斯卡大学与比尔和梅琳达・盖茨基金会合作，探索有关 MOOC 潜力的研究项目。MOOC 研究计划(MRI)投入 40 万美元，每个子项目的资助金额在 1 万～2.5 万美元之间。该计划由阿萨巴斯卡大学领导和管理，并得到学习设计专家及 MOOCs 专家组成的顾问委员会的支持。

三、课程组织与实施

AU 有着多样化的课程组织与实施方式，但最基本的两类是个别化学习组织形式和班组学习组织形式。

(一) 个别化学习组织形式

个别化学习组织模式是 AU 最为常见的。个别化学习即学习者可以根据自己的学习需求、学习习惯选择适合自己的学习方式。采取个别化学习方式的学生主要以学习资源包为主，资源包包括教材、学习指南手册、音频和录像带、实验工具以及相关的阅读材料等，学生在教师的引导下，在规定的时间内安排自己的学习计划并完成课程学习。基于在线课程的学习采用 Moodlc 平台技术，在 Moodle 平台上，学生不仅可以了解学习内容、完成网上作业，还可以在网上与教师及其他同学进行互动讨论。同时还可以浏览 AU 图书馆、数字阅读室和其他学习资源等。

（二）班组学习组织形式

AU 的课程学习形式取决于一门课程的最小注册人数，根据注册人数决定学习组织形式。班级学习组织形式是学生在同学与教师支持的班级环境下进行学习。与班级学习同步的有小组学习模式。AU 还提供了一些小组学习的课程，作为一名选择小组学习课程的学生，可以同时收到来自教师的指导。小组学习的课程可通过网上或加拿大在各地和国外合作机构的教室、学习中心学习。通过电话以及远程电信会议网将各个不同的学习小组连接在一起。每门课程都会分配一个课程教师，小组学生在教师引导下共同学习。每个小组成员都要参与一定的主题讨论，讨论结束后，教师根据每个组的表现及小组成员个人在活动中的贡献，给出讨论成绩，作为学生学习总成绩的一部分。

四、课程评价与质量保证

（一）评价学分

如前所述，AU 的学生可以通过个别化学习、班组学习获得学分，还可以通过评价学分获得学分。评价学分指学生依据其在工厂实习、参加专家研讨或工作经验或基本技能向 AU 申请获取学分，表明自己在某一领域有关知识及技能方面已达到大学水平，其依据包括已完成的作业、项目、报告及口头、书面和实际操作的考试。评价方法由负责该门课程的教师确定，并仅限于当时开设的课程，评价内容主要是课程的基本内容、知识或技能。这一评价方式受到富有工作经验学生的欢迎。

AU 认为评价和测验应直接反映学习成果，这种思想反映在学习目标上，就是采用“参考标准评价”，即考查学生开始时期望学到什么，到课程结束后学生实际学到了什么。AU 实行弹性的考试制度，学生可以提前预约考试，但是，考试必须在课程约定期内完成。在家学习的学生可以自定考试时间，但在考试前，学生须提前 15 个工作日以书面的、传真或电话的形式向注册办公室提出考试申请，并确定适宜的考试地点。按步骤学习的课程考试时间由任课教师安排，除了得到教授批准的学生以外，同一个教学点的其他学生必须同时同地参加考试。

(二) 课程质量保证

AU 在本科、硕士和博士层次教育上采用了加拿大国家学位质量框架标准，其质量保证机制和学科建立由阿尔伯塔省质量理事会审查通过。在阿尔伯塔省管辖下建立了阿萨巴斯卡大学管理委员会，对院校实施全面管理，通过提供有效的内部履行职责指标分析，对本校的各项工作进行评价，由此提供质量保证的基本条件。指标测评十分看重学生的反映，通过测定学生提供的满意程度，考察课程及学习支持服务等相关政策和流程。跨校的教育评估委员会也会对其在线教学活动进行监督。

AU 的远程开放学习研究所全力研究统一的标准来评估任何一种教学平台和服务系统的有效性，以比较不同系统的优劣，保证其满足学生的学习需求，对教学进行监督，确保教学效果。AU 拥有与普通大学同等的学位授予权，这种同等学位授予权体现了其课程教学质量的信誉和严谨的评价机制。所有的学习者必须在规定的年限完成所有的课程，通过严格考核，合格者才可以拿到毕业证书。由加拿大大学调查联盟(Canadian University Survey Consortium)完成的调查的数据显示，AU 本科生对学习支持服务满意度达 92%的较高水平。阿萨巴斯卡大学正在纠察(Deboning)所有课程，所谓纠察就是去掉课程中的商业化内容，并将其用开放教育资源取代。通过随时更新资源来提升其质量，帮助教师找到优质资源，通过注释、强调、重构、聚合、更改和本土化，以及格式的转化，对移动设备的支持等分享和合作策略来推动开放教育资源的发展。

五、学习支持服务

(一) 全过程的学习支持

对于 AU 的本科生来说，没有硬性规定的统一入学限期。学生可以在一年中的任何时间申请入学，开始他的个别化学习旅程。学生学习流程指导顾问(Students Advisor)将帮助学生明确本科课程要求、选择课程的学习计划、解释学分转换和评估及 AU 的学习政策和程序说明学生完成学习的费用情况。

学生选择了自己想学习的课程后，通过个别化学习资料(比如学生手册、学习指南、教科书，以及 CD-ROM、录音带和录像带)和互联网，可以在地球上的任何一个地方学习。开始课程学习后，课程辅导教师通过邮件或电话帮助学生完成整个课程学习。课程辅导教师在学习期间指导学生选择学习素材，参与学生的学术研讨，批改作业，提供反馈，帮助学生准备考试等。学生还可以在任何时候给自己的课程辅导教师发送语音邮件或电子邮件，课程辅导教师会在两个工作日内做出回应。此外，AU 商学院的许多课程为学生安排了呼叫中心(Call Centre)和学术专家(Academic Experts)的答疑。在课程开始之前，学生将收到一封带有呼叫中心免费电话号码的信件。阿萨巴斯卡大学专门成立了学生服务委员会，重点关注学生体验以及新提案对学习支持服务的影响，最终目标是满足学生的学习需求，保证学习效果。

(二) 创建个性化的学习支持环境

创建个性化支持的环境，帮助学生克服孤独感对于学生的保有率非常关键。AU 要求教师提早建立与学生的联系，每开始提供一门新课，都会要求教师将配有照片的欢迎词放在网上。要求教师提供便利的联系方式，以方便学生随时提出问题，及时得到反馈。通过学前测评对学习者相关的经历给予认定，同时为学习者提供自我评估的机会，让他们了解是否做好学习的准备，还需发展哪些技能。

AU 建构了学习支持服务模式，为学习者提供必要的信息，包括如何获得建议、咨询、测评和补救措施，如何从图书馆获得支持，如何提出特殊要求等。随时将所有服务项目和获得服务的机会告知学生，以便他们得到及时的服务。同时还提供适当的技术支持，为学生提供与其他人士联系的机会，如指派学习伙伴、设计课程学习小组项目、启动博客、聊天室、布告牌、提供学习指南等。例如，商业学院建立了一个面向学生的门户网站，为学生提供了一个私人化的网页。编制了《应对考试焦虑》的小册子，并提供在线辅导，主要针对学生焦虑程度的评估(考试焦虑的表现、我有考试焦虑吗、如何降低考试焦虑等)。AU 的考试实行预约制，同入学一样，考试几乎每天都在发生。这样的考试机制对学校而言比较麻烦，但确实为学生提供了方便。

1985 年印度国会通过法案成立英迪拉·甘地国立开放大学(Indira Gandhi National Open University，IGNOU)。国立开放大学作为中央大学，同时也是全国远程教育的最高学术领导机构，印度议会通过的法律赋予了 IGNOU 权力。印度的开放大学另外还有 15 所邦立开放大学，于所在邦独立办学，有适当的管理和自治体系，但是接受英迪拉·甘地国立开放大学的指导和协调。目前，学校拥有学生多达 300 余万，自称为世界上最大的开放大学。

第四节 印度开放教育的课程实践

一、课程定位与课程设置

根据《英迪拉·甘地国立开放大学法案》，IGNOU 的目标是通过采取适用于开放教育和远程教育模式的各种方法传授知识：不仅向大部分人提供高等教育，特别考虑向社会中的弱势群体提供高等教育；鼓励、协调并帮助其他开放大学和远程教育机构；通过教育手段促进全国融合；增强国家的自然资源和人力资源。IGNOU 目前通过 21 个学院、67 个学习中心，提供从资格认证培训到博士学位授予不同水平的 400 多个培训项目、3 500 门课程，并且与 43 个国家、82 个海外机构拥有合作关系，包括泛非洲网，南亚区域合作联盟远程教育网，联合国教科文组织和拉吉夫·甘地基金会支持中心，等等。围绕办学目标，IGNOU 一方面开设适应社会需求的各类专业与职业导向课程；另一方面，学校也提供短长期课程、证书、文凭以及学士、硕士和博士学位课程。既包括传统学术课程，也包括新领域的课程，如管理、计算机、建筑、酒店管理、旅游、环境研究、特殊教育等课程。IGNOU 特别开发了一些短期课程来满足偏远地区贫困人群、少数民族以及妇女的学习需求等，这在传统大学中是少有的。

二、课程设计与开发

（一）课程设计与开发人性化

IGNOU 的体系分三个层次：总部、地区中心及学习中心。总部包括学术部门，如各学院，以及行政中心和服务中心。总部负责设计和开发各类学术课程。课程设计人性化，注重满足社会贫困人群的需要。对于特定的学习群体主要以广播形式进行辅导咨询服务。正如 IGNOU 校长 Gopinath Pradhan 教授指出："广播是我们到达更多地方的重要工具之一。一个没有基础设施、没有电力和运输系统支持的村庄可以通过广播这种媒体建立连接。"

（二）课程设计与开发机制

IGNOU 采用多样化的设计与开发模式，委托教育咨询公司进行民意调研并提出课程开发建议。每门课程根据实际需要或是基于教师的经验开发，同时结合课程组中外部专家意见。课程开发团队由教师、学科专家、教育技术人员、编辑人员、图像设计人员、咨询人员以及各个层面的课程负责人构成。课程设计和开发过程由四个阶段组成，分别为课程提案、课程计划、课程设计和课程发送。开发一门课需要一年时间，成本较高。

课程设计模块化。所有的课程根据授予的学分进行设置，每一门主干课程都有几个独立的学习模块，完成这些模块的学习即可获得证书或文凭。课程设计体现了灵活性、开放性特点，注重交互性，把学习材料转换成自学格式并使用交互性技术支持。

三、课程组织与实施

(一) 利用多种途径，组织教学

IGNOU尽量利用多种途径组织教学。通过现代化教学手段将课堂教学和学生自学相结合，加强教师与学生的直接或间接交流。这些途径包括：按自我教育模式制作教学材料，以此体现师生相互作用的某些因素；教师在给学生作业写评语时模拟一种互相交流的情境；组织面对面的辅导；特别设计录音磁带、录像带和广播、电视节目；电话讨论等。IGNOU会在考试前针对一些典型性的问题进行讲解以及组织学生进行集体面授答疑。考试结束后，注重通过试卷分析，检查学生学习的薄弱点，检查课程教学质量，以便今后进一步提高试卷编制的质量。

(二) 切实执行课程实施方案

IGNOU教学组织管理主要是对课程实施方案的落实，以及发现问题并加以解决和调整。IGNOU落实课程实施方案包括：根据日程安排发放课程材料；教师备有自己的教学方案，并帮助学生制订学习计划；作业反馈及进行作业质量评价，抽查作业完成质量和批改作业质量；处理印刷材料和视听材料的质量反馈意见；组织面授辅导课程和安排课程咨询活动等。

四、课程评估与质量保证

(一) 课程认证与检查

IGNOU于1992年设立了远程教育委员会DEC(Distance Education Council)，它从大学拨款委员会中接管部分权责职能，专门致力于远程教育的协调、引导与认证评估工作。DEC和国家评估与认证委员会(大学拨款委员会下设)共同承担对印度开放大学远程教育课程的评估和认定，以确保远程教育质量。DEC制定措施，用以规范由全国各个大学提供的网络课程。所有大学提供的课程都必须使用经过DEC认证的软件，通过远程教育委员会的认证。这意味着IGNOU每门课程在启用前都有一个认证过程。

IGNOU的课程质量保障还体现在课程运行中。IGNOU在每门课程实施后，要对课程进行检查。课程检查是由各学习中心的学生向地区中心提供各类反馈信息，地区中心再把这些反馈信息提交给总部，总部根据这些反馈信息对课程教学质量把关，并做出决策，考虑一些课程是否要改进、扩充或取消。

(二) 建立质量保障体系

随着1994年印度国家评估与认证委员会(National and Assessment Accreditution

Council，NAAC)成立，印度高等教育质量保障体系初步建立。IGNOU 作为印度高等教育的重要组成部分，被纳入到高等教育质量保障体系的框架之中。其具体措施包括：①建立质量保障框架；②进行自我评估和确定优先项目；③将质量保障纳入行动计划；④撰写质量保障工作手册；⑤实施质量保障体系；⑥监督、评价和内部评审；⑦保证质量与员工的表现考核挂钩；⑧进行外部评估。IGNOU 不断完善质量保障体系，有效确保了课程质量。

五、学习支持服务

(一) 地区中心和学习中心发挥着关键作用

IGNOU 具有庞大的校外学习支持服务系统。据统计，目前学校的学习支持系统网络覆盖 58 个地区中心，1 804 个学习中心以及 46 个海外中心。在学习支持服务上，IGNOU 地区中心和学习中心发挥着关键作用。地区中心和学习中心是学生和开放大学的联系地点。在课程教学中，地区中心和学习中心负责为学生组织面授辅导和提供咨询，并且处理学生提交的作业。大学的教学体系规定了学生每门课程必须完成的最少作业量，是否参加面授可以由学生自己决定。

IGNOU 的咨询服务和个人指导尽可能地通过地区中心和学习中心来完成，咨询人员和指导教师为学生提供帮助和指导。这些人员是来自传统大学或学院的全日制教学、科研人员，他们通常根据开放大学所制定的方针和培训课程来适应远程教育模式的需要，进行管理，完成任务。

(二) 学习支持服务走向多元、开放

IGNOU 在条件允许的情况下，有些地方采用单向视频和双向音频会议为学生提供支持服务。学生可以根据工作地点和居住地来选择学习中心，学习中心提供补充阅读材料，音像带和可回放的播放设备，辅导课、实践课和实验课等内容。

IGNOU 为实现自身的目标，注重为特殊人群提供学习支持服务。目前，IGNOU 拥有 37 个广播站和 2 个教育电视频道，向学生传播知识并有效地提供学习支持服务。着重为少数民族部落和女性等提供更多的学习机会，并继续通过印度全国的 59 所监狱学习中心，免费为囚犯提供学习和培训课程。

为了使学习支持服务更为有效，在第七个五年计划期间，IGNOU 计划聚焦于五个主要领域：主要包括通过增强学生支持服务增加 OLD 的获得、公平和质量；为负担得起的教育创造途径并辅助进入主流教育提供支持；通过职业和基于项目(包括技能发展)的需要开发人力资源；提供 ICT 支持，使这些举措能够延伸到社会的所有不发达部分；将通过 82 个海外伙伴机构加强英迪拉·甘地国立开放大学与 43 个国家的合作。

第五节 国外开放教育课程实践的启示

世界开放大学的课程实践不仅为创建多元高等教育组织结构提供了新的探索，同时改变了人们对传统意义上的教学方法和教学模式的认识，对中国远程开放教育课程建设具有多重启发意义。

一、课程设置与内容满足学生需求，适应社会及市场需求

远程开放教育的对象大部分是在职成人，对在职学习者来说，课程的实用性非常重要。“开放大学教学质量保证体系的研究与实践”课题组对成人学习者进行了调查分析，结果显示，超过半数(60.66%)的学习者希望课程内容能够更多地符合实际工作需要，22.39%的学习者希望课程内容能够更多地扩展知识面，10.71%的学习者希望课程内容能够更多地培养动手操作技能，有 6.23%的学习者希望课程内容能够更多地反映学科前沿。随着我国产业转型和城镇化进程的不断推进，国家经济和社会发展对人才所具备的基本素质和能力要求也在发生变化，课程设置应能够满足学生发展的需要，也要能够应对变化的社会需求。UPX 的课程打破学科之间系统化的设置，以企业的真实需求为基本依据，开设为企业量身打造的能够提高学生职业素质和职业能力的课程，从而促进学生、学校和企业的共同发展。OU 在课程设置上重视帮助学习者基于自身的需求和环境，更好更快地培养其职业能力；设计并开发的现代化课程占世界领先地位；在增设的新课程中，应用型课程占有很大比例。对课程的重视及其持续不断的改进使 OU 跻身于英国乃至世界著名大学的行列。下面一组数据说明了问题。“No.1”：在英国学生调查局进行的大学满意度调查统计中，英国获得第一名。“215”：由英开开发的 215 门高等教育课程，得到世界上 28 家机构的确认。“93%”：对所学课程质量表示满意的学生比例为 93%。

我们要重视帮助学习者基于自身的需求和环境，更好更快地培养其职业能力，设计并开发应用型课程。如 UPX 将一些与专业无关的课程作为选修课程或是直接删除，让学生感到够用即可。以 OU、AU 灵活的课程模块，弹性化的学习机制为借鉴，开放大学要完善学校的选课机制，给予学生在课程学习方面更多的选择权。压缩必修课模块，增加选修课模块，允许学生灵活或跨学科组合专业课程，注重不同层次学习模块的有机衔接，更好地发挥学生学习的主体性和主动性，培养学生的创新能力。以强化多种类的选修课程模块为切入点，编制具有学校特色的课程计划和内容，使课程体系更加富有弹性与个性。

二、课程设计与开发以先进理念为指导，发挥各类团体协作精神

随着课程观的发展，课程被理解为学科教学与学生活动的集合体。课程设计与开发要以新的课程观为指导，突破课程设计与开发只着眼于教学过程的传统设计观。OU 在课程设计与开发时，通过对学习者的需求分析，将课程评价纳入到课程设计中，课程方案应考虑所有的环节。我们在课程设计与开发时，一定要深入思考：由谁来进行课程设计与开发、设计开发什么，采用何种方法，按什么思想(理念)或标准等。只有通过对各个环节的思考，重点设置关卡环节，才能有效保证课程质量。

高水平的课程质量和课程设计与开发团队分不开。独具特色的文字教材、优质的多媒体教学资源、功能强大的网上学习平台都需要强大的开发团队完成。我国广播电视大学 / 开放大学也都在尝试组建课程团队对课程设计与开发，但是课程组人员结构仍然比较单一，为节约成本，往往课程负责人身兼数职，开发的在线课程差强人意。我们要明确课程设计与开发的参与主体职责，如同 OU、UPX、AU 等都充分发挥了两类团队的作用，即教师与技术人员共同完成课程建设任务。课程设计与开发工作需要课程专家、教师、技术人员相互合作，形成团队，团队成员各司其职，才能高效而顺利地完成各项任务。

OU、AU、IGNOU 等都聘请国内一流的专家学者做兼职教师，从普通高校聘用的具有很强学术研究背景和成就的高水平全职教师保障了课程的教学质量，提升了自己的办学层次。长期以来，电大一直处于高等教育的边缘地带，电大教师与普通高校教师在课程建设与教学上并没有同等的话语权。我国开放大学一方面要吸引高层次专家进入到课程教学团队中；另一方面自身也要加大培养力度，培养大量的既有学术背景，又有在线课程设计与在线教学能力的首席教师，保证开放教育课程开发质量与教学效果。

三、课程组织与实施多样化、多渠道，为学生自主学习创造条件

成功的课程建设有赖于切实有效的课程组织与实施。课程组织与实施在课程实践中起着关键作用。OU 有基于本科课程一级、二级、三级的层级设计，AU 也有课程级别之分，有利于组织或安排学生循序渐进地学习。课程分级别，各个级别呈递深关系，层级式课程结构符合远程学习对灵活性的要求，符合成人学习者的学习特点。如前所述，世界开放大学每门课程根据级别和学习量设定学分，并在学分的承认、计算及转换方面具有较高的灵活性。而我国开放大学目前开设的

课程只分专科或本科课程，课程没有级别之分，学习模块也难以灵活组合。可以借鉴 OU 的做法，将开放大学的课程按照一定的标准划分为不同的等级，并使不同等级的课程与学习者将要获取的学术资格相匹配。对于不同背景的、起点不一的学生需要考虑学习的难易度，根据学生不同的能力基础和知识水平，可以选择不同的课程入口，分层级进行教学，因此，很有必要加快对学分银行的建设，明确每个层级应达到的学术及能力水平标准。

随着现代教育技术的进一步发展，在线学习的多媒体传输成为可能，教学组织形式需要不断创新。OU 从最早提供印刷材料供学生学习到现在印刷材料与多元的学习软件、学习平台共存，一切为了学生，最大限度地适应了成人学生自主学习的需要。开放教育中，教学组织是可以多渠道、多样化的。开放大学要不断自主创新，利用所有开放媒介资源，根据学生的实际需要提供图文声像并茂的教学内容，为学生学习多元化的课程创造条件。完善学习平台的各种功能，以学习平台为主，以开发实用的学习软件为辅，有效进行教学组织，提高学生的学习兴趣及自主学习的能力。长期以来，电大追求课程资源的多样性，但在针对性上比较欠缺，这些年虽然有所改变，但是，一些学习资源仍不具吸引力，不能有效引导学生自主学习。我国开放大学要从远程学习者需求、课程目标出发进行课程资源建设，结合媒体特性设计开发学习资源，不断搭建满足社会多样化需求的多通道、立体化、复合式的课程平台，从科学性与适用性角度出发，建设一批能够适合学生自主学习的、具有开放教育特色的课程资源，以提高开放大学的课程核心竞争力。

四、完善过程管理监控体系，建立课程质量保证机制

OU 教育质量得到世界认可，首先在于自身对课程质量的有效监控。OU 自身通过三种方式做到质量保证与提高。一是教育技术学院，教育技术学院做了大量的调查，系统地对学生网上学习行为评估及跟踪，给予学术人员支持；二是设置关卡程序，有质量完善的具体程序与步骤，对每一步课程实施情况进行干预；三是对学生学习体验调查、认证，以此提高教学质量。UPX 也开发了学习评估系统 ALOA 和质量管理系统 AQMS，对学生网上学习行为跟踪和分析，对学生的学习效果、课程、教师、教学、支持服务等进行评估，对质量进行监控。我国开放大学要完善过程管理监控体系，开发和研制课程质量监控的软件工具，特别要利用大数据分析加强对学生学习过程的监控。严格执行校内评估制度，制定科学合理的评估方案及课程标准，强化校内各级人员的监管职责，充分发挥其对课程质量的监管作用。

我国开放大学目前的课程建设基本基于内部的评估、监控，缺乏外部质量保障。我们还需要勇气与实力接受校外专家审查与评估，遵循应有的课程质量标准和质量保证机制，从而得到社会的认可。进行外部质量认证，是高等教育质量评价的独特

方式。对于学生来说，认证提供了正式的凭据，如学分、许可证、文凭、证书或学位。对于高等教育机构来说，通过政府、专业协会和其他认证机构或权威部门进行的认证，可以赢得社会认可，扩大品牌影响，获得市场和资源。我们可以借鉴 OU、AU、IGNOU 的课程认证方式，建立远程教育(课程)质量评估与认证委员会，建立科学的课程评估与认证机制，为开放大学创建自己的课程品牌创造条件。

五、学习支持服务个性化，由被动式转为主动式

学生支持服务是开放教育的重要功能要素，也是达成开放教育目标的重要措施。新的历史时期，世界开放大学都致力加强和发展学习支持以降低学生的流失率，增强保有率。可借鉴 UPX 为指导学生的全程学习，将支持服务人员和信息系统有机结合起来，充分发挥技术优势，为学生配备入学顾问、金融顾问和学术顾问的做法。OU 致力加强和发展学习支持以降低学生的流失率，增强保有率，学习支持服务由不同的技能、专长的教职人员提供多种网络资源完成，不同的阶段有不同的支持。在学习前针对学生给出学习路径及学习建议的存活指导，学习过程中，提供多元的资源与服务，并利用各种资源进行学习交互活动。在学生学习过程中不断给予激励，使学生始终保持学习的动力与学习的激情。OU 要求辅导教师要花一部分时间教会学生学习。我们辅导教师要多一些开课前与开课中的学习指引与学习建议，教授知识的同时传授学习策略，仅仅靠开设教育入学指南课程是不够的。

随着 web 3.0 的到来，以人为本，注重用户的偏好、体验的支持服务成为发展方向。开放大学学习支持服务要关注学生需求的差异，根据不同学生的不同需要制订个性化服务方案。要使学生更好地发展，开放教育有良好的保持率，特别要关注“学困生”。世界开放大学的学习支持服务很多是专门针对弱势学生群体的。我国越来越多的“学困生”参与了远程开放学习，教职人员对于学习有困难的“学困生”要提供更多的支持与服务。不仅要提供“被动式”的完全推送的学习支持服务，更要提供适时的“主动式”的学习支持服务。针对学生在学习过程中遇到的困难与问题，主动进行干预，及时提供帮助与指导，给学生以学习的信心并不断维持其学习的动力，使其顺利地完成学业，学有所成。

随着开放教育的环境向终身教育和学习型社会转变，教育需求日益多元化，帮助学生发展学习能力，提高学生学习成效，提升开放教育质量，是基于自主学习的开放大学课程建设的主旨所在。课程建设是开放教育体系构建的核心，推进课程建设对开放大学转向内涵式发展具有重要作用。我国开放大学要充分借鉴世界开放大学先进的教育思想、教育方法、管理机制，一切围绕学习者，根据开放学习的规律和特点，坚持优质的课程资源开发、有效的课程组织管理、可靠的课程质量保证及个性化的学习支持来切实提高开放教育人才培养质量。

第四章　开放教育课程设计与开发

第一节　课程设计与开发的含义及模式

一、课程设计与课程开发概念的界定

对于课程设计与课程开发，国内外学者们有不同的认识。美国学者盖伊(L．R．Gay)认为，课程设计是撰写教学目标、内容、活动和评价程序的技术，是课程决定中的最后产物。[①]奥恩斯坦认为，课程设计是对课程进行构思和对课程的主要组成部分(学科材料内容、教学方法和资料、学习者的经验或活动)做出安排的方式、借以为我们编制课程提供定向和指导。我国学者王策三认为课程设计是制定课程，包括制订教学计划(学校课程标准)、编写教学大纲(学科课程标准)和教科书。廖哲勋等认为，课程设计是按照育人要素和课程内部各要素、各成分之间的必然联系而制订一定学校的课程计划、课程标准和编制各种教材的过程，是课程建设系统工程的一个组成部分。由学者们的表述看来，课程设计涉及的范围很广，是对课程的各个方面做出规划和安排。主要解决的是如何把课程理念、思想、内容转化为现实的课程计划、课程标准、教科书的问题。[②]

课程开发又称课程编制、课程建设等。博比特第一个把课程开发视为一个专门的研究领域，开启了课程开发科学化的历程。他认为，课程开发包括设计课程方案与文本(包括制订课程计划、研制课程标准、编写教材、制作资源)、课程实施与教学、课程评价与课程修订等工作。我国学者张华认为，课程开发是指决定课程的过程及其所依据的各种理论取向。有时也与“课程设计”通用，但其含义比课程设计宽泛。黄光雄认为，课程开发必然涉及以下六个问题：课程开发人员采取何种开发途径；课程开发过程是否经过规划；课程开发过程是否包括课程研究人员与参与课程实验的教师及实验学校彼此之间的互动；课程开发的层面，所涉及的机构与人员，及参与的情况；课程开发过程中，课程开发顾问、学科专家及学校教师的角色；其权力关系。由此看来，课程开发是一个复杂的系统工程，

---

① GAY，G．Curriculum Development[J]．//Husen & Postlethwaite(eds.)．The International Encyclopedia of Education．Oxford：Pergamon Press，1985：170-179．

② 潘洪建，刘华，蔡澄．课程与教学论基础[M]．镇江：江苏大学出版社，2012：64．

它涉及多个要素、环节、主体。涉及课程开发的规划过程、课程开发人员采取的开发途径、课程开发的关键层面与环节，及课程开发涉及的机构与人员等。

对于课程设计与开发的关系，有学者认为，课程设计包含课程开发，有学者认为课程开发包含课程设计。美国学者舒伯特(W. H. Schubert)认为，课程开发包括课程设计以及设计的背景，它探讨的是形成、实施、评价和改变课程的方式和方法，而课程设计是指处理课程目标、内容、组织和评价的技术。由此看来，课程开发与课程设计两者是囊括关系。我国学者汪霞认为，“设计”通常以问题的沟通为起点，以解决问题的实施计划或方案为终点。“开发”意味着发展、形成，是一个不断改进的过程。显然，课程开发包括了课程设计以及设计的背景。

综上所述，我们认为，课程设计与课程开发内涵基本一致，两者都来自课程建设实践，在课程建设实践中有时难以区分。从“理论—实践”维度来看，课程设计偏向理论研究过程；课程开发更偏向于技术的具体运行过程。从“过程与结果”维度来看，课程设计强调通过对课程要素的组织来创造课程计划、课程标准或教材等的过程；而课程开发则是对课程要素做出安排后的实体形态，强调课程设计作为产品或结果。课程设计要回答的问题是：应该遵从什么步骤和环节去设计课程？如何进行设计？课程设计涉及哪些要素？它们之间的相互关系如何？课程开发遵循一定的设计理念，要回答的问题是：应该采取什么步骤和环节去开发课程？如何进行开发？课程开发涉及哪些要素？开发的结果如何？

开放教育在线课程与传统的面授课程不同，它要依托网络这个特定环境中的技术，在使用环境、内容结构、功能作用方面有着特殊的要求。在线课程设计与开发主要指在网络环境下，基于对课程所做的规划、决策，涉及课程目标、内容、经验组织、评价等要素安排，包括课程计划的制订、课程标准的研制和学习材料的设计编写、音像教材制作及学习平台的创设等。

二、课程设计与开发的基本模式及意义

课程设计与开发的模式是根据课程理论形成的、相对结构化和稳定化的操作程序及策略体系。具有较大影响的模式有：目标模式、过程模式及自然模式等。

(一) 目标模式

目标模式被看作课程开发的传统模式，又被认为是技术性模式或工学模式。目标模式是以目标为课程开发的基础和核心，围绕课程目标的确定及其实现、评价而进行课程开发的模式。其主要代表是“泰勒模式”。泰勒在其《课程与教学的基本原理》中就开宗明义指出，开发任何课程都必须回答四个基本问题：第一，学校应该试图达到什么教育目标？第二，提供什么教育经验最有可能达到这些目

标？第三，怎样有效组织这些教育经验？第四，我们如何确定这些目标正在得以实现？为了确定教育目标，课程设计与开发者应先对学生的需求、社会的需求和学科专家的建议进行分析，从中获得暂时性的、一般性的教育目标，然后再根据一定的教育哲学和学习理论对这些初步的教育日标进行筛选，进而形成精确、具体的教育目标。随后，根据这些教育目标来依次从事选择学习经验、组织学习经验和评价学习经验的课程设计活动。

在泰勒模式之后出现了不少以目标为中心的课程设计与开发模式，但这些模式大都没有超出泰勒模式的基本命题，因此被看作对泰勒模式的补充。例如，塔巴(H. Taba)强调采用系统化、客观化、科学化和探究性的课程设计思路。他把泰勒模式中主要包括的四个步骤演绎成七个步骤，即诊断需要、陈述目标、选择内容、组织内容、选择学习经验 C 或活动)、组织学习经验(或活动)、确定评价的对象与方法。塔巴对目标模式的主要贡献在于区分了一般的教育目的和具体的教育目标，并把对一般教育目的的分析放在首位；同时又把课程与教学区分开来，把课程内容的选择与组织放在前面，而把学习活动放在后面，具有更严密的逻辑性。英国学者惠勒(D. K. wheeler)以泰勒模式为基础，将课程设计过程分为五个阶段：建立教育宗旨、目的和目标；选择学习经验；选择内容；组织和整合学习经验和内容；进行评价。同时强调评价结果对教育宗旨、目的和目标的反馈。如果评价结果不符合预定目标，就不能实现反馈，这不利于课程开发。

目标模式突出了以具体的行为目标作为课程设计与开发的中心，强调目标的结构性。目标模式思路对开放教育课程设计与开发的意义在于：开放教育课程设计与开发中，要注重设定目标作为课程设计与开发的起点，要注重评价对于课程设计与开发的纠偏作用。以社会为出发点，强调学生的经验作用，注重教师的启发作用。

(二) 过程模式

英国课程论家斯腾豪斯(L. Stenhouse)提出了过程模式。斯腾豪斯认为，可以从具有内在价值的知识形式中，挑选出那些足以体现该知识形式的内容，这些选择出来的内容，能够代表那些最重要的过程、最关键的概念和该知识的形式，这种内容本身不需要从外部加以论证。过程模式并不预先制定目标，而是详细地说明内容和过程中的各种原理，即过程模式强调在设计中详细地说明所要学习的内容、所要采取的方法以及活动中固有标准，而学生所创造的“最终产品”并不按照行为被事先地指定出来，而是在事后借助那些建立在该知识形式中的标准来加以评价。

过程模式并不像目标模式那样有清晰的程序步骤，也不以产生一套计划为目的，不刻意追求课程开发的前后顺序，它只是阐述了课程设计的思路，强调教育的方式而非教育的内容，重视学习者主动学习，重心放在教学的环境和经验的重组上。课程开发者不再是提供解决办法的人，必须让教师从事课程研究和编制工作。布鲁纳以《人：一门学程》进行实践，体现了课程设计上过程模式的特点。

过程模式认为目标和内容虽然是必要的，却不是预先决定的，课程设计是动态的、开放的过程。过程模式思路对开放教育课程设计与开发的意义在于：开放教育教师要参与课程设计，更好地探索课程和教学的问题。设计课程时必须考虑激发学习者的内在动机，并优化学习的背景或环境，强调师生合作，要求学生积极主动地参与教学过程。要根据学生的实际情况选择和组织课程内容，促进学生的能力发展。

(三) 自然模式

自然模式由斯坦福教授沃克(D．F．walker)提出。自然模式主要包括三个要素，即课程的立场、审议过程和设计过程。首先，明确课程立场是课程设计的自然模式的起始环节，它的重要任务在于明确课程设计人员的现有理念，主要包括课程设计人员的信念、价值、假定、目的以及行动或决定的程序等。其次，进行集体审议是从课程立场到形成课程决策的过程。集体审议方式由施瓦布在传统课程探究的批判基础上提出。集体审议方式，就是审议群体要对课程共同要素进行思考并且做出协调与取舍。核心工作包括：课程设计人员找出决策点；形成决策点的各种备选方案；从各个方面进行衡量，做出最佳选择。再次，设计过程是根据审议结果去形成课程方案的过程。要找出课程设计的架构来分析设计的要素及要素之间的关系，在审议过程中所形成的一系列课程决定就是这种架构。在课程设计中，有些决定需要通过外在的审议过程预先做出；但有些设计行为则由课程设计者内在地、自动地完成，不通过外在的审议。

自然设计模式强调，对不同的课程立场，需要反复地协调，进行审议。自然模式思路对开放教育课程设计与开发的意义在于：开放教育课程设计与开发中，可以采用弹性化和非线性的方式开展课程建设工作。要组成课程小组，通过审议的途径来解决问题和做出课程决定。课程设计与开发必须由各层次专业人员共同参与完成。

课程设计与开发模式是关于价值取向及相应的操作方式的统一，每一种都有其优点，对开放教育有十分重要的作用。对于开放教育课程而言，任何单一类型的设计模式都是不够的。这几种设计模式可以相互融通，相互弥补。课程设计与开发应建立在实际的教育情境基础上。开放教育课程针对的是非全日制的成人远程学习，由于成人的在职身份，所以课程设计与开发在关注学科知识体系基础上要考虑成人的社会实践能力。

第二节　开放教育课程设计与开发的原则及模型

一、开放教育课程设计与开发的基本原则

依据对课程价值的认识和追求，我们认为，开放教育课程的设计与开发要遵循以下原则。

(一) 实用性原则

课程设计与开发要顺应学校的人才培养目标，考虑社会对人才的需求。课程地位、课程设置的确立依据是以人才培养目标为依据的。开放大学培养的是应用型人才，要根据学生需求和市场经济需求，进行课程设计与开发。课程设置要具有实用性、应用性，紧跟现代社会的发展，贴近学习者的职业需求，突出实训、实验环节。重视通过吸纳毕业生的意见和用人单位的意见，构建学生岗位的反馈机制，实现学校教学与企业、社会的良性互动。

(二) 系统性原则

课程设计与开发是一个系统工程，涉及人员的组织协调工作的有序进行。要从整体出发，制定一套系统的课程设计与开发程序或方案，通过这个程序或方案来协调参与课程设计与开发的各级、各类主体的工作。一般而言，确立课程设计的程序或方案主要是一个决策的过程，其中包括谁来进行课程设计，设计什么，采用何种方法，按什么思想或标准等问题。在课程设计与开发中，要使每个课程设计主体能够知晓自己在工作中的职责和位置，从而使课程设计与开发工作在纵向维度上具有连续性和在横向维度上具有协调性。

(三) 协同性原则

课程设计与开发必须发挥各类主体或机构的团队合作精神，协调一致，共同完成任务。哈夫洛克(R. Havelock)认为，成功地完成课程设计一般需要 19 种角色共同发生作用。一般来讲，一个课程设计主体很难同时具备扮演这些角色所需要的能力。这些能力往往都分散在不同人的身上，如课程管理者、学科专业、课程专家、教师、技术人员、美编等。因此，课程设计与开发工作这些主体之间相互合作，形成团队，从而高效而顺利地完成各项设计与开发任务。

(四) 个性化原则

课程设计与开发要考虑不同学生的学习特点和需求，根据教学内容和教学模

式的差异，设计不同的在线课程模块；课程内容的选择和组织应具有多样性．满足学生个性化的需求。在“互联网+”时代，从共性设计到私人定制课程学习已成为发展趋势。根据学生个人发展的需求，课程导师与学生个人研讨，制定出完全为其私人定制的课程安排。例如，课程导师专为学生设计适于其发展的课程表，为其定制在学几年的循序渐进的学习计划，并在其毕业后进行后续服务，使他终身受益。

(五) 交互性原则

远程教育师生的分离要求课程设计与开发要注重学习方式的交互性设计。除了文本教材及学习材料要注重交互性外，特别要充分利用网络特性，设计有效的师生交互和生生交互的学习活动，包括专题讨论、在线协作、在线练习、作业评语等，交互性设计强调学生的参与性、主动性。交互活动对于培养学生创新思维和创新能力具有至关重要的作用。

(六) 主体性原则

学生的主体地位是开放教育课程教学的出发点、依据和归宿。学生既是教学的对象，又是学习活动的主体。课程设计与开发中要始终将学生置于主人的地位，既要反映学生的一般需要，也要反映他们的个别差异与不同需求，提供最有价值的课程计划、课程标准和各类学习材料。根据学生的实际情况，相对灵活地选择和组织课程内容，设计课程评价。另外，课程设计与开发各方参与人员共同分担责任的同时，学生也有充分的发言权。

(七) 多媒体化原则

在远程开放教育中，学生在教师指导下，利用多种媒体进行自主学习。由于各种教学媒体各具优势与局限，不同的学科内容需要选择合适的媒体来体现。随着现代教育技术的进一步发展，在线学习的多媒体传输成为可能。为提高学生的学习兴趣，应根据需要提供图文声像并茂的教学内容。除了文字教材，还包括教学光盘 VCD、CAI 课件、微课以及通过设计问题和任务来激发解决问题的活动讨论等。各种超文本媒体对拓展学生学习空间，实现自主性学习具有良好的教学效果。

(八) 可移动性原则

课程设计与开发要考虑学生不被局限于预先设定的、不可变更的地点学习，他们可以随时随地学习。学生可以借助无线通信网络技术以及手持式通信设备获取学习资源，并与他人进行交流。设计与开发软件采用程序设计语言和运行支撑环境时，尽量不用与系统的底层相关性强的语言，考虑软件在运行、使用时所适用的可能环境，使课程能运行在多个操作系统上，这样的操作系统便于学生从移动设备，例如智能型手机或平板电脑进入系统学习。

二、开放教育课程设计与开发的 OOCDM 模型

课程设计与开发是课程价值取向及相应的操作步骤的统一。博比特认为[①]，课程开发的具体过程包括如下五个步骤：第一，人类经验的分析。即将广泛的人类经验划分成一些主要的领域。通过对整个人类经验领域的审视，了解学校教育经验与其他经验的联系。第二，具体活动或具体工作的分析。即把人类经验的主要领域中的每一领域再进一步分析为更为具体的活动。第三，课程目标的获得。即把从事每一具体活动所需要的能力具体、清楚而详尽地陈述出来的过程。课程目标是课程开发的基本依据。第四，课程目标的选择。即从通过上述步骤所获的众多目标中选择适合学校教育的目标，以作为教育计划的基础和行动纲领。第五，教育计划的制订。即设计达到课程目标所需要的各种活动、经验和机会。由此看来，设计与开发课程必须有目标、有计划、分步骤进行。

当下，国外职业教育比较成熟的课程设计与开发模式有北美的 CBE、英国的 BTEC、德国的双元制、澳大利亚的 TAFE 等。我国也有学者从职业教育出发研究出基于岗位能力的、基于典型工作任务的、基于角色分析的课程开发模式，这对远程开放教育的课程设计与开发有一定的启发。然而，远程开放教育不同于职业教育，不能完全照搬职业教育的课程设计与开发模式，也不能完全遵循其一套流程。

迄今为止，在远程教育领域，英国开放大学的课程设计与开发模式仍堪称典范。我国少有成熟的远程开放教育领域的课程设计与开发模式。在网络课程设计与开发方面，我国学者陈丽从实际操作的角度认为，远程教育网络课程的设计主要包括准备、分析、设计、开发、实施和评价 6 个阶段。武法提认为，网络课程的设计与开发分为需求分析、课程设计、教学设计、技术开发、课程实施 5 个阶段，每一个阶段包含了一个或多个环节。开放教育课程设计与开发要依据远程教育理论，遵循国际在线课程的普遍规律、共同法则与必备要素，又要有被实践证明是行之有效的模式。在国内外学者探索课程设计与开发的基础上，笔者提出远程开放教育课程设计与开发 OOCDM(Open Online Curriculum Development Model)模型，如图 4-1 所示。

---

① 奥恩斯坦．课程：基础、原理和问题[M]．柯森，译．南京：江苏教育出版社，2016，120.

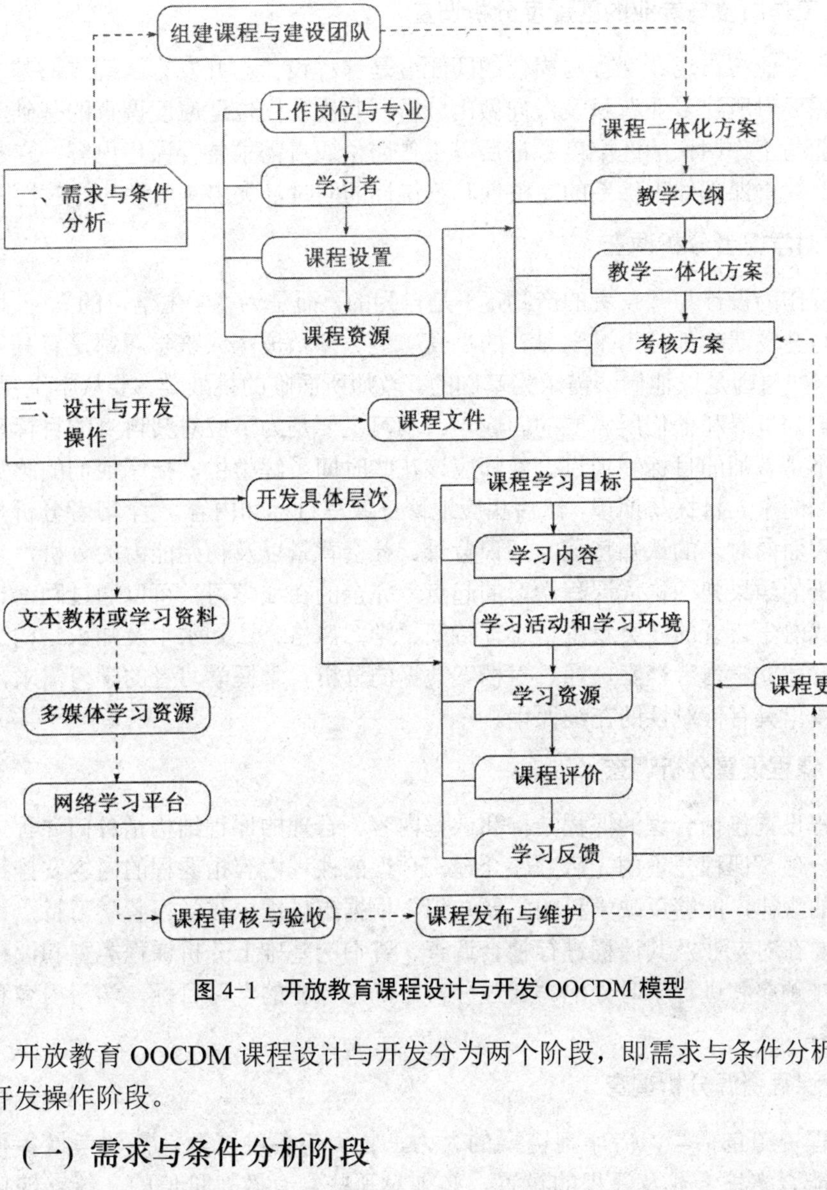

图 4-1　开放教育课程设计与开发 OOCDM 模型

开放教育 OOCDM 课程设计与开发分为两个阶段，即需求与条件分析、设计与开发操作阶段。

(一) 需求与条件分析阶段

需求分析是课程设计与开发的首要环节，需求分析结果将影响后续各个环节的工作。需求分析包括：一是确定需求来源，如工作岗位与专业的匹配度、学习者、课程设置、课程资源等，利用需求分析工具进行需求调查；二是课程设计与开发者对调查得来的需求进行有效性审核、分类、删除、增加等，保证所开发的课程能够具有科学性、适切性和前瞻性；三是对需求进行可行性评价和论证，看现有条件能否保证课程需求的达成和课程开发的实施。

1．工作岗位与专业的匹配度分析调查

分析专业与市场、课程与岗位的匹配度是课程设计与开发方法确立的基本依据。首先要对所建专业背景及走向做出分析；其次在岗位适应度调查的基础上，分析专业与工作岗位的匹配度；最后以工作岗位职责需求整合课程内容，在整合内容中，注重课程知识体系的完整性和系统性的同时，突出实用性与针对性。

2．对学习者分析调查

课程作为设计与开发者的产物，不是自为的，而是为“学生学习的”。一切课程设计与开发活动都是为了学习者的“学”。绝大多数成年人来学习都是有具体原因的，这些原因是以他们的需求为基础的。教师所面临的挑战是，要从学生视角，看到他们的世界和他们所需要的。成年人学习主要是为了应对其自身的目标和观点，而不是教师的目标和观点。教师应该花些时间了解学生，揣摩他们的感觉，找到他们的个人目标与期望，然后相应地修订课程目标和内容。[①]学习者分析是对在线课程面向对象的认知特征、知识背景、社会背景以及初始能力的分析，它与目标分析的结果共同构成课程学习的起点。完全的在线学习，可以通过网络、电话等方式对学习者的社会背景、心理特征、学习风格、认知水平及知识结构进行调查，并建立学习者档案。通过对档案数据的分析，掌握学习者的学习需求，设计、开发出具有针对性的在线课程。

3．课程设置分析调查

课程设置包括合理的课程结构和课程内容。合理的课程结构指各门课程之间的结构合理，课程开设的先后顺序合理。合理的课程内容指课程的内容安排符合知识论的规律，能够反映学科的主要知识。根据市场需求与学习者学习特点设置课程，要在对专业及其课程进行社会调查、咨询的基础上分析课程类型和课程门类，安排顺序和进行学时分配。通过分析，确定课程的学习目标、学习内容和学习要求。

4．课程资源分析调查

课程资源包括学习者学习需要的人力、物力等各种资源。需要考量各种学习资源能否支撑专业及课程的设置。必须对那些富有教育价值的、能够转化为学习课程或服务于学校课程的各种课程要素来源及实施课程必要的条件进行分析，对直接决定课程实施范围和水平的人力、物力和财力，时间、场地、媒介、设备和环境等课程实施条件进行分析。课程设计与开发者要思考：现有的资源

---

① R．J．WLODKOWSKI．增强成年人的学习动机：一部全面的成年学生教学指南[M]．张玉莲，郑一淳，等译．北京：中国农业出版社，2013：935．

是什么？缺少什么样的资源？能否改建原有的资源？如果没有资源，需要建哪几类资源？

(二) 设计与开发操作阶段

设计与开发操作阶段包括编写课程方案、确定课程标准和在总的课程方案指导下的具体设计层面。

1．编写课程方案、确定课程标准

课程方案是学校课程的总体规划与结构框架，是学校课程建设工作的基本蓝图。课程标准也有称教学大纲的，一般认为是对学生学习结果与素质发展的基本描述，是教育质量所应达到的具体指标。它主要阐明一门具体课程的性质和理念、课程目标、内容、学与教的方式、学习评价等事项，它是教材编写、教学、评价的依据，是有关部门管理学校课程的重要文件。课程方案与课程标准的核心内容包括课程设计理念、课程目标、课程内容、教材编写及多媒体课件制作要求、课程评价等。课程一体化方案、教学大纲、教学一体化方案、考核方案是重要的课程文件。

(1) 课程一体化方案。课程设计的最高层次是课程一体化方案的设计。课程一体化方案是关于一种课程建设的总体规划。课程一体化方案结构包括人才培养目标、课程目标、课程结构、课程内容、课程实施与课程评价等内容。

(2) 教学大纲。教学大纲是以纲要的形式划定学科的内容、体系和范围，它规定课程的教学目标和课程的实质性内容，是编写教科书与制作多媒体课件的直接依据，对教学工作具有直接的指导意义。包括课程性质、目的和任务、课程基本要求、课程教学主要内容、学时分配、教材及主要参考书等内容。

(3) 教学一体化方案。教学一体化方案是为实现课程目标的具体设计。包括教学目标、教学要求、教学主要内容、教学媒体说明、教与学建议、集中实践性环节说明、单元教学模块安排及建议的学时安排等。

(4) 考核方案。考核方案是依据教学大纲对考核要求及考试形式的说明。包括考核目标、考核内容、考核方式，评价方式等。

2．具体设计层次

在课程方案与课程标准的指导下，我们可以进行具体的课程设计。课程设计是分层的，课程设计层次是从课程设计所要承担的任务和产生的结果角色来划分的。不同的课程设计模式产生不同的课程设计层面。我们将 OOCDM 模式的基本理念、基本价值取向具体化为以下几个方面。

(1) 学习目标设计。课程学习目标是学习者应该达到的学习结果和标准，是教学活动的指南，也是学习评价的依据。对目标的设计包括课程目标、单元目标以及各知识节点的学习目标。课程目标应呈现于在线课程的首页，让学习者对学习该课程的目的一目了然。单元目标应呈现在单元学习内容之前。各知识节点的学习目标则应该在学习者学习各模块知识点的过程中呈现。

(2) 学习内容组织设计。课程的内容组织既要符合成人学习者的认知规律，也应考虑知识点间的逻辑结构。在线课程宜采用相对独立的模块化的组织方式，一般以各个学习单元或内容的单个知识点为依据，模块间既相互独立，又相互关联。每一个知识点或学习单元的内容一般应包括学习目标、学习内容、学习活动、测试题及拓展学习模块的链接等部分。课程内容应根据具体的知识选择恰当的媒体表现形式，如要考虑采用文本、声音、图像、动画等多种表现形式。

(3) 学习活动和学习环境设计。交互的学习活动与良好的学习环境是在线学习的特点。学习活动与环境要围绕自主学习设计，实现生生及师生在不同层面的多重交互。学习活动设计包括实时 BBS 讨论、WIKI 协作讨论、作业讲评、分组讨论解决问题等。学习环境是学习工具和学习资源的整合。自主学习环境的设计包括精彩的课程内容、有效的学习指导、丰富的学习资料和交互的在线练习。清晰明确的导航能真正发挥引导的作用，引导学习者高效地进行自主学习。而课程界面设计友好，突出主题，强调重点，讲究艺术，有利于激发学习者的学习兴趣。

(4) 学习资源设计。学习资源包括文本辅导材料及数字化学习资源等。数字化学习资源包括视频、音频、多媒体课件、网站、计算机模拟测试、在线讨论等。要充分进行数字化资源设计，使课程内容更为直观、生动地呈现，以适应不同的学习者。本着为学生服务的宗旨，设计并提供可打印的学习资源，也可提供可转换的图文结合格式的资源。

(5) 学习评价设计。学习评价的目的是诊断和评定学生，因此，设计一套学习评价方案至关重要。学习评价包括多项内容，而且不同的评价模式有不同的要求和操作方法。作业、练习测验和评价是教学过程中的重要环节。根据学习内容设计主观题与客观题，以此检测教学效果，控制教学质量。通过设计形考作业、自测练习题进行形成性或总结性评价；也要设计多元的评价方式，注重自我评价、小组评价等。

(6) 学习反馈机制设计。学习反馈机制即教师通过一定的方式对教学活动中学生的行为表现、学业成绩等方面给予及时的价值评判。在线课程设计应采取过程性反馈和结果性反馈相结合的方法。过程性反馈即针对学习者在学习过程中遇到的学业问题和学习行为问题给予必要的答疑和方法上的指导；结果性反馈即对学业成绩及综合行为表现给予及时的评价、评定，并附有积极的归因提示，从而引导学生强化目标意识，向正确的方向努力。

3．课程开发的关键步骤及环节

(1) 组建课程建设团队。课程开发是一个复杂的综合性工程。首先要组建课程建设团队，为课程开发过程的良好运作做好准备。团队成员包括课程负责人、学科专家、教学设计人员、技术人员、编导、美工等。成员分工协作，才能取得课程开发的最佳效果。

(2) 编制文本教材或学习材料。要编写适合远程开放教育特点的有利于学习者自主学习的教材或者学习材料。教材编制要经过制订教材建设方案、教材建设项目立项、教材编写与修改、评审验收几个阶段。

(3) 开发多媒体学习资源。为确保多媒体学习资源开发的质量，学校通过招投标方式，选定多媒体课件制作公司。视频课件在多媒体课件中居主导地位。视频录制方式有多种，要根据每门课程的特点选择录制方式：一是传统课堂的直接录制；二是“人像+字幕”形式；三是基于高清触摸大屏的直录；四是动画课件；五是微课开发。

(4) 网络学习平台开发及学习环境的确定。对在线课程而言，一个功能完备的学习平台至关重要。学习平台是一个包括网上教学和教学辅导、网上自学、网上师生交流、网上作业、网上测试以及质量评估等多种服务在内的综合教学服务支持系统，它能为学生提供实时和非实时的学习支持服务。基于平台的学习环境应能帮助系统管理者与老师掌控各种教学活动与记录学生们的学习情况及进度，监控教学质量。

(5) 课程审核与验收。课程资源建设结束后，要组织校内及校外专家全方位进行审核与验收。专家分别对课程文件、课程资源、课程资源呈现形式、网络平台课程教学运行等方面进行审核，课程负责人进行说课，并就课程设计理念、代表性资源、教学运行等情况进行答辩。

(6) 课程发布与维护。课程发布是指推送课程上网，向学习者开放发布。在线课程的发布主要通过两种方式来实现：一是上传到课程学习平台，课程负责人只需将教学内容及学习资源上传至平台服务器即可；二是开发者独立开发课程，包括各种教学资源、认知工具、教师管理工具等，然后上传到服务器。在课程运行过程中，还要根据教师与学生的信息反馈，对课程进行日常维护。

(7) 课程更新。在线课程的开发不是一次性的，也不可能一步到位，需要课程开发者在课程实施中，不断收集辅导教师与学生的反馈意见，以及教学信息数据，根据这些再对课程进行修订与改正。

OOCDM 模式将课程设计与课程开发两个层面有机结合，包括了从前期分析到后期维护更新的完整过程。OOCDM 模式以学习者为中心，以社会实践需求为课程设计与开发的依据，充分考虑了成人远程学习者的特点和需求，具有良好的可操作性。

第三节　在线课程设计与开发的实践探索

构建高效的课程开发机制是推进课程建设的重要基础。调动包括教师、学生及广泛的社会力量参与到课程开发中，是推进课程建设的有效途径。通过构建科学的课程开发机制，调动各方面的积极性，推动课程开发，以适应经济社会发展对培养人才的需要，这是开放大学课程建设的必由之路。下面我们以江苏开放大学文化产业管理(本科)专业文化资源学在线课程实践探索为例。

一、需求及条件分析

(一) 专业、课程设置与社会市场的匹配度分析

文化产业管理专业人才的培养既符合国家新兴产业的战略转型需要，又能为地方经济发展提供强有力的推动，更符合人们接受个性化教育、全面发展的需要。随着文化产业在国民经济生活中地位的不断提升，对文化产业管理人才的需求越来越大，培养文化产业管理专业人才迫在眉睫。江苏开放大学开设文化产业管理专业，既能为江苏文化产业培养急需人才，符合江苏省“转方式、调结构”和推进区域发展战略的需要，也符合江苏开放大学自身不断发展与专业建设的需要。课程设置立足于文化产业基础理论与实践、文化产业经营管理、文化市场营销与开发、文化策划，以及创意理论与技能。文化资源学课程应成为专业核心基础课程。

(二) 学生学习背景分析

学习文化资源学课程的学生，一类来自于在职的文化事业管理单位的从业人员，有一定的工作经验，年龄以中青年为主，日常工作任务繁重，工学矛盾突出；一类来自于具有转岗需求及满足兴趣需要的再就业人员。学生迫切需要对基本原理和方法等的系统指导，需要系统地学习，提高从业能力。作为未来的文化产业建设发展的从业人员，其文化自觉性和文化转型能力直接关系到未来文化产业从业人员素质的提高和文化产业的长远发展，因此必须在一般教学的基础上，强化对学生综合能力的培养。实践活动与学生未来职业发展密切相关。需要通过开展形式各样的实践，使学生“学有所用”“学有所长”。

课程辅导教师通过教务处查阅学生档案，了解学生总体情况。通过建立课程学习班级 QQ 群，电话、邮件调查了解学生个体的有关信息，包括年龄、工作状况、相关专业学习的知识水平、对技术的掌握程度以及选修学习在线课程的目的和动机等。

(三) 学习环境分析

江苏开放大学现有的技术设备能给予学习者良好的技术支持服务。已经自行开发了新的在线学习平台；聘请全国知名专家或教授担任课程主讲教师；辅导教师与学生的配比合适，使设计、开发、发送课程，实现真正意义上的以在线学习为主的课程教学有了一定的物质技术及人力基础。

(四) 课程学习资源分析

文化资源学课程 2012 年前在普通高等院校文化产业管理专业中为选修课，现有的学习资源几乎为空白。目前适合成人学习的文字教材基本没有，需要自编教材、学习材料及制作多媒体课件。

二、课程设计与开发指导思想

(一) 成效为本的课程设计理念

成效为本的课程“以学生为中心”，着力于学生的学习，着力于学生的学习效果。成效为本的课程目的是为了学生的发展。课程是需求驱动式的，以学生的学习需求及社会的发展需求为轴，在课程设计与组织实施中，教师的“教”围绕学习者的学习品质的提升、学习能力的提高。

(二) 建构主义和情境认知理论

在线课程采取“文本教材+视频课件+移动学习资源+网络课程”的立体化课程建设模式，激发学生学习兴趣。课程灵活配合应用多种教学策略，包括“契约学习”“讨论学习”“案例分析”“情境学习”等。在每个单元模块学习过程中，学生一方面通过自主阅读文本材料、观摩专家录像、资源案例分析、讨论等方式进行学习；另一方面，通过完成约束性学习内容保障学习质量。

(三) 以学生为本

以学生为中心，提供全面的学习支持服务。灵活应用面对面、电话、E-mail等多种形式开展实时与非实时答疑。另外，课程还将依托网络教学平台，加强导学、助学并开展指向重难点内容的在线学习活动，促进师生间、生生间的交互与协作，为学生搭建一个稳定、可实现个性化辅导、可寻求帮助的课程学习空间。

三、学习目标设计

确立课程目标，以便采用相应的教学策略。课程学习目标包括认知学习领域、能力学习领域和情感学习领域目标。

（一）认知目标

了解文化资源学的内涵和特征，深刻认识和理解文化资源学的发展规律，以科学发展观的态度充分认识文化资源的有限性和文化资源开发的无限性，更好地为中国特色社会主义建设服务。

（二）能力目标

把握文化资源的保护、开发和利用的一般规律并提出可行的方案；优化文化资源配置，有效进行文化资源的保护、利用和开发实践。

（三）情感目标

培养热爱中国文化资源的情感；增强对民族文化的自信心和自豪感。

四、学习内容设计

课程负责人以学生为中心，选择确定课程的教学内容，并根据内容考虑课程的整体结构，科学安排本课程的学习单元和各单元的教学内容。为了让学生在学习开始前就对学习内容做到心中有数，课程负责人在开课前就向学生公布课程大纲、考核方案，说明教学理念的有关信息，并在每个单元学习前，让学生清楚了解本单元的学习目标、内容和学习活动等安排，如表 4-1 所示。

表 4-1　文化资源学模块学习目标及学习内容

模块	学习目标	学习内容	学时
导学	了解课程特点与课程主要内容知道在线学习规则 激发学习兴趣	①观看导学视频 ②了解教学大纲、考核方法、学习方法 ③参加破冰活动	3
一	列举学术界关于文化资源的概念与界定 区分文化资源分类的标准及其基本类型 识辨文化资源的类型指出不同类型文化资源的特点和属性 运用精神产品理论对文化资源分类标准进行界定	学习内容： ①文化的本质、文化资源的概念 ②新的资源观 ③文化资源学研究范围、内容和方法 ④文化资源的基本特征 ⑤文化资源的属性 ⑥文化资源的类型	8
		学习活动：列举出你和家人日常生活中的任何用品、使用的服务，以及行为方式、生活态度中受到好莱坞文化影响，与好莱坞文化相关的元素	2

续　表

模块	学习目标	学习内容	学时
二	指出文化生产力的构成要素 分析纯精神文化资源、准精神文化资源和物质文化资源的价值形成过程解释文化资源价值的生产和积累的原理 描述非使用价值评价的目的和方法原理，指出条件价值评估的基本步骤	学习内容： ①文化的生产与再生产过程 ②文化资源的价值生产和积累 ③文化资源价值转化和文化衍生产品 ④文化资源的资本化 ⑤文化资源的价值属性 ⑥文化资源价值评估的基本程序 ⑦文化资源价值评估的基本指标	12
	对比文化资源经济价值评价的方法，尝试评估文化资源经济价值	学习活动：分小组调查文化衍生品市场	3
三	阐释文化遗产、文化遗迹、文化旅游的定义 认识我国历史文化遗迹保护面临的问题 举例说明历史文化遗产保护和开发利用的方法 列举非物质文化遗产保护和开发利用的方法	学习内容： ①历史文化遗迹的保护历史与发展现状 ②历史文化遗迹的认定标准 ③历史文化遗迹的保护规划要点和原则 ④历史文化遗迹与文化旅游 ⑤非物质文化遗产的概念和类型 ⑥非物质文化遗产保护的历史和现状 ⑦数字化与非物质文化遗产保护	12
	举例说明非物质文化遗产数字化保护方法能够提出文化旅游发展的路径	学习活动：调查江苏历史文化遗迹保护利用情况	3
四	说出文化版权的基本概念，文化版权资源的基本权利构成 区别不同种类文化版权的基本特点 列举文化版权资源的价值特征 分析造成文化版权资源价值损害的因素	学习内容： ①史文化名城的概念 ②历史文化名城的文化资源系统分析 ③历史文化名城保护内容与方法 ④文化版权的概念 ⑤文化版权的保护 ⑥文化版权的许可经营 ⑦国际文化版权贸易规则和法规	10
	认识我国历史文化名城保护面临的问题 举例说明历史文化名城保护的内容与方法	学习活动：调查讨论——文化版权的保护现状	2

续 表

模块	学习目标	学习内容	学时
五	归纳文化资源国际化保护和开发的基本策略和措施 指出文化资源在国家文化对外交流、文化贸易中的作用 发现全球化带来的文化资源危机和文化资源安全的战略问题 举例说明文化资源公共管理法律政策体系	学习内容： ①全球化与文化资源危机 ②文化资源的引进与输出 ③国家文化战略与民族文化资源保护 ④文化资源的公共管理组织体系 ⑤文化遗产保护的法律政策 ⑥文化版权保护的法律政策 ⑦文化资源开发利用的经济政策	12
		学习活动：讨论——文化资源的公共管理政策	2
复习	对课程主要知识点进行辅导通过自测练习测评	①扣教材复习 ②回顾每次形考作业 ③利用测试题自测 ④参加期末复习讨论	3

五、媒体资源设计

以文字教材、配套光盘、移动学习资源、课程网站等几种资源类型相互配合形成课程的资源包，多种媒体各有侧重、有机配合，为学习者提供多种学习方式的选择。

(一) 文字教材

文字教材是学生自学基础，是联系其他教学媒体的纽带，也是课程考核的基本依据。文化资源学课程的文字教材主要以任务导向和案例分析为主，突出学习活动设计，对于课程内容的形象性展示、详细讲解和需要交互的内容，由课件或课程学习平台承担。教材编写的指导思想是以任务为导向，通过每单元的具体案例引入各单元的重点与难点，充分调动学习者自主学习的积极性；每单元除核心学习内容外，精心设计拓展阅读、学习小结、思考与练习、学习活动等版块，引导学习者自主学习，实现线下学习与线上学习一体化，力争做到理论学习实践化；学习资源获取系统化；自我学习过程互动化。

(二) 课件光盘

文化资源学课程配套的课件光盘主要用于弥补文字教材形象性和交互性差的缺陷，有视频课件、多媒体课件等。课件配套光盘的内容不是教材内容的翻版，而是对课程重难点内容的详解、形象性阐述。

(三) 移动终端课件

就技术而言，目前移动学习已经完全可以实现。把课程内容加工成容量较小、表现力较强的文字、图片、视频、动画等多种媒体，每块学习单元设计得短小精悍，可以让学习者在 5 分钟左右完成一个微学习单元(或知识点)的学习。流行的移动终端主要有 Andorid、苹果 ios、wp7 等系统，还包括一些电子书的格式。将微学习单元的内容包装成适合各类系统的形式，可供学习者下载学习。

(四) 网络课程

网络课程是通过网络表现的教学资源及实施的课程教学活动的总和，其主要的功能有：①把课程的各类静态教学资源汇总放置在课程网站上，便于学生随时学习和下载，包括课件光盘中的内容和移动学习资源，也包括教材和课件中不包含的资料性学习内容。②提供课程交互学习的环境，如 BBs、Blog 和实时的视频辅导等手段。③提供课程学习的评价手段，如在线的作业和测试等。通过较先进的技术手段设计一个具备自适应性的网站系统，该网站可自动识别访问的终端所使用的系统，包括 PC、Android、苹果 ios、微软 wp7 等，网页为这些终端系统自动进行调节以方便学习者访问。

六、教学策略的设计

从学习者学习角度看，教学策略是为了支持和促进有效的学习而安排学习环境中各个元素的程度和方法。文化资源学课程根据课程目标，选择了如下教学策略。

(一) 情景导入

通过具体情景及问题引入各单元的重点与难点，激发学生的学习动机，促使学生积极探索。

(二) 案例讨论

针对各单元特点引导学生就相关问题进行讨论，促使学生积极参与学习。

(三) 实践教学活动引领

结合单元实践教学环节活动的设计，分配小组成员任务，彼此协作，分步骤完成整个实践任务。

(四) 教师全程引导

以学生为学习活动的主体，以学生自主学习为推进学习进程的主要方式，教师全过程导学、助学，以不断解决学生问题的方式，帮助学生完成课程学习目标。

(五) 多种交互支持

基于网络基础的全过程师生交互、生生交互，以及学生与学习资源的交互，支持学生完成课程学习内容，实现课程学习目标。

七、学习活动的设计

学生是在参与教学活动中获取知识、提高技能、完成学习任务的。因此，学习活动的设计应该紧紧围绕学习目标，使学习过程成为积极活跃的学生认知、相互交流情感的过程。要注意：联系原有经验。激活原有知识经验是接受新知识的前提。为了促进学生理解和掌握所学内容，学习活动与学生原有知识经验相联系。②针对具体技能。设计的学习活动包括针对学习目标所设定的技能。能够促进学生预期技能的发展。③尊重个体差异。考虑到学生能力和学习风格的差异性以及远程教学的特殊性，在目标要求的范围内，设计的学习任务有一定的弹性，给学生留有自主选择和调整的余地。

八、学习评价的设计

学习评价是在线教学设计的重要内容之一。有效的学习评价有助于教师及时了解教学进展情况、发现教学问题、进行教学调整和采取补救措施。文化资源学课程辅导教师向学生提供自我评价工具，让他们及时了解自己对学习掌握的情况。根据远程学习的特点，选择形式多样又行之有效的方式，如在线测试、测验和观察、在线讨论、同伴评价、演示、小组讨论和作品分析等。注重过程性评价，从多方面观察、评价和分析学生。形成性考核分量化考核和质化考核两部分，考核评阅根据统一的要求进行，结合平时学习行为表现，通过自我评价、小组评价及教师评价，教师最终给出每个学生的综合成绩。

第四节　开放教育自主学习式教材的设计与编写

教材在人类文化传承过程中具有不可替代的地位与作用。由于在线学习的虚拟性，教材往往起着教师的作用，成为教学中的主角。张伟远曾对亚洲七国九地十所开放大学 1 906 名网上学习者进行了调查，结果发现，学生更愿意阅读印刷教材。2014 年，国家开放大学课题组对成人学习者使用媒体形式的调查也显示，在学习材料形式上，85％的学习者希望同时提供电子化材料和纸质学习材料，只有 10.86％的学习者希望提供的是全电子化材料。……而且随着年龄的增长，对于媒体形式的偏好由“以电子化材料为主”向“以纸质材料为主”转变。这表明远程学习者对纸质教材存在较高的依赖性。众多学者对印刷教材的研究也非常关注。笔者以“远程教材”“自学教材”“电大教材”为关键词搜索中国知网(1998 年至今)，分别搜得相关论文 12 篇、6 篇、47 篇，这些文献论述了远程学习教材的设计与开发方法；教材开发与编写原则；比较分析了国内外远程学习教材的不同等，提出了不少建设性的意见。但是，在 MOOC 背景下，成人学习特点及学习形式发生了变化，不同的历史时期，对教材的内容和编写方式提出了不同的要求。如何顺应时代发展的要求，设计及编写自主学习式教材不仅是在线教育，也是开放大学课程建设面临的重要课题。

一、自主学习式教材设计与编写的理论基础

自主学习式教材设计与编写需遵循最近发展区理论、人本主义学习理论及建构主义学习理论。

(一) 最近发展区理论

维果茨基的最近发展区理论对什么内容由学生先学、什么内容应该由教师后教，做出了明确的划分。如果学生要学习的内容在他们的已有发展(现有发展水平)区之外，就需要教师的指导或讲授，这样才能最大限度地培养学生的自主学习能力。

依据最近发展区理论，教材的设计与编写就要符合学生的实际情况，考虑到学生的可接受程度。要为学生建构知识提供一种概念框架，这种框架中的概念是学习者对问题进一步理解所需要的。为此，事先要把复杂的学习任务加以分解，以便于将学生的理解逐步引向深入。

(二) 人本主义学习理论

罗杰斯的人本主义的学习和教学理论强调以培养学生的自主学习能力为目标。在教与学的关系上，应该置学生于教学中的主体地位，以学生的“学”为中心组织教学。师生之间应该是一种民主、平等的关系，是一种辅导者与学习的主人之间的关系。在教学目标上，要以教会学生学习为主，而不是以传授知识为主。要以学生自学为主、教师辅导为辅，让学生自己制订学习计划、选择学习方法、评价学习结果，教师只是在学生需要时才去辅导。

基于人本主义学习理论，教材设计与编写要遵循适切性原则。也就是以学生的“学”为中心组织内容，给学生自主学习空间。从学生的需要出发，学习内容要与学习者的生活经验和社会状况密切相连，使学习者意识到学习内容和自己的学习经验之间的联系。教师注意学习内容呈现方式，引导学生从中获取个人自由

发展的经验。

(三) 建构主义学习理论

建构主义学习理论认为，学习者是一个积极的建构主体。知识不是通过教师的讲授得到的，而是学习者在一定的社会文化背景下，借助他人的帮助，利用必要的学习资料，通过意义建构的方式来获得的。学习不是简单的信息输入、贮存和提取的过程，而是在已有经验、心理结构和信念基础上形成新知识的意义，实现新旧知识的综合和概括。

教材的设计与编写要在学生原有认知的经验基础上，通过教师的引导深入掌握学习内容。教师要努力为学生提供大量的认知工具，以拓展学习方式和视角，提高其自主学习能力。

二、自主学习式教材设计与编写的现实依据

设计与编写自主学习式教材要遵循一定的理论，也要从成人学习特征出发。

(一) 成人学习兴趣的实用性

成人学习者的学习兴趣表现为实用性，即对“学以致用”的追求。具体说来，由于成人学习者多为在职学习，他们希望不仅仅是积累知识，为今后的社会实践做准备，而更主要的是及时地把学到的知识，掌握的技能和能力应用于现实的社会实践与工作中。调查结果显示，60.66%的学习者希望课程内容能够更多地符合实际工作需要，他们感兴趣的学习内容就是实用，而不是学术性。

(二) 成人学习需求的多样性

历史唯物主义认为，成人是社会的成人，总以一定的方式，存在于一定的社会关系之中。成人学习者的学习需要，取决于他们的社会经济地位和社会角色。成人的社会角色是多维的，由于多维的社会角色，形成了多样的学习需求。调查表明，不同工作年限学习者的知识需求存在差异；而且由于所学专业与从事工作的关系影响，对知识的需求也存在差异。

(三) 成人学习意识的独立性

发展心理学和社会心理学研究表明，人的自我意识，总是从依赖的、他律的向独立的、自律的方向发展。人进入成年期，个体社会化任务已经基本完成，独立自主的成人具有能作为权利、义务的主体的独立资格，即具有自我的人格，具有独立的自我意识，可以对自己的言行加以调节和控制。

(四) 成人学习具有不同的动机

成人出于自身发展和成功扮演社会角色的迫切需求而自觉参加学习，因此成人的学习动机具有多样性。调查显示，学习动机多样性不仅表现在学习者有着近20 种不同的学习需要，还表现在不同人群的学习动机有较为显著的差异。参加远程开放教育学习的大部分学生是来源于生产、建设、管理、服务一线的在职职工，他们的学习目的主要是为了提高学历层次、增强自身素质、获得知识技能、适应所从事的岗位或职业升迁的需要，成为应用型专门人才。

(五) 成人学习带有丰富经验性

由于长期社会生产和生活的实践，以及大量的社会交往，成人积累了丰富的经验。学习心理学研究表明，经验是认知结构变量中的一个重要成分，对成人学习者有着十分重要的作用。成人学习是在经验的背景之下发生的，他们的学习内容的选择往往以他们的经验为指导；他们的学习方法往往与他们的经验相联系；他们的评价往往又以他们的经验为依据。

(六) 成人学习意志的薄弱性

学习意志，是自觉地确定学习目的，根据学习目的支配、调节学习行动，从而实现预定的学习目的的认知心理过程。虽然说成人具备了一定的社会化心理，学习意志较未成年人坚定，但是由于工学的矛盾，许多成人学习者速成心迫切，功利性强，造成自控力差，学习意志薄弱，一定程度上影响了学习效果。

成人的学习特点决定了自主学习式教材必须预期到学生的能力与学习反应，而不能只是系统地呈现学科知识体系。

三、自主学习式教材的功能

近年来，教材的功能发生了深刻变化，教材已由“教材”向“学材”改变。不少学者关注自学式教材的编写。我国台湾学者杨家兴指出，自学式教材是要借本身的设计，让学习者直接了解、吸收教材中所包含的内容，达成学习知识的目的。自学式教材与一般教材功能不同，如表 4-2 所示。

表 4-2　自学式教材与一般教材的分析比较

自学式教材	一般教材
引发学习兴趣	预设学生有学习兴趣
为学生编写	为教师编写
预估学习使用时间	未估计学习使用时间
有明确的学习者	广大的使用群

续 表

自学式教材	一般教材
提供学习目的及目标	极少提供学习目的及目标
采用多种学习途径	基本上采用单一学习模式
根据学生的要求设计教材结构	根据学术、专业决定教材结构
强调自我评价活动	很少或没有自我评价活动
注重学生可能遇到的学习困难	不太关注学习者可能遇到的困难
提供内容的总结	极少提供内容的总结
使用个人化的称谓	不使用个人化的称谓
内容详细陈述	内容精简、浓缩
版面留出的空白较多，低信息容量设计	版面充满文字，采用高容量设计法
寻求学生的评价反馈	很少顾及学习者的观点
提供学习技巧的建议	很少提供学习技巧方面的建议
需要学习者主动回应	学习者被动阅读
以达成有效的学习为目的	以习得专业知识为主要目的
鼓励学习者共同参与	假设学习者个别使用
清楚鲜明的教材结构	较笼统的学习结构
简单的语法词句	复杂典雅的语法词句
较短的课程片段	较长的课程片段
使用大量的范例与图表	不特别使用范例、图表
引用学习者的经验	以学科逻辑顺序为主
建议对知识进行运用	较不注重对知识的运用

杨家兴从 24 个方面较为细致地比较了自学式教材与一般教材的区别，突出说明了教材从传统的编制方式向有利于学生自学的方向转变的重要性。笔者认为，自主学习式教材基本等同于自学式教材，但是，自主学习式教材更强调教师的引领作用。正如英国开放大学的远程教育专家德里克·隆特利(Derek Rowntree)提出的“Tuour in print”，即把课堂上的好教师书面化到教材里。自主学习式教材是将一般教学活动中教师当面的教导纳入学生学习的教材中，让学生借由阅读这样的教材，经过自主学习的过程后可达成所预期的学习成效。自主学习式教材除了增加学生的知识、培养学生的技能这一目标外，还突出强调构建自主学习能力，因此它具有独特的性质与特点。日本学者高仓祥提出了教材作为学材的五大功能：唤起学习欲望的功能；提示学习课题的功能；提示学习方法的功能；促进个性化和个别化的功能；巩固学习的功能。结合设计与编制教材的实践，笔者认为，成人自主学习式教材有如下功能。

(一) 唤醒：激发学习兴趣

对远程学习者而言，教师的教授时间相对较少，更多的时间靠自己钻研。因此，自主学习式教材一定是能激发学生学习兴趣的。兴趣可以将学习者轻易带入学习佳境。自主学习式教材的学习目标描述清楚；学习任务循序渐进；灵活运用各种表现形式来呈现学习内容。学习内容难易适度：太难，会有畏难情绪的产生；太易，会认为不值得学习。文字一定要能够确切阐明知识的内容，并辅以图片、图表、流程图等可视化形式呈现概念间的关系或复杂的原理，使复杂的概念及原理能较容易地被理解。语言通顺，条理清晰，说理透彻，富有启发性。

(二) 引导：深入参与学习

从教材编写技术看，自主学习式教材根据学生的心理逻辑来编排，并在原有教材中加入教师的教法，使学生可以直接在阅读、使用教材时能够与教师虚拟互动。根据知识内容的需要，将精选学科领域最新的研究成果与学生实际生活经验相联系，唤起学生在学习中的觉醒心。在教材一个知识点告一阶段后，不时插入思考讨论题，犹如教师的提问，引发学生对教材内容做深层的思考。设计以问题为中心的学习活动，如同教师教学时一般每隔 15 到 20 分钟就要更换一下教学刺激的种类，同样的，教材每隔三四页至少就应该有一个文中活动，使学生从学习活动的过程和结果中获取重要概念及原理，增强其在学习教材内容时的参与度。形式上，以符号、线条、图标或大小不同的字体突出或提示学习内容，教材留白，以触发学生深入理解思想和探寻意义。

(三) 指路：建议学习方法

自主学习式教材中设计了一些支持性内容，可以对学习者起到一个引导、帮助作用，恰如一位教师从中不断地提示、引导学习者了解、吸收教材，以帮助学习者自主学习。例如，英国开放大学开放教育教材，使用课程内容导图使学习者了解内容结构以及概念之间的关系；建议学习时间，帮助学习者分配、掌握时间；明确学习成果及目标，包含“学习完本单元，应达到的学习目标”；阐明学习方式，设计了“如何学习这门课程”，“如何学习这一单元”，为学习者提供学习方法、技能上的建议和帮助；帮助学习者在完成学习任务后对照清单检查自己的学习成果等。

(四) 反馈：巩固学习成果

自主学习式教材以学生自学为主。由于没有实际教师的共同参与，学习者在完成练习或作业时往往不能即时知道对与错；或者即使知道，但也不容易明白错误原因，得到正确答案，因此，自主学习式教材练习题有提示、答案的说明，让学习者可以正确了解自身的学习状况及学习成果，及时对教材内容进行消化。

通过实用的练习及良好的反馈使学生与课程内容交互，有助于学生对学习过程与学习结果的反思。学习者通过不断自我反思、自我测评，增强自我效能感，由此获得预期的学习成果。

四、自主学习式教材设计与编写的实践探索

2012 年开始，江苏省开放大学启动了远程教材建设工作。目前已陆续出版了《文化资源学》(本科)、《工程监理》(本科)、《社交礼仪实务训练》(通识)、《人物造型化妆》(专科)等教材，并投入使用，学生反馈良好。我们主要从以下几个方面进行了自主学习式教材的实践探索。

(一) 改变传统的教材设计、编写观

教材的设计与编写受到教育理念与课程观的制约。长期以来，高等教育传统的教材受知识本位观影响，教材的编写意图与模式总是以教师传授知识的程序和以学科知识体系建构为核心来规划编写。以学术语言向学生陈述知识内容，虽然具有学术性与严谨性特点，但是往往忽视了学生的实际需求，不利于在线环境下的自主学习。

自主学习式教材编写者以学习者为中心，面向职业、岗位及行业的需求，以应用型知识为轴心来组织内容，在科学性和严谨性基础上突出实用性。参考了英国开放大学教材编写的三阶段，我们将“以学为中心”的理念渗透在开发与编写流程中，自主学习式教材开发与编写模型如图 4-2 所示。

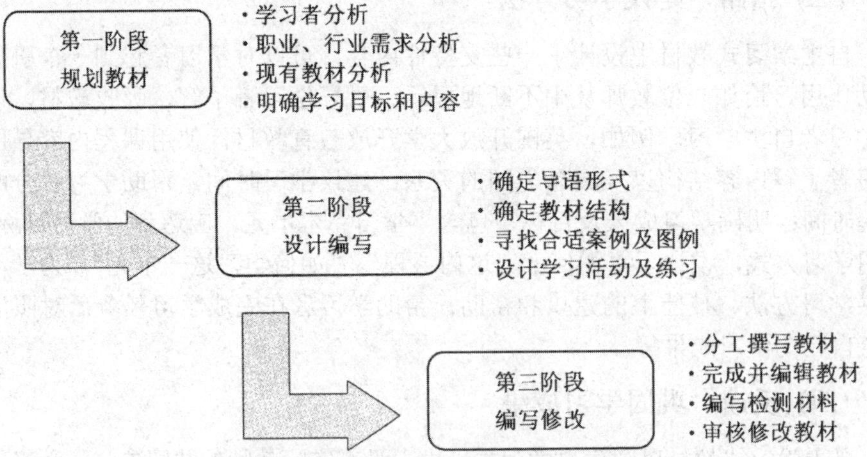

图 4-2　自主学习式教材开发与编写模型

“以学为中心”的自主学习式教材开发与编写流程包括规划教材、设计编写

及编写修改三个阶段，每个阶段的每个环节都要精心考虑和设计。在三个阶段中，第二阶段为自主学习式教材区别于一般教材的关键阶段。例如，自主学习式教材单元导语显示了理念的转变，以笔者参与编写的江苏开放大学新课程《文化资源学》教材第九单元导语为例，分析对比如表 4-3 所示。

表 4-3　《文化资源学》教材导语分析比较

	导语	分析
修改前	本章从国际视角，分析全球化背景下文化资源的保护、利用和开发问题。首先系统地阐述了全球化背景下文化资源保护所面临的机遇与挑战，并对国际化保护从本土化到国际化保护、面向国际的文化资源产业开发等进行了分析，介绍了文化产业开发国际化的基本策略和措施。最后，介绍了全球化背景下，与文化资源保护、利用和开发相关的国家文化对外交流、文化对外贸易、文化安全战略等问题	从编者角度出发，以陈述句客观阐述章节内容，学习者被动阅读
修改后	文化资源具有明显的地域和国家民族特征。但是，随着全球化进程的加快，文化与经济日益融合，各国文化的交流日益频繁，国际文化产品和服务的流动规模不断扩大，文化资源已经成为文化交流的重要内容。我国文化资源的保护、利用和开发面临来自国际的挑战和竞争。那么，全球化背景下文化资源保护所面临的机遇与挑战有哪些？文化产业开发国际化的基本策略有哪些？全球化背景下，与文化资源保护、利用和开发相关的国家文化战略是怎样的？在国际交往日益重要的今天，让我们带着这些问题，进入新一单元的学习	从学习者角度明确学习内容，从学习者的经验出发，以问题情境引发思考，激发学习兴趣，进行主动探究学习。语言带有亲和性

修改前的导语从编者(教师)角度出发，概述单元学习内容，学习者是被动阅读。修改后的导语从学习者“学”的角度出发，以问题情境引发思考，语言用“我们”，如同教师讲课，让学习者感到亲切。

(二) 从提供帮助出发，构建合理的教材结构

教材的体系结构是决定教材质量的关键。关于教材的结构，不同的学者有不同的认识范围和认识程度。有学者认为教材结构是由序言、结论、正文(理论内容和习题及习题提示等)、附录、对照表、符号表等部分构成的。也有学者认为，教科书一般由下列各部分构成：一是目录，二是文本，分编、章、节、目，系统、简洁、通俗地叙述教学大纲所规定的内容，包括最基本的事实材料和基本的概念、原理、公式等；三是作业，包括思考题、习题、练习作业、实验作业等；四是图表与附录，一般附在教科书最后，供教师和学生查阅。

开放教育教学实践告诉我们，要从“知识本位取向观”走向“人本位取向观”，自主学习式教材就要根据学习目标、学生特点及学习内容确定最恰当的体系结构，不能囿于学科知识框架内搭建。它要从帮助学生学习出发，以学习内容的表达为主体，学习内容的表达本身应该以适当的形式展现。在学习内容之前，应该以适当的方式揭示课程目标、单元学习目标，既便于教师的教，又便于学生的学。自主学习式教材应根据课程内容的特点设计具有一定特色的、符合内容要求的吸引学习者注意和激发学习兴趣的结构体例。以江苏开放大学教材建设为例，学理性较强的《文化资源学》教材结构体例如表 4-4 所示。

表 4-4 《文化资源学》教材体例

体 例	含义说明及作用
单元导学	告知要学习哪些内容，快速联结与学生已知道的和期望学的内容
学习目标	学习完本单元内容后，学生能够做什么
内容结构	显示内容、概念或要点之间的关系
导入案例	情境引入，启发思考
点击核心(知识点)	提供教学重点内容
学习小结	把所学知识条理化，帮助学生消化吸收新学知识
思考与练习	用于帮助学习者在学完内容后检查自己的学习结果
学习活动	综合运用所学知识，解决实际问题，加深理解
学习活动反馈	帮助学习者检查评价自己的学习结果

《文化资源学》教材通过每单元的具体案例引入各单元的学习重点与难点，每单元除核心内容外，还精心设计了拓展知识、学习小结、思考与练习、学习活动等版块，可读性强，充分调动学习者自主学习的积极性。

对实操性课程教材的编写，可以是以任务为驱动，或以模块方式呈现。例如，《社交礼仪实务训练》教材体例如表 4-5 所示。

表 4-5 《社交礼仪实务训练》教材体例

	体 例	含义说明及作用
任务	任务导航	告诉学生准备学习哪些内容，为什么学
	学习导图	清晰知道主要学习任务
	任务目标	清晰知道学习目标
	任务完成时间	建议学习时间
单元	单元引擎	情境引入，让学生认为下面的内容值得学
	单元内容	提供教学重点内容
	案例与讨论	深化思考、深入交流
	训练	通过训练让学生加深理解，学会运用
	单元小结	帮助学生消化吸收新学知识，并把新知识与原有知识联系起来
	单元测试	帮助学习者检查评价自己的学习结果

《社交礼仪实务训练》教材注重实用性与可操作性，从开放教育的特点出发，采取任务驱动式体例，以图文并茂的案例作为单元引擎引导教学任务；内容表达图解化、交互化及案例化，结合日常工作与生活安排实操训练，取得良好效果。

《人物造型化妆》教材以模块为单位编排如表 4-6 所示。

表 4-6　《人物造型化妆》教材体例

	体　例	含义说明及作用
模块	模块名称	点明学习具体内容
	模块内容	说明单元内容组成
	参考学时	建议学习时间
	学习情境	情境引入，启发思考
	学习方式	指导如何学习
	学习目标	学习完本单元内容后，学生能够做什么
	学习准备	必要的操作工具说明
单元	学习要点	点出所要学习的重要内容
	学习难点	点出所要学习的难点内容
	学习内容	提供学习内容
	讨论与练习	实际操作
	学习反馈	学习者检查反馈自己的学习结果

从《人物造型化妆》教材结构看，体现了专业教育与职业培训的衔接，也体现了专业技术与行业现状的衔接。模块化的设计不仅关注知识点的讲授，还凸显能力培养的要求，将学习评价融入其中，突出实用性与可操作性。

(三) 内容选择注重时代性与现实性，设计学习活动促进学习

传统的知识观认为，教材内容应具有基本性，主要阐述某一学科的基本概念、基本原理和基本技能。知识总量在以爆炸式的速度迅猛激增，而知识半衰期日益缩短。英国技术预测专家詹姆斯·马丁的测算指出，人类的知识在 19 世纪是每 50 年增加一倍，20 世纪初是每 10 年增加一倍，70 年代是每 5 年增加一倍，而近 10 年大约每 3 年增加一倍。社会是不断发展的，教材内容还要体现历史进程及社会变化，教材内容的表达要具有时代价值，反映当今社会或未来社会的需要。例如，对《金融学基础》教材的编写，原分为“初识货币”“信用与利率”“金融机构与金融市场”“货币市场”“资本市场”“中央银行与货币政策”等学习单元。随着 2013 年“互联网金融元年”的到来，国内互联网金融得到迅猛发展。因此，笔者加入了互联网金融内容，引发学生对社会热点问题的思考。

教材内容必须跟上时代步伐，防止选择那些已陈旧的内容，包括：一是具体知识的过时，二是某些知识领域或学科领域的研究范式的过时。前者包括观点、事实、理论、原理的陈旧，后者则主要涉及研究该领域时的思维方式、知识的组织方式和体系的过时。经济的快速发展、社会环境的不断变化，导致了我国税收政策一直处于调整与改革之中，现有的《国家税收》教材编写和修订滞后，一些内容跟现行法规、实际工作以及职称考试都不一致，需要重新编写，及时修订，在学习平台上提供相应的拓展学习资源。

教材是否有足够的吸引力，能否使学习有效发生，还要看教材中学习活动的设计。学习活动是为促进学生学习而设计的活动。英国开放大学这样定义学习活动：学习活动是一种设计，用于帮助学生领会新学内容，放置在新内容介绍之后，并必须有目的地编写。学习活动可以有很多形式，如让学生回忆联系自己的体验、举例、分析小案例、计算、画图等。这样看来，教材中所有为促进学生理解新学知识与技能、学习者与学习内容的交互都是学习活动。在讲解知识过程中插入一些活动与情境，让学习者练习、体验，及时在活动中掌握、消化知识。设计学习活动要注意以下几点：

学习活动与学习目标具有相关性；每个学习活动的目的明确；学习活动的难易程度恰当；学习活动的形式和种类多样。例如，《社交礼仪实务训练》教材“拜访礼仪”单元的学习活动设计，如图 4-3 所示。

情景模拟:登门拜访客户

1. 活动背景

林是某公司销售部的新人,明天上午他将第一次单独登门拜访客户。对此他心中有些紧张,于是下班后约同事明一起进行场景模拟。

2. 规则和程序

与 1 位同学组成学习小组;

角色:林、明。

任务:按照任务内容设计模拟情节和脚本,分角色模拟拜访过程。要求言行符合规范;时间控制在 15 分钟左右。

图 4-3 《社交礼仪实务训练》教材学习活动设计

这是个情景模拟学习活动。活动清楚交代了活动背景、规则和程序，活动目标明确，内容恰当，有助于学生对学习内容的深入把握。

又如《文化资源学》第六单元的学习活动设计，如图 4-4 所示。

学习活动 6：分小组，实地考察非物质文化遗产，调研你所在的地方（市、县）非物质文化遗产保护利用情况，并提出针对性的建议。

活动目的：在本次活动中，你将通过书本、网络和实地考察调研，在了解当地对非物质文化遗产保护利用情况基础上，提出针对性的建议。

本次活动需要花费你大概 120 分钟时间

步骤 1：阅读 3　非物质文化遗产保护利用；

步骤 2：登录课程网络平台及利用搜索引擎，查阅相关资源，结合实地考察，进一步了解非物质文化遗产保护利用情况；

步骤 3：提出针对性的建议，和其他同学交流分享。

反馈：只有在有效保护的基础上，合理利用非遗项目，才能生产出具有地方特色、民族特色和有市场潜力的文化产品和文化服务。

图 4-4　《文化资源学》学习活动设计

这是个总结性学习活动。学习活动目标明确，步骤清晰，活动与学习目标紧密联系。有活动时间预算，有教师的反馈，具有较强的可操作性。活动与学生的工作生活相联系。可以提高学生解决问题的能力。

(四) 促进教材的视觉传达效应，增强学习效果

现代社会人们工作、生活忙碌，更加追求短平快文化快餐。对许多在职成人学习者而言，每天工作之余抽出时间来学习，他们不希望、也不习惯直视教材中黑压压的一片文字。从教学实践看，具备较强的视觉传达效应的教材受到成人学生的欢迎。

教材的物理特征直接影响学生的视觉表征。教材的字体、字号、图案与色彩无不向读者传递更多的信息。要注意合理利用插图、色彩使文图交融，提升教材的可读性。插图内容要符合科学性和教育性，富有启发性，形象地再现和补充正文中所讲述的内容，使学习者从中得到启迪，对内容加深理解和记忆。教材中同一版面字体、字号不宜变换频率，否则会影响读者对知识信息的加工。运用不同的字形与字体可以突显各类标题。但要注意，一个版面中的字体类型应该控制在 4 种之内，图标颜色及大小要适宜。

(五) 紧跟技术发展，构建一体化教材资源

随着信息技术的发展，互联网给学习者提供了许多有效的资源，为纸质教材转化为一体化教材提供了有益的条件。一体化教材是指突破纸质教材的静态、单维、线性编排的局限，设计适合多元化教学的资源形式，包括音像制品、电子和

网络出版物课件等的配套体系。一体化教材是纸质教材的活化，综合运用了各种媒体形式，按一定的内容编排与呈现方式使学习者直观地获取知识。一体化教材有利于及时引入学科最新的研究成果，以弥补纸质文字教材因编写、排版以及发行“时间差”带来的知识内容更新慢的不足；也可将纸质教材难以表达的内容通过动画和影像直观准确地表达出来，有效弥补了纸质文字教材形象化的不足。例如，社交礼仪课程资源一体化设计。

相应的学习内容选择相适合的媒体。《社交礼仪实务训练》纸质教材中只选取了最有代表性的案例，并用形象的语言加以描述，而大量的动画案例则在课程学习平台中呈现，更多对案例的分析和点评以视频形式呈现。以动画创设真实情境、视频再现真实行为和虚拟实验完成具体任务，以互动的形式突出教材的重点与难点。配套彩色图文学习材料，包括影视案例、场景模拟，教育部视频公开课社交礼仪内容的选取、国学礼仪网站等，增加了学生感兴趣的拓展性内容，调动学生多种感官的参与，使学生自主学习更为方便。

学生思考是在阅读了教材的有关案例后，而更深入的分组讨论完全可以在学习平台上实现，这样又会在学习平台上形成新的“生成性资源”，做到了适合的一体化设计。一体化教材以优化教学效果为目的，将感知、理解、巩固、运用融合为一体，有效地调动了学生的学习积极性。

随着在线教育的深入发展，培养学生的自主学习能力已成为教育变革的重要课题。教材是课程内容的具体化，是检查教学质量的标准，不仅是教师。“教有成果”的依据，也是学生“学有成效”的重要依据。成功的自主学习式教材设计与编写强调学生与学习内容的互动，能够引发学生深度学习，促使自我督促、自我激励、自我评价。我们要从课程性质及学生特点出发，按一体化思路，综合运用不同媒体构建教材资源，增强内容表达的意义与形式的视觉传达效果，营造互动交流环境，从而提高自主学习的质量。当然，学习从来不是单一的过程或行为，在线学习中，学生离不开教师的促进性参与。要取得良好的学习效果，自主学习式教材还要与自主学习式教学相互配合，这对远程开放教育教师提出了更高的要求。

第五节　开放教育课程资源建设——以云南开放大学为例

资源的建设与应用是开放大学内涵建设的重要组成部分，课程资源在高职教育中的重要性日益凸显。云南开放大学课程资源建设经过多年积累，已建成具有一定规模的课程资源和应用效果良好的全网教学平台，但距离开放灵活、形式多样、特色突出、适宜学习的立体化课程资源体系的总体建设目标尚有距离。投入大量人力、物力、财力建设的课程资源和平台，目前大部分用于办学体系内的开放教育日常教学，缺乏持续性的优化和维护，共享度和公共认知度不足，尚未得到充分的应用转化。本节就此现状，提出优化建设、整合应用云南开放大学课程资源的策略，以期发挥云南开放大学课程资源的最大效用。

云南开放大学自试点建设以来，始终把课程资源的建设与应用放在极为重要的位置。经过多年建设，云南开放大学课程资源已经具备一定规模和质量，工作的重心应从原来的“重建设”逐步过渡到“重应用”。如何将投入大量资金、人力、物力和时间建成的课程资源不断提升质量、优化整合，结合开放教育、高职教育、非学历教育等办学模式，提高面向社会公众的共享度，实现全面的应用转化，真正发挥出开放大学海量课程资源的应用效能，是值得深入探索的课题。

一、云南开放大学课程资源建设成果

（一）课程资源建设解决了教学内容“有”和“无”的问题，为开放办学体系的教学实施奠定了内容基础

云南开放大学的首批课程资源建设全面启动于 2011 年 7 月，投入了大量的资金、人员和设备，发动了全校大部分专业的教师参与到课程资源建设中，历经八年之久，与时俱进地修正建设思路与建设方法，高度融合信息技术与教育教学，建设了上千门课程资源，视频资源近 4TB。一批课程资源为了服务于办学形式拓展，完成了“中高衔接”“专本衔接”的学历纵向衔接建设；一批课程资源在多轮的补充、更新和完善后，初步具备了精品课程资源的质量。这些课程资源对云南开放大学遍及全省的专业教学与学习支持服务奠定了最根本的内容基础，保证了云南开放大学的教学实施。

（二）全网教学平台的建设与迭代升级，为开放办学提供了最有力的信息化平台支持

与课程资源同步启动建设的云南开放大学学习平台，经过数年的功能升级与应用迭代，建成的“全网教学平台”具备了全面、成熟的线上教学、互动、学习统计与评价、资源内容管理等功能，为云南开放大学远程开放教育实现“线上+线下”相结合的教学模式提供了最有力的信息化平台支持。

全网教学平台功能完备，可支持一门课程形成“主持教师→辅导教师→学生”的“金字塔型”教学支持服务结构：主持教师负责建设、发布、更新和维护课程资源、面向辅导教师进行答疑、管理课程、管理班级和开课情况，同时也能和辅

导教师、学生形成有效互动、发布作业与批阅作业、进行数据统计；分布于各二级学院与教学点的辅导教师，可以在全网教学平台上管理本班级学生的线上学习情况、批阅作业、答疑辅导、评价学习过程等；学生可在全网教学平台上学习课程内容、与教师和同学互动、完成学习过程性考核、获得学习支持服务和考核辅导等，学生的过程性考核成绩可由学习平台记录并评价。

(三) 总结提炼了一套行之有效的建设思路

1. “规定动作+自由动作”的模块化内容设计

麻省理工学院开放课件项目(MIT OCW)依靠微软为其量身定做的内容管理系统(Content Management System，CMS)实现了学院所有课程资源网络发布的标准化，制定了固定的内容模块，为资源共享与应用提供了保障，同时也能够将教师的精力进一步聚焦的资源的建设、更新、细化和教学支持服务上来。借鉴MIT OCW的成功经验，云南开放大学的课程资源体系，根据教学管理实施惯例和线上课程内容使用习惯，对课程资源的内容模块进行了严格的规定，形成了相对稳定的内容管理模块，即“规定动作”。

云南开放大学的课程资源，按“标准化、一体化、多元化、网络化”的要求，兼顾人才培养模式、使用对象及信息化平台等实际，对课程资源进行模块化内容设计。模块化设计主要体现在：结合教务、教学和学习支持服务需要，规定课程资源内容须包含的模块。规定模块作为一门课程资源建设必须完成的“规定动作”，是建设任务的最低要求。课程资源建设教师在满足最低要求的基础上，可以结合课程特点、教学实际、研究进展进行教学设计，增加“自选动作”，扩展、丰富、优化课程资源。

2. “纵向衔接+横向贯通”的一体化内容设计

针对搭建人才培养立交桥的需要，云南开放大学对课程资源进行了学历教育与非学历教育的横向贯通、学历教育不同层次间的纵向衔接(中高衔接、高本衔接)的一体化设计。在规划一门课程建设的初期，根据办学需求和教学需要设计专业课程体系的学历层次划分，课程资源根据不同教育层次(中职、高职高专、本科) 设计立体化接口，制定一体化培养方案，实现不同教育层次(中职、专科、本科)的纵向衔接，不同教育类型(职业教育、远程教育、学历教育和非学历教育、职业岗位证书与专业课程)的横向贯通。

“一体化、贯通型”思想指导下建成的课程资源既有课程的个性化特色，也具有较为统一的内容模块，可满足不同类型学习者在学习立交桥中直接切入适合自身层次的模块学习；可满足较低层次学习者向较高层次纵向直通；可保证理论与实践、课程设计与课程内容不相互脱节；可保证学分银行中各类证书、各层次学历课程的互通和衔接。

二、存在的不足与面临的问题

云南开放大学课程资源建设取得了阶段性成果，在当前的“互联网+教育”背景下，课程资源质量、教学实施效果、共享度和应用转化效率仍有待进一步提高。

(一) 课程资源的内容需要持续地修订和更新，精品课程的数量和质量有待提升

一方面，投入大量人力、物力、财力建设的课程资源，内容大多停留在建设初步完成阶段，应用于全网教学平台开展线上教学。学校没有出台相应的激励机制充分调动和发挥教师的主观能动性，对课程内容进行深度挖掘和更新细化，持续地根据教学实际反馈优化和调整课程资源，使其精益求精。这些课程在投入应用一段时间后，往往存在内容滞后、不适用于教学对象的问题。

另一方面，建成的课程资源和平台大部分局限于办学体系内的教学，相对于社会公众来说共享度不高；相对于投入的人力、物力来说应用转化率较低；对于双模式办学来说，也没有发挥出其真正的应用特色。

(二) 建成的教学资源仍以课程为集合单位，没有形成课程群的概念

课程群是以特定的素养结构为目标，由若干门性质相关或相近的单门课程组成的一个结构合理、层次清晰、彼此连接、相互配合、深度呼应的连环式课程集群。它通过对相关课程进行再设计，以课程间的知识、方法、问题等逻辑联系为结合点，体现群内一门课程对另一门课程的意义，形成一个相对独立的课程系统。

云南开放大学的绝大部分课程资源在启动建设时，是以课程为单位进行建设，建成后大多是作为一门相对独立的课程存在，没有形成课程群，没有先修课程或后续课程的相关继承性资源，更没有形成交叉学科知识以方便学习者知识迁移，共享课程内容比较单一。这也是我国精品课程资源建设同样存在的问题。

(三) 建成的课程资源开放渠道有限，应用面和共享度不高，降低了资源的利用效益

课程资源共享对促进教育公平有重要意义，优质资源、无障碍获取资源和应用资源是开放共享教育资源的最重要三个环节。目前，云南开放大学建成的课程资源开放渠道有限，仅放在全网教学平台上供云南开放大学注册的学生使用，其他大部分类别的学生无法获得，推广途径单一、针对性不强、知晓度低、访问率低。这阻碍了资源的辐射面和共享度，降低了课程资源的应用转化效益。

三、课程资源建设的优化、提升与整合策略

云南开放大学的课程资源建设已经具备了较好的基础，其优化、提升和整合，可以从课程资源质量、课程的学历层次提升、课程群构建、课程团队建设、资源品牌形象等几个方面多角度分步实施。

（一）课程资源质量层面的分步建设策略

云南开放大学课程资源建设之初，为了在短时间内先保证教学资源够用、实用和建设速度，设计了一套统一的内容框架标准，这套内容框架标准包含导学模块和考核辅导模块的两节微课视频，其他大部分是文本内容。这样的框架标准设置的确保证了建设速度，在很短时间内完成了云南开放大学首批开设专业的课程完全覆盖，同时，这套框架标准具有良好的可扩展性，在后来的几年中，很多课程制作了课程内容的全套视频课程添加到“视频课程”模块，根据教学过程中出现的问题不断地优化调整了其他模块的内容。在此课程框架标准的基础上，云南开放大学的课程资源质量提升可按照以下步骤来分步实施：

第一步，在专业教学中应用好建设完成的少量视频微课和大量文本的基础性课程资源(本文称为“网络课程”)，不断根据教学过程实际和教学评价调整课程的导学、实施方案、教学重难点、考核辅导等内容，优化和更新文本内容和线上教学的方式方法；

第二步，逐步全面建设每一门课程的视频微课，更新于“视频课堂”模块，使每一门课程都达到全面的教学视频资源覆盖，本文将视频资源完成课程内容全覆盖的课程称为“视频课”；

第三步，将“视频课”升级建设到“精品资源共享课”：遴选部分已经完成“视频课”建设的重要课程或内容优质的特色课程，加入生成性课程资源精华部分，将经过几轮教学反馈得出的教学经验吸纳到课程中，结合学科研究成果更新课程资源内容，将“视频课”按照国家精品资源共享课的标准进行升级建设；

第四步，将“精品资源共享课”提交到国内知名慕课平台，例如 Coursera、edX、学堂在线等，接受大规模在线课程的检验，继续优化课程内容、教学支持服务，提升课程质量和课程团队水平，建设云南开放大学“慕课”。

从建设经费的支持来看，应针对不同质量层次的课程建设分布实施策略，拨付对应的课程建设经费，而不是一刀切。具体分析不同质量层次所需的各方面经费，给予足够支持，打造精品资源共享课。

（二）课程资源学历层次的分布建设策略

云南开放大学的课程资源建设初期，集中建设的是专科层次的教学资源，随

着办学模式的拓展进行了课程资源学历层次的拓建：举办“中高职衔接”办学后，将专科层次的教学资源拆分、补充、整合为“中高衔接”教学资源；启动“高本衔接”招生后，在专科层次教学资源的基础上提升建设为本科教学资源。

课程资源的学历层次扩充，应当依据教育部发布的中职、专科、本科专业教学标准严格进行，以保证教学内容达到学历层次的培养要求；针对不同的教学对象、不同的内容层次选择适合的媒体表现形式与线上教学模式；同时，应结合“1+X”证书制度进行课程与证书的内容衔接，以实现“纵向衔接+横向贯通”的一体化内容设计。并且，课程建设经费不能一次性拨付给建设团队，而应根据不同建设阶段拨付建设经费，以激励课程资源的升级和拓展。

(三) 课程资源更新策略

课程资源建成后立即投入使用，必须及时根据使用情况反馈进行更新维护，才能保证课程资源真正适用于教学，保证其正确性和先进性，使课程在“建设→使用→修订完善→使用”的循环中不断提升，逐步做到精益求精。

整体性课程资源是指对课程内容完成整体建设，并进行内容和技术整体封装的课程资源；生成性课程资源是指课程组(教师)随教学进度在教学平台上或教学应用中实时更新的教学与辅导材料。

课程资源更新要充分发挥生成性课程资源的作用，不断将生成性课程资源整合到整体性课程资源中。在课程建设与应用过程中，应该不断将本专业发展相关的最新资源结合教学内容进行整合，保持课程内容与时俱进；应该把教学资源当作一项研究型课题来开展，结合课程资源建设教师的研究成果不断提升课程内容，研究反哺教学，由此使课程内容精益求精，体现先进的科学思想和教学改革新思路，成为真正的精品。当然，这也需要较为稳定的课程制作与研究团队的支撑，因此，学校应从制度和绩效方面，鼓励教师长期从事一门课程的开发、研究以及线上线下的教学，不因人事、管理等方面的原因而频繁变动一门课程的建设与教学团队。

(四) 逐步形成专业课程群

解决现有课程的“孤立”状态，根据学科形成以职业能力为导向的专业课程群，说明课程之间的先修后续关系，形成知识图谱，引导学习者构建自身的知识网络。

以学科分类为主线的建设原则，根据教育部专业教学标准，厘清学校已经建设的中高衔接、高本衔接课程的层次模块，将对应知识点整合优化形成课程群，形成脉络清晰的先修后续课程路径图。课程的整合必须强调学科性、整体性和专业性。同时，应根据学科设置、以人才培养方案中的专业课程为基础，集成开放大学的精品资源，形成开放大学课程资源的旗舰效应。

(五) 金字塔型资源建设与教学支持服务策略

从课程资源的建设角度看，进行“金字塔”形的建设团队组建：聘请专家教授进行课程教学设计；聘请专业的媒体人员结合课程内容和教学对象进行媒体设计；聘请副教授或讲师在专家教授的指导下完成教学内容编写；聘请技术人员完成媒体技术实现。搭建好角色完备、梯队合理的团队，课程资源建设才能高效快速地完成。线上教学资源制作团队的建设对网上课程资源的迭代升级有至关重要的作用。要形成结构合理、制作质量好、教学水平高、研究能力强、支持服务完善、持续更新的线上教学团队。

从课程资源的办学体系应用和线上教学应用来看，须形成“主持教师+辅导教师+学生”的金字塔型教学团队：主持教师负责建设、发布与管理线上教学资源、发布教学任务，面向辅导教师答疑；辅导教师负责管理教学班级，面向学生进行线上辅导答疑，组织学生开展学习活动；学生则负责完成自己每一门课程的学习任务。同时，应充分发挥联合教研室的作用，建立助教制度，形成金字塔型的答疑辅导团队，在责任教师的带领下，切实做好每一门课程的答疑和支持服务。这样的“金字塔”形辅导结构，有助于加强开放大学的办学体系建设，提升体系内的师资队伍水平。

(六) 资源库建设的分步实施策略

1. 建设“实物库+电子资源库”相结合的开放大学资源库

开放大学资源库不仅要存储数字化课程资源，还要建设实物库，将学校建设的教材，数字资源、课件包等系统化收藏管理。其中，数字化课程资源应能按课程知识点、媒体类型、内容关键字等进行检索；实物库资源按照学科、课程分类存储，构建起建设路径清晰、丰富翔实、种类完备的资源库，形成开放大学教学资源积淀。

2. 构建适用于多类前端调用的媒体资源库的存储体系

为了开放大学课程资源能够应用拓展到面向社会公众的各种学历与非学历教育项目中，云南开放大学将基于现有的课程资源库，针对不同受众和应用类型开发面向各类社会公众的前端平台，让社会公众能够共享到高校教学资源。这些不同的前端平台，共享一个课程资源库，这就要求在进行资源库建设时，必须做好存储体系设计，使海量课程资源能够根据学科类别、专业课程群关系、课程知识点、课程主讲教师、媒体类型、内容关键字等进行灵活方便的检索与调用，以良好的交互性和易用性呈现与各类前端平台之上。

四、课程资源应用的多方面应用转化策略

为了提高已建成课程资源的共享度，助力于终身学习社会和学习型社会的构建，开放大学的资源应由“建设”向“应用”转型，本着“一次建设，不断更新，多效应用”的原则，自身办学发展与社会效益辐射并举，多渠道推广开放大学的优质教学资源，形成从面向办学体系内到面向社会公众的资源共享。教学资源不仅向开放大学系统内的学生开放，还要为社会上的广大终身学习者提供优质的学习平台和学习资源，进一步扩大受众群体，进一步拓展人才培养模式的发展空间。社会公众在各类平台上获得的学习积分，学习成果累计到学分银行。

基于全网教学平台的教学资源库和基础功能，开发面向不同用户的前端。从开放大学的办学模式和社会功能来看，除了将课程资源应用于远程开放学生、中高衔接学生以外，可以从以下几个方面考虑课程资源的应用转化。

(一) 面向全日制高职学生开展“线上+线下”的教学模式改革

云南开放大学校园基本实现了有线宽带网络和无线宽带网络的全覆盖，为全日制在校学生应用线上教学资源提供了良好的硬件环境。云南开放大学课程资源面向全日制学生开展“线上+线下”的教学模式改革，可借鉴蓝墨云班课等应用效果较好的 APP，全面优化升级全网教学平台的移动应用功能，让面授课堂在移动应用和已建成课程资源支撑的基础上使“翻转课堂”教学模式和“SPOC”教学模式得到全面应用。

与此同时，在“翻转课堂”教学和“SPOC”教学过程中，资源建设者(课程主持教师)能够得到已建成课程资源的第一手教学反馈信息、进行多轮教学资源内容的反思、能够在教学应用中产生新的资源内容，这些面授课堂中析出的教学共性问题、共同疑难点等生成性教学资源能够反哺于“整体性教学资源”，修正线上教学资源中的教学辅导的比重、更新和调整教学内容。在这样反复更新修订的过程中，逐渐形成精品课程资源，逐渐升级为开放大学慕课资源。

(二) 面向农村的“村干部学历提升项目”及其应用拓展

云南开放大学在云南省政府的支持下，开展了“村干部学历提升项目”和“一村一名大学生项目”。其中，“一村一名大学生项目”使用普通的开放大学学历教育的全网教学平台完成教学过程；而“村干部学历提升项目”基于云南开放大学原有的课程资源，开发了不同的应用前端供云南省农村干部使用。这样指向度明确的资源推送方式获得了较好的应用效果。同时，可以考虑将云南开放大学课程资源中有关农村电商、种植养殖、农村事务管理、卫生管理、生活常识、家庭教育指导等课程资源针对农村居民进行推广，助力于乡村振兴和精准扶贫。

（三）面向社会公众开放的慕课平台、职业资格证书考试培训、老年大学、社区教育和家庭教育指导等

开发面向社会公众的学习平台前端，遴选优质的开放大学课程资源进行推送，让所有社会成员不用注册成为学历学习者就能在该平台上缴纳低廉费用就可根据兴趣自由选课学习；基于职业教育中“1+X”证书制度和广泛应用的职业资格证书，将课程资源中与职业资格证书紧密相关的内容提炼成证书考试的培训课程，开发专门的职业资格证书培训平台前端，将开放大学的课程资源拓展到不仅面向办学系统学生，同时也面向社会公众的证书培训领域；开发老年大学线上学习平台前端，针对老年人感兴趣的内容遴选优质内容进行推送，例如教老年人使用智能手机、引导老年人使用线上金融平台、如何使用信息化便民设施、书法绘画、音乐舞蹈、健康保健、插花艺术、家政育儿等；从社区教育的角度考虑，充分发挥开放大学的社会功能，面向社区居民推送家庭教育指导、健康保健、家庭技能、心理辅导等方面的课程资源；开发面向监狱系统、戒毒、少管系统开发特定的学习平台前端，提取适用的课程资源进行推送……

（四）利用全网教学平台开展师资培训与办学体系培训

云南开放大学的全网教学平台已经具备相当完善的教学和学习功能，可以将其用于体系建设中的多方面。

将“千人培训计划”的培训内容录制为视频课程，按照远程开放办学前沿知识、招生与体系建设、教务管理、教学教研与平台使用、教学设计与资源制作技能等方面分类，要求办学体系内的工作人员根据自身工作实际登录全网教学平台完成对应业务模块的学习，获得学习积分，方能具备开展此项业务工作的资格，以此避免以往到实地培训的人员与业务人员不对应、二级学院业务人员变更较快的现状，提高培训效率；

将云南开放大学举办的“双翼讲坛”、科研管理、财务管理、教务管理、人事管理等方面的培训录制为视频课程，设置一定的访问权限，供教职工登录全网教学平台浏览查看，以此解决部分教职工因时间冲突不能及时到讲座培训现场听取报告的问题，同时，设立一定的积分制度，要求教职工必须完成相关内容的学分数方能在年度考核中达标，以此实现师资队伍的科研教研和业务水平的提升；

将学校要求的意识形态领域必须完成的讲座、“万名党员进党校”讲座和党课等，录制为视频课程，要求党员教师和学生观看，以此扩大讲座和党课的影响面，达到更广泛的教育目的。

五、课程资源的多面推广策略

开放大学建成的课程资源，不应成为办学体系内的“自娱自乐”，而是应该拓宽应用通道，提高社会公众认知度和共享度，方便学习者随时随地学习。开放大学课程资源的推广，可以从以下几方面进行探索。

(1) 尝试将课程推广到具有巨大用户流量的网络知识平台。与广为人知、已经拥有巨大用户流量的知识平台达成合作，遴选开放大学已经能达到精品资源标准的优质课程推广到网易云课堂、中国好大学在线、学堂在线、荔枝微课等平台，或者选择适宜课程转化为音频课推广到喜马拉雅、得到学习平台等，让课程接收大众的检验，并在此过程中通过数据分析出受欢迎课程的特点，以此继续推动开放大学课程资源的优化更新。

(2) 尝试利用热度较高的直播平台和短视频平台。选择在“映客”或“斗鱼”等热度较高的直播平台上，基于现有资源开展办学体系内的网络授课和答疑；分析日活跃用户量达到两亿人以上的“抖音”短视频平台，以“网红风格”制作和优化课程资源，并在其上进行推送。

(3) 尝试开设 IPTV 云南开放大学频道。考虑到部分不会使用网络的中老年人、部分需要避免频繁使用网络的青少年儿童，开放大学可在 IPTV 上开设“云南开放大学频道”，针对受众遴选开放大学优质课程播出，力争使开放大学资源对社会公众全面覆盖。在初期，课程可以免费学习，在取得较高认可度和用户黏度后，可开始对课程进行收费。

六、为课程资源的应用推广需要做的几项准备

(一) 资源建设部门的职能转变

随着云南开放大学课程资源由“重建设”阶段转向“重应用”阶段，原有的资源建设部门的职能应进行相应的调整：一方面，资源建设与管理部门要长期、持续、广泛地与教学部门、学科团队、个体用户进行沟通、交流和合作，深入了解学科教学资源的需求、教学内容形式需求、教学支持服务需求、互动方式需求，做到与教学部门、学科团队等合作单位进行有效协调，将课程资源嵌入教学、科研、解决实际需要；另一方面，为资源推广奠定基础，做好用户画像，针对不同受众做好前端设计与开发，为资源建设者提供良好的资源制作技术服务，同时为课程主持教师开展教学设计与资源制作的培训，执行好课程资源推广应用的各项标准和激励制度，以保障课程资源推广得以持续开展，并获得较好的效果。

(二) 甄选精品进行推广，提高资源推送专指度

确保分享到公共平台上的课程资源是真正的精品，具有课程内容优质丰富、媒体呈现形式多样、内容与时俱进、考核体系完善、互动反馈机制良好；基于全网教学平台的教学资源库和基础功能，开发面向不同用户的前端，做好受众画像，对不同受众人群开发和应用不同的前端，有针对性地推广，课程推广针对的人群专指度越强，所能够产生的推广效果就越好，逐步将潜在需求者转化为显性使用者；树立学校资源的系统形象，做统一的形象设计，为不同学历层次、不同质量层次的课程设计不同的风格，让学习者有一个统一的界面认识，以此逐渐提高开放大学课程资源的社会认知度。

(三) 激励与督导机制的建立

负责人在课程资源的申报和建设上投入了大量的人力、物力和财力，但课程共享却面临着被模仿、抄袭和盗用的风险，知识产权在共享的过程中没有得到相应的尊重和保障，导致精品课程负责人对精品课程的核心和特色有所保留，严重削弱了负责人的积极性、阻滞了精品课程的后续更新。

建立公平的线上资源评价制度和教学支持服务评价制度，可以考虑引入市场评价的机制，通过评教、督导和奖励、分红、给予资金和荣誉方面的奖励等形式来提高教师线上教学和线上课程资源建设的积极性与持续性。根据各类平台上课程点击数、购买课程数、学习者评价等来确定课程建设团队(教师)获得的绩效奖励，规定必须将奖励的一部分用于课程资源更新，形成良性循环。绩效评价是衡量课程资源项目服务成败、用户满意度的关键，可以根据实际情况选择项目组自评、用户评价、第三方评价或多种方式相结合的方式进行，并将评价结果进行公示，以此发现不足，促进发展。

课程建设阶段性督导是一项必要的任务，充分发挥学校督导的作用，组建课程评价专家委员会，定期调研、评价和统计精品资源课程的质量、使用频率和教学效果等情况，并给出意见和建议，促进课程资源的改进和完善。同时引入学习者广泛参与评价，获得较多好评的课程资源，给予更大的推广政策支持和绩效奖励。

提高教师课程教学水平、在线课程设计与制作水平、在线授课水平，深化双模式开放大学的教学模式改革，促进师资队伍能力与素质的提升，使开放教育教学质量和高职教学质量得到双向提升，更好地服务于广大的学习者。

第五章　开放教育课程组织与实施

课程设计与开发最终需要实施。只有在实施过程中加以检验，才能发现其中的问题所在。课程组织与实施是现代远程教育中的重要环节，它直接影响开放教育的质量和效果。我们要在一定的教育价值观的指导下，为有效地实现课程目标，妥善地组织安排课程与教学内容，并使之产生合力，促进学习达到最大的累积效应。

第一节　开放教育课程组织的含义及原则

一、课程组织与课程要素的含义

对一门已设计好的课程而言，有明确的课程目标，有丰富的课程元素，还要把这些课程元素加以有效的组织。组织的方式不同，课程所呈现的形态也不一样。张华认为，课程组织就是在一定的教育价值观的指导下，将所选出的各种课程要素妥善地组织成课程结构，使各种课程要素在动态运行的课程结构中产生合力，以有效地实现课程目标。黄甫全指出，课程组织就是将教育内容加以安排，建立有机联系和排列顺序，从而形成有机的课程结构。由此看来，课程组织只有通过对课程要素的有效安排，才能有效地实施课程目标，从而使学生学有成效。

课程要素，即课程的基本构成。不同的课程流派或课程专家对课程要素有不同的理解。美国课程论专家施瓦布(J. J. Schwab)认为课程组织包括四代要素：学习者、教师、教材和环境。斯基尔伯格(M. Skibeck)认为课程组织要素包括教学内容与方案、学习材料、学校器材与学校设备、教学力量的专业知识以及评估和考核团队的要求。

对于网络课程而言，网络课程中的各要素的不同组织方式形成了网络课程的不同结构。网络课程包括了教学内容、学习资源、教学策略、教学活动、学习支持和学习评价六个要素。网络课程组织是系统的结构，只有适当地将课程各部分紧密联系起来，并形成一定的秩序，才能提高整个课程的质量。对远程开放教育而言，课程组织要素与开放教育目标或学习结果具有一定的相关性，课程的组织要素来源于开放教育目标，同时，课程的组织要素通过远程教学内化为个体的学习结果。由此我们认为，开放教育课程组织是根据开放教育课程目标对学习内容、学习资源、学习策略、学习活动、学习支持及学习评价各部分之间加以有效安排，使之成为有序的整体，促使学习达到最大累积效应。

二、开放教育课程组织原则

“应然的课程”要变为“实然的课程”需要良好的课程组织。良好的课程组织要观照学科自身的逻辑，也要考虑学习者的认知特征、兴趣需要，以及学习过程与学习目标的内在统一性。

（一）按学科自身发展逻辑组织

应充分考虑到学科结构，充分照顾到知识之间的纵向和横向关系，考虑到知识的连贯性、系统性和整体性。当然，课程内容不可能涵盖学科知识的方方面面，还要具有代表性。要考虑课程内容中重要元素的知识、信息、活动等如何排列成连续的、顺序的体系。以认知、体验与情感互为目的与手段，形成成人认知的发展结构：一是要考虑掌握这样的内容对成人学生进一步学习该领域的知识是否有帮助；二是掌握这样的知识能不能促进成人学生在不同的条件下高效地运用和转化知识，将课程内容转化成学习经验。

（二）按学生的认知特征、兴趣需要形成顺序性的认知路径

应考虑到成人学生发展的特点和实际水平，包括需要与可能，原有的知识和能力基础及可接受性等。课程的深浅、难易、宽狭及其进程，必须按照学生认知结构和认识顺序，循序渐进地组织或安排，将课程内容融化到能够引起学生的主动反应的外部条件中去。组织课程时，一是处理好课程内容的难度问题；二要激发学生学习的兴趣；三是选择有利于进一步提高学生的思考能力的内容。

（三）按学习过程与学习目标内在统一性组织

随着信息技术的发展，课程内容的组织方式呈现出数字化、多媒化、信息化的发展特征。应考虑如何把海量的课程学习资源进行信息化处理，转化为学习平台上的可供学生学习的课程内容，并以信息化的方式呈现给学生。在线学习平台呈现的应是经过精心组织的课程内容。什么样的课程内容宜于搬上网络，课程内容如何排序，可见课程内容搬上学习平台需要二次排序及整合。比如，对于有十二章内容的教材，根据学分要整合成五至六个单元模块的学习内容，基于学习平台的单元内容之间要具有顺序性、逻辑性与关联性。

三、开放教育课程内容呈现方式

课程内容是课程的核心要素，是课题内在结构的有机组成部分，在一定程度

上体现了课程目标的要求。

(一) 课程内容的组成部分

对课程内容，国内外课程论学者存在较大的分歧。结构主义课程论的代表人物布鲁纳(J. S. Bruner)认为，课程内容指的是学习课程里包含的具体事实、观点、原则、问题等。罗纳德·多尔(Ronald Doll)认为，课程内容即学习者在学校的帮助支持下，获得知识和理解、发展技能以及转换态度、形成审美观和价值观的所有正式和非正式的教育内容和过程。我国学者钟启泉认为，课程内容是根据课程目标，有目的地选择的一系列直接经验和间接经验的总和，是从人类的经验体系中选择出来，并按照一定的逻辑序列组织编排而成的知识体系和经验体系。

综合学者们的观点，我们认为，开放教育课程内容包括以下几方面：一是关于自然、社会和人的基础知识。包括各门科学的基本事实、基本概念、基本原理或基本理论。二是关于认识活动方式的能力和技能。包括发展学生的观察能力、记忆能力、思维能力、创造能力等方面。三是关于发展实践活动能力的经验。包括自我管理能力、自我调控能力、自我评价能力以及解决实际问题的能力等方面。

开放教育课程应及时引入契合成人学生提高职业素养和能力的相关教学研究成果和学科最新发展成果。要特别重视学生应用能力和实践能力的培养，注重提高学生发现问题、分析问题和解决问题的实际能力。

(二) 课程内容的组织方式

课程内容采取何种逻辑形式编排和组织，直接影响课程内容结构的性质，也制约着课程实施中的学习活动方式。当把课程内容加以组织的时候，就会形成某种“结构”，在这一结构中，各课程要素之间形成了纵向与横向的组织关系。

(1) 纵向组织。纵向组织是指按照一定的准则以先后顺序组织编排课程内容。将各种课程要素按纵向的发展序列组织起来，从已知到未知，从具体到抽象。心理学认为，人类学习是由简单到复杂依次推进的，纵向组织一般从具体到抽象、从已知到未知、从简单到复杂安排顺序，有助于学生对科学体系中各分化单元或领域的深入认识和把握。按纵向组织形式，开放教育基于在线的课程单元模块内容安排应由浅入深，不断强化。不仅要关注课程内容的逻辑顺序，还应关注学生接受课程内容的心理过程的顺序，有助于学生按学习模块循序渐进地学习和实践，直到掌握全部知识或技能。

(2) 横向组织。横向组织依据一致性原则，将学科间相近的内容、方法、原理等要素进行统整而形成相对独立的内容专题，组织起来的课程内容能够使学习者将所学的概念、原理、原则等关联起来，成为一个有意义的整体。横向组织表现为不同程度的统整课程，包括学生经验的整合、学科知识的整合及社会生活的整合。横向组织强调课程内容的综合性和知识的广度。开放教育中的课程单元模块采用横向组织方式，可以加强学科之间的联系，使学生在更广阔的领域学习和理解知识意义，有助于学生开阔视野，激发求知欲。

值得注意的是，即使是在同一门课中，对不同性质和不同层次的内容来说，不同的组织形式是可以并存的。但是，无论是纵向组织还是横向组织，都要为每个学生制定超出他原有水平但又能达到的标准。我们重视课程组织方式的意义在于：改变顺应教师心理到按学生心理顺序内容组织的方式，实现由只注重结果，方便教师抽象、机械的理论概括，到注重过程，方便学生的学，多以形象、生动的案例说明的课程内容组织方式的转变。还要注意采用科学的单元学习模式，配备循序渐进的练习与学习活动，这不仅有助于学生更好地掌握学习内容，还有助于成人学生形成良好的学习态度及学习品质。

第二节　开放教育课程实施的方法论

课程实施是将预期的课程方案付诸实施的过程，也是转化为教与学的过程。随着在线教育的深入发展，课程实施问题显得越来越重要。我们要在一定的方法论指导下，为课程的顺利实施创造条件。

一、课程实施与教学

自“课程实施”概念于 20 世纪 70 年代出现以来，人们对“课程实施”就有了不同的理解。一种认为，课程实施就是教学，课程实施是教师怎样将规划好的课程方案付诸实际的教学过程中。只有当课程方案与文本进入教学领域时，课程才能得以实施另一种认为，教学是课程领域的一部分，课程实施与教学之间具有同质性联系，课程实施有赖于教学，教学是课程实施的主要途径，两者不完全等同。

美国著名课程论专家古德莱德(J. Goodlad)区分了课程的五个层次，涉及课程实施问题。课程的五个层次为观念层次的课程、社会层次的课程、学校层次的课程、教学层次的课程及体验层次的课程。古德莱德认为，体验层次的课程是所有课程中最重要的课程，是被内化和个性化了的课程。体验层次的课程是对课程组织的最终检验——每一个学习者究竟受到怎样的影响。从古德莱德的课程五层次看，观念层次的课程和社会层次的课程属于课程计划阶段，学校层次的课程、教学层次的课程和体验层次的课程则为课程实施阶段。

我们认为，课程实施是指把课程计划付诸实践、达到预期目标的过程。教学是课程实施的一部分。但是，课程实施不仅仅是一种单纯的教学实践活动，它所涉及的范围比教学更广，涉及整个教育组织的管理行为以及课程实施的社会外部性支持。

二、课程实施的三种取向

课程实施的取向是指对课程实施过程本质的不同认识以及支配这些认识的相应的课程价值观。课程实施的取向集中表现在对课程计划与课程实施过程之关系的不同认识上。根据美国课程学者辛德尔、波林和扎姆沃特(J. Snyder，F. Bolin&K. Zumwalt)的归纳，课程实施有三个基本取向，即忠实取向、相互调适取向及创生取向。

(一) 课程实施的忠实取向

课程忠实取向把课程实施过程看作准确理解课程方案，忠实地执行课程计划的过程。根据这一取向，预期课程方案的实现程度高低，就是衡量课程实施成功与否的基本标准。实现程度高，则课程实施成功；实现程度低，则课程实施失败。

忠实取向把课程实施视为从制定课程计划到实施计划，从课程计划的制定者到计划的实施者之间单向的线性过程，强调课程实施的决策者和计划制定者对课程实施者的有效控制。根据忠实取向，教师对课程知识的创造和选择没有真正的发言权，教师只负责实施课程计划，专家根据预先计划的结果是否达到来评价课程。当教师按原先的计划实施课程的时候，课程实施就是成功的。如果教师没有充分地或正确地执行预设的课程计划，课程计划得不到忠实的实施，那么，课程实施的效果会大受影响。

(二) 课程实施的相互调适取向

相互调适取向把课程实施过程看作一个由课程设计者和执行者共同对课程进行调节的过程。课程计划或方案付诸实施之后，可能会发生两个方面的变化：一方面，既定的课程计划会发生变化，以适应各种具体实践情境的特殊需要；另一方面，既有的课程实践会发生变化，以适应课程变革计划的要求。相互调适取向观认为，课程实施是课程计划与班级或学校实际情境在课程目标、内容、方法、组织模式等诸方面相互调整、改变与适应的过程。

相互调适取向观强调课程实践的情境性、特殊性和复杂性，主张课程计划要在具体实践中进行修改，而教师与学生也要在执行课程计划的过程中做出相应的调整。相互调适取向倾向于把课程实施过程视为一个复杂的、非线性的和不可预知的过程，而不是一个预期目标和计划的线性演绎过程。相互调适取向观强调教师在课程实施中的多元诠释作用，强调教师对预定课程方案积极的、理智的改造是课程实施成功的基本保证。

(三) 课程实施的创生取向

创生取向是课程实施研究中的新兴取向。创生取向观认为，真正的课程是教师与学生联合创造的教育经验，课程本质上是在具体教育情境中缔造新的教育经验的过程，既有的课程计划只是供这个经验创生过程选择的工具而已。课程是经验性、情境化、人格化的，课程改革是教师和学生个性成长与发展的过程，而不是一套设计和实施课程的组织程序。教师与学生同时成为建构积极的教育经验的主体，课程创生的过程即教师和学生持续成长的过程。

创生取向将课程实施视为具体实践情境中教师与学生创造和开发自己课程的过程，视为教师与学生个性成长和完善的过程，强调教师与学生在课程变革中的主体性和创造性，强调个性的自由与解放，这对师生的创造才能提出了更高的要求。

三、基于三种取向的开放教育课程实施方法

三种课程取向各有其存在的价值和局限性，是可以包容与超越的。相互调适取向是对忠实取向的超越；创生取向则是对相互调适取向及忠实取向的超越，这三种取向对开放教育课程实施不无启发意义。

(一) 课程实施需要教师很好地理解并实施课程方案

课程忠实取向观下，课程设计是专家的事，教学成为教师操作层面的技术。远程开放教育由最初的名师电视统一授课的教学模式，转向了以学习中心教师分级教学为主的模式。一般来说，分级教学难以实现教育信息在各级教师之间的忠实传递。课程实践是复杂的，充满不确定性和未知数。如果课程实施成功与否的基本标准是衡量实施的课程与预定的课程方案之间的符合程度，那么，符合程度越高则课程实施越成功，对从事远程开放教育的不具课程开发与设计能力的教师而言，就应当很好地理解和运用课程，在不同的教育实践情境中忠实执行并实施课程方案，从而积累课程实施的经验。

(二) 课程实施需要课程专家、教师、学生之间交互作用、协同进行

课程实施是人与人之间的互相理解、相互作用的实践活动，是在一定的情境中持续进行、不断修改、相互适应的过程，是需要课程专家、教师、学生之间交互作用、协同进行的教学活动。长期以来，中央广播电视大学课程主持教师承担着课程的设计与开发任务，省市县级教师主要从事课程辅导及课程管理任务，造成课程设计者与教学辅导教师之间难以适应的问题。因此，在开放教育转型的今

天，如果广大的学习中心的许多教师既是课程的设计与开发者，又是课程的实施者，那么，教师在与学生直接的交互作用中，就可以体现自己的意志。在课程实施过程中，教师是主动的、积极的，对预定课程方案有着积极的应对，只有这样，教师才能使学生的学习获得最大的效能。

(三) 课程实施需要教师和学生在具体教育情境中共同创造

创生取向观下，课程实施是一个持续创造的过程。课程实施中充满偶然性、不可预知性。在这个过程中，需要教师与学生的不断创造。在一定的情境中，过于强调对专家开发的课程的忠实程度，有可能扼杀教师的创造性，而没有创造性的教师也就没有创造性的学生。开放教育转型中，开放大学教师获得了课程建设中的更多自主权，对一些有能力的教师而言，完全可以既是课程的设计与开发者，又是课程的实施者。在课程实施中，师生同是课程教学的主体。只有获得了应有的尊重，教师的教学经验和教学能力才可以获得充分体现；而只有学生的主体性获得了充分的尊重，才能自主地走上个性发展之路。

课程实施、课程改革是一个动态的、创造的生成过程。预先设计好的课程方案只是一种课程资源，作为教师实施课程及学生学习课程的背景，有利于教师与学生对课程资源的生成性再造。但是，不是所有的教师都能成为课程设计与开发的专家。在新的历史时期，开放教育教师要能够根据课程目标和实践情境调整好课程预设和生存的关系，各司其职，在课程实施过程中发挥自己应有的作用。

第三节　开放教育课程实施的影响因素

课程开发阶段的课程是“预期的课程”。“预期的课程”在达成目标的过程中，涉及课程实施的影响因素。影响开放教育课程实施有多方面因素，各种因素往往不是单独发挥作用的，而是相互作用的。施瓦布认为，在研究和决定课程时，需要协调和平衡各种要素，除了科目内容、学生、教师外，还要考虑到环境。美国课程学者辛德尔(J. Snyder)等人分析了影响课程实施的四类因素：第一类是与课程变革本身性质有关的因素，诸如课程变革的必要性及相关性、改革方案的清晰程度、改革方案的复杂性、改革方案的质量与实践性等；第二类是校区水平上影响实施的因素，诸如地方管理部门的支持等；第三类是学校水平上影响实施的因素，诸如校长的任用、教师之间的关系、教师的特点与取向等；第四类是环境对实施的影响，诸如政府部门的重视、外部的协调等。

我国学者张华认为，影响课程实施的因素包括以下四类：一是课程变革的特征，包括课程变革的需要和适切性、课程变革目标与意义的清晰性、课程变革的复杂性、课程变革计划的质量与实用性；二是学区的特征，包括学区从事课程变革的历史传统、学区对课程计划的采用过程、学区的课程变革和行政支持、课程变革人员的发展水平与对变革的参与程度、课程变革的时间表与评价体制、学区教育委员会与社区的特征；三是学校的特征，包括校长的角色、教师与教师之间的关系、教师的特征与价值取向；四是外部环境的特征，包括政府机构的力量、社区的支持。施良方认为，影响课程实施的因素主要包括：①课程计划本身的特性，包括可传播性(即向各地学校推行的难易程度)、操作性(即使用它们时的方便程度)、和谐性(即与流行的价值取向和行为方式之间的一致性程度)、相对优越性(即相对于原有课程而言，新课程计划的长处)；②交流与合作，交流可以是课程编制者与实施者之间的交流，也可以是实施者之间的交流；③课程实施的组织、安排、检查等；④教师的培训；⑤各种外部因素的支持，如新闻媒介、社会团体、学生家长的理解和支持，国家和地方政府政策的倾斜、财政和物质资源、技术支援，社会各界的各种协助等。

1991 年出版的《国际课程百科全书》指出，影响课程实践改革的因素可以分为四大类：一是改革的特征，这主要包括改革的需要和兼容性、改革的明确性(或清晰度)、改革的复杂性、教材的质量和实用性等；二是地方条件，这主要涉及气候和个人特征，例如，地区领导、校务委员会和社区的支持，校长的作用，学校的风气，个人和集体所强调的重点，对改革的功效感，教学问题，不可预料的关键事件；三是地方策略，指有关实施具体课程改革所采取的计划和行动方针；四是外界因素，例如政策变化、财政或物质资源、技术支援等。

综合学者们的探讨，基于开放教育的实践，我们认为，影响课程实施的因素包括课程实施主体、课程实施的条件及课程实施的外部性支持。

一、课程实施主体的影响

影响课程实施的主体主要有教师、学生及课程领导者与管理者。

(一) 教师因素

任何一个好的课程方案，没有教师的努力执行，都不会收到预期的效果。影响课程的诸多因素中首先是教师对课程实施的认识与态度，以及实施课程的能力。

1. 教师对课程实施的认识与态度

已有的研究表明，教师是课程实施成功的决定性力量，教师对课程实施的认识与态度是课程顺利实施的前提条件。教师教学行为的变革是从接纳、学习先进的教学理念开始的。教师如果意识到课程实施的重要性，课程实施的成败与他们的努力紧密相关，并把自己看作实施的主体，他们就会积极参与其中；反之，如果认为课程实施是自上而下要求的，自己只是被动的承担者或执行者，就可能会产生冷漠或抵制心理。

随着现代远程教育的发展及开放大学地位的确立，开放教育教师的角色和作用已经被重新定位。教师，不再单指对学生进行讲课的老师，而是指在学生学习的过程中，为学生的学习提供指导、知识传授，参与教学全过程，充当学生的启发者、引导者和协助者的人。教师的任务不再只是传授知识，还要帮助学生形成学习动机和教会学生学习方法。因此，教师只有对课程实施形成清醒认识，才能有效进行课程实施。

2．教师实施课程的能力

教师的能力直接影响到课程实施的结果。长期以来，广播电视大学被视为教学管理机构，教师的主要职责是教学管理，教师的学术水平与专业素养得不到及时的提升，面对更新加快的知识发展、新技术带来的挑战，一些基层教师难以有机会进行高端进修学习，学科水平及课程设计与实施能力难以提高。而学校的多层次、多层面的发展，使很多教师没有足够的时间和精力而疲于应付。

随着信息技术的发展，教师对学习者的支持多采用网络形式，课程实施会对教师提出更高的要求。教师不仅要不断更新知识，提高专业水平，还要掌握更多的在线教学的技能与技巧。要能够充分利用技术条件对学生进行指导、开展师生之间的交流讨论，有效进行在线教学，这些都对开放教育教师提出了新的挑战。

(二) 学生因素

课程实施能够取得学生的支持非常关键。随着远程教育的快速发展，学生在课程实施中的作用越来越受到关注。学生是课程实施最为直接的感受者，能够提供最有价值的学习反馈信息，而反馈的信息一定程度上反映了课程实施的效果。在课程实施中学生不是课程被动的接受者，他们在参与在线学习活动的过程中起着积极的作用，没有他们参与其中，课程实施不可能顺利进行。

已有的一些研究表明，不少成人学生学习动力相对不足；学习缺乏计划，学习带有很大的盲目性；缺乏毅力，遇到各种情况的干扰，不能按计划完成规定的学习任务；缺乏团队意识与合作意识，学习遇到困难不会寻求帮助。基于这些特点，学生对于课程的影响不仅表现在对待课程实施的态度上，还表现在对课程实施的配合上。因此，教师要让学生主动参与课程，让他们了解课程的学习内容与学习方式，积极配合教师或学校实施课程改革的内容、形式和方法，切实有效地在课程教学中提升学生的学习品质。

（三）课程领导者与管理者

课程领导者与管理者在课程实施中起着重要作用。他们要为课程建设提供方向和指导，并保证教师具备实施课程的能力。他们不但可以影响教育组织的环境，而且可以对课程实施者起到支持作用，对调动教师参与课程改革的积极性起到至关重要的影响。校长应成为课程领导者，校长对课程的态度极大地影响了课程实施的过程及课程成功的前景。校长应有自己独到的教育理想和课程理念及相关的课程规划知识，推动学校课程的发展，持续不断地将课程的先进理念、目标和愿景传输给教师，并让教师有目的、有热情地实施课程。没有课程理念的引导，课程决策、课程实施等将变得毫无方向。

开放教育教与学的过程分离，使得教与学的组织更为复杂。从当前开放教育的实践来看，我们比较重视在“教”的方面保证课程实施的各项举措和策略，但是，在“管理”方面改革力度不够。随着教育与技术的深度融合，在管理中出现新问题、新情况，管理人员如果缺乏先进的管理理念，没有高屋建瓴般的顶层设计，不能改变既有的管理模式，提升管理水平，学校的课程实施就难以保证。因此，在管理方面，规划学校具体实施的课程方案，选择或自主开发实施课程内容，科学规范地制定课程实施的规章制度，给予教师实施课程的思想与物质的支持显得非常重要。

二、课程实施条件的影响

（一）课程资源

课程资源在课程实施中具有重要作用。课程实施的范围和水平，一方面取决于课程资源的丰富程度；另一方面取决于课程资源的开发和运用水平，也就是课程资源的适切程度。课程资源有广义与狭义之分。狭义的课程资源包括硬件设施的建设和学习资源。开放大学作为远程学习的场所，其网络设施的建设程度对课程实施影响很大，完善的网络设施会支持课程实施，提升教学的效果。从目前开放大学的实际来看，总部、各分校、各学院与学习中心发展不均衡。相比国外一些先进的开放大学，一些教学点的图书资料设备、实验设备等资源严重缺乏，或配置层次较低。在网络设施方面，实践环境建设弱化，硬件设施不够完善，都会影响课程的实施。

学习资源是开放教育的核心，是教师表现和传递教学内容，学生学习知识和提高能力的载体。长期以来广播电视大学 / 开放大学对学习资源特别是多媒体资源建设都比较重视，但是，各学习中心多为独立开发资源、通用性较差、共享度低，影响了课程实施的范围与程度。因此，需要进一步整合学习资源，实现学生个别化的学习，发挥学生学习的主动性，充分利用多媒体课件，对学生进行针对性的指导。

（二）学习平台

开放教育的课程实施主要是基于在线学习平台进行的。稳定的、功能完备的学习平台是课程实施的重要条件。目前，开放大学利用学习平台进行在线教学，同时利用这个学习平台管理学习者，学习者通过累计学分来达到一定的培养目标，取得资格证书和学历资格，实现不同学习层次间的衔接，但是目前平台智能化程度还不高，仍缺乏交互性、开放性。在线学习平台较其他形式教育媒体最突出的优势就是拥有智能型学习平台模块，能以实时或非实时的交互方式方便地实现师生之间、生生之间的对话与协作。可以通过 E-mail、BBS 进行非实时讨论，也可以通过聊天室进行在线交流，实时讨论，求助解疑。学习平台一定要便于学生自主选择学习资源、学习任务，进行自主学习。在大数据时代，利用大数据对学生的学习情况进行记录、统计、评价需要功能更为强大的学习平台。

（三）学习支持服务

学习支持服务是实施远程教育的重要支柱之一，也是保证课程实施的重要的因素。因此，能否为学生提供全程化的学习支持服务，是决定课程实施的关键。随着信息技术的应用，单一的课堂教学组织形式被打破，取而代之的是多种教学组织形式，如自主学习、小组讨论、合作学习，不重视教学组织过程支持服务就会影响课程实施。

现有的学习支持服务存在的主要问题是部分学习中心只追求经济利益，学习支持服务不到位。要确保学习支持服务，一是要创设方便的学习条件和周到的个性化的服务；二是科学经济地做好学习资源的传输与配送，进行教学全过程的组织与管理；三是提供远程学习的指导与咨询，创设协作式学习和交互式学习的环境，帮助学生解决学术与非学术的各种问题。

三、课程实施的外部支持性因素

课程实施的外部支持性因素包括国家和地方政策、社会舆论及国际交流合作等。依据国家课程管理政策和本地实际情况制定适合本地课程实施方案，并把其放在开放教育发展的核心地位进行全面管理，对课程实施投入大量的经费和人力上的保证，这是课程实施成功的强有力的保证。

（一）政府提供政策保障

政府机构是影响课程实施的重要力量，学校的课程变革与学校所在地的需要的一致性越大，就越能得到当地政府的支持，课程实施效果也就越好。国家和地方政府政策的倾斜、财政和物质资源的供给、技术援助等，可以使课程实施获得强大的政治和经济保证。政府给予的政策倾斜，新闻媒体的宣传报道，社会的理解、支持，有利于课程的实施。政府、社会的支持可以营造课程改革的良好氛围，减少学校课程改革的阻力。

(二) 社区的支持

课程变革越能够与社区文化整合为一体，课程实施的程度就越大。开放教育与社区教育日益相互渗透、相互推进，是当今时代的一大特征。开放教育的课程变革不应孤立于社区文化之外，而应自觉寻求与社区教育的整合，获得社区的协助，从而大大增加课程实施成功的机会。

社区对课程实施的支持作用有：①为课程实施提供必要的教育资源，尤其是素材性教育资源和条件性教育资源中的教育环境资源；②为课程实施提供积极的舆论支持，尤其是在进行课程改革期间，学校要顺利而有效地实施课程，就需要社区的舆论支持，有助于调动各方面的积极性，使各方面的人员一致努力实施课程目标；③提供终身学习的内容与方式，通过课程实施，使社区教育与终身教育紧密结合。

(三) 世界范围内的交流与合作

远程开放教育不是封闭的，展开世界范围的合作对于课程改革与发展尤为重要。在课程实施中，靠一所学校、几个教师的力量是远远不够的，各个学校各自为战也难以取得好的成效。因此，在世界范围内各种形式的合作是必要的。通过合作，可以起到多方面的作用：一是合作各方共享资源；二是合作各方在课程实施经验上互通有无；三是合作各方相互学习、相互促进、共同提高；四是有些大的课程实施项目或活动本来就是合作性的项目或活动。在 MOOC 快速发展的今天，在世界范围共享课程实施经验已成为了现实。

第四节 开放教育课程组织与实施的实践探索

课程建设的成功有赖于切实有效的课程实施。开放教育课程实施重在实践上的探索。MOOC 带来了新的教育生态环境，改变了学生的学习方式及工作于其中的教师及其承担的责任。以江苏开放大学课程教学组织与实施为例，学校主要在在线课程教学组织与实施、小组合作学习、课程教学团队方面积极进行了探索。

一、在线课程的教学组织与实施

课程的组织与实施也是落实学习的过程。江苏开放大学在课程建设中实行项目制。由课程负责人组建团队设计好一门课程后，再组建教学团队，实施课程。主要以每周要完成的任务(学习活动)为核心组织教学。确定每周或每个教学阶段的学习目标，同时也规定达成目标的学习活动要求及完成的时间。学生学习就是完成一个又一个学习任务，学生通过完成课程教师精心设计的学习任务而学会相关的知识和技能。

按 1∶35 的师生比，学校统一安排课程导师。课程导师在接受课程教学任务后，进行虚拟班级授课，包括给予学生教学支持与非教学支持。

(一) 明确课程负责人与课程导师的职责

课程负责人(主持教师)的职责有发布课程基本信息、课程教材信息、课程考核方式，进行团队管理。课程导师(辅导教师)进行班级开班设置、调整作业及学习活动时间、进行课程辅导、班级成员管理、汇总辅导情况、给出形考成绩等，如图 5-1 所示。

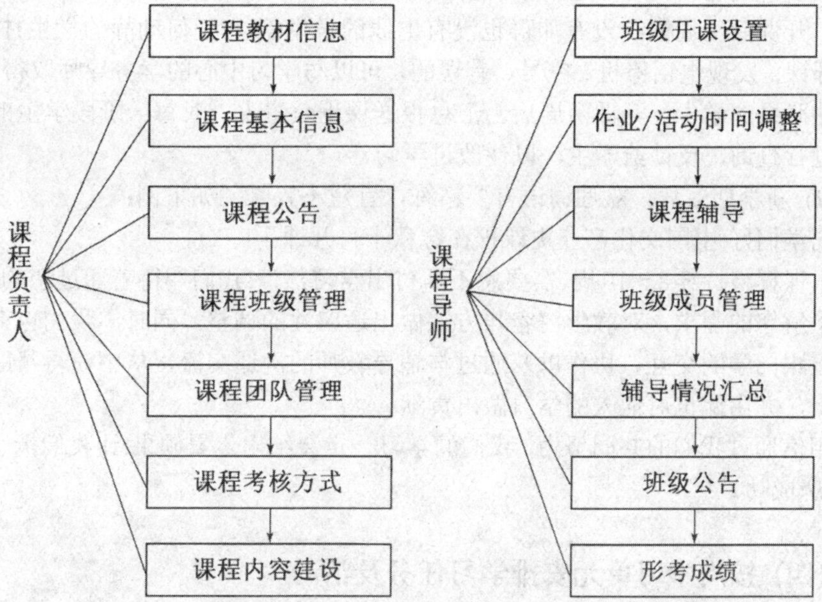

图 5-1　课程负责人(主持教师)及课程导师的职责与权限

(二) 课程学习前课程导师工作

(1) 课程导师了解课程相关教学信息。取得课程的文字教材。熟悉课程教学内容。联系课程负责人，接受课程负责人的课程教学培训，理解课程教学设计和教学方法，初步体验课程页面。

(2) 熟悉课程教学整体框架。课程导师了解学习平台上所辅导课程的教学文件(如课程教学大纲、考核方案、课程学习要求等)，每一单元(模块)教学安排(学习目标、学习内容、学习材料或资源、形成性考核任务、学习活动或任务等)，如有疑问及时与课程负责人沟通。

(3) 熟悉班级学生，学生学习背景调研。为了更好地为学生提供在线支持服务，期初开展学情调研，进一步了解学生是非常必要的。了解、分析学生的年龄分布、学习动机、职业情况、学习风格、学习能力和学习条件等特征，可以为确定具体的课程辅导对策提供参考，以达到教学的最优化。

(三) 开课操作

(1) 班级开班时间设置，发布开课公告，确定作业开始、结束时间。也可以选择短信系统通知。通过短信系统，利用学习平台发布公告、发消息或发短信。另外，开课后一周内给没有加群也没有上线的学生(没有任何动静的学生)打电话通知开课，发现电话停机、空号、有误的，可以与学习中心的学务导师取得联系。对无法联系的学生，开课两周后，汇总报送课程负责人。对每一阶段学生的学习情况进行查询，反馈给学生，以便改进学习。

(2) 新学期致辞。欢迎词语言要精练，宜短不宜长，如下例：

同学们好!中国文化产业史课程在金秋十月开课了!

本课程将持续8～10周，需要您不断付出学习热情!我们期待着通过您的参与，逐步了解您的需求，对教学内容与方法做出适应性的调整。同时，我们也期待着您通过跟同学的交互、协作以及通过与辅导教师的沟通交流，从中获得帮助、取得进步，并由此也对他人的学习做出贡献。

相信通过我们的共同努力，我们的学习一定会结出累累硕果!让我们携手共进吧!祝您成功!

(四) 按周学习单元安排学习任务及活动

按“导学—破冰—学习—活动—测评”顺序展开教学活动，如表5-1所示。

表 5-1　在线课程的组织与实施

		组织与实施	功能
以学习单元为八至十周安排	开班前一周	了解专业及课程学生报名情况，学生学籍地来源，学生学习背景，建立班级辅导 QQ 群	调查预测计划
	开班第一周	通过破冰活动，帮助学生尽快适应网络学习。通过 QQ 群、平台及电话进一步了解学生个人信息、学生学习需求等。学习方法介绍，给学生学习建议，订立契约	组织激励引导
	第二周～第三周	明确学习目标、学习任务及达到学习目标的途径；引导学生了解学习资源，学生深度学习；根据“互补”原则分小组并进行讨论；对学习做出评价	引导协调评价
	第四周中期	针对学习进度落后的学生，了解原因，并帮助其找到合适的学习方法。调整学习进度，进行中期学习小结、给出学习评价，检查学习策略的有效性	协调控制评价
	第五周～第六周	辅导答疑，对学习过程中问题行为进行引导，深入学习，进一步培养自主学习能力，对学习做出评价	控制激励评价
	第七周～第八周	对期末考核内容进行辅导完成大作业或期末考试	激励控制评价
	课程结束	在调查基础上，进行学习总结，给出每位学生的积极评价，教师反思。整理、提交教学档案	调查总结反思

(1) 建立班级学习 QQ 群。如果所选课程的学生人数多，按 1∶35 师生比分班，并建立班级成员的 QQ 群，方便师生及生生之间的交流与沟通。通知本班学生加入，师生共同订立学习契约。

(2) 通知学生开课。选择消息中心通知学生。发布消息可以选择班级，群发消息或短信，学生会在平台收到新消息；学生的手机同时也可以收到短信。

(3) 引导学生参与讨论。每门课程情况不尽相同，课程导师应掌握所负责课程各单元(模块)知识的学习流程，并对学生进行针对性的指导。

课程导师要善于调动小组学习的气氛，使学习小组中的成员都形成相互关照和被关照的意识，形成信任感和情感纽带。教师要发动学生参与讨论、把讨论引向深入，激发学生讨论的兴趣，引导学生围绕主题进行讨论。教师要及时回复学生的问题，对学生采取赞赏的态度，肯定的同时指出存在的问题。

(4) 督促学生及时完成作业。在课程实施的过程中，课程导师要强调完成任务的时间，帮助学生学会有效利用时间。学生通过学习完成作业并在学习平台提交，才能获得形考成绩。因此每单元学习的开始，课程导师需要提醒学生作业提交的截止时间，并经常上线查看学生的作业提交情况，督促学生尽早完成，帮助学生克服完成作业中的困难。从整个课程组织与实施过程看，课程导师责任关键在于“导”。课程的组织与实施是教师针对学习过程中出现的问题进行疏通和指引的过程。课程导师的责任还在于“督”。课程导师大量的精力和工作用于与学生的沟通联系，督学任务繁重。例如，提醒学生按进度学习，催交形考作业，督促上网学习、参加 BBS 讨论、WIKI 协作讨论，检查、测评等。如果“督”得不足，不仅学生的学业成绩会受到影响，一些学习被动的学生甚至会放弃学业。

(5) 对学生的表现给予及时的反馈。在课程实施中及时批改学生的作业并给出恰当的评语和分数是课程教师的主要职责。在批改作业之后，课程导师将发现的学生学习中普遍和个性的问题加以梳理，给予学生进一步的指导，帮助学生强化巩固课程知识。如果发现学生直接上传别人的答案，或网络抄袭，应该及时与其沟通，要求其改正；对于自己独立完成作业的学生，即使错误率较高，也应予以充分肯定。总之，学生作业评分不是唯答案正确，要综合考虑独立完成作业的情况和完成作业的质量，给出积极性的评语。对重新提交作业的学生，要多肯定，并再次批改反馈。最后要告诉学生及时查看教师对作业的反馈，鼓励学生多质疑，帮助学生对自己现有的知识和能力做出自我评价。

(6) 及时进行阶段性小结及学习评价。学习评价可以起到激励和监督作用，使学生在评价中受到鼓舞和鞭策。教师可以在平台“班级公告”中发布形考作业完成情况公告、课程学习共性问题解答公告、形考作业点评等；也可以通过在消息中心中写消息、QQ 群聊天或者打电话发邮件等方式与学生交流，以此保证评价与沟通的及时与有效。在学习过程中，不断向学生传达“对他们抱有很高期望”的信息，不断激发学生的学习动力。

(7) 做好期末复习辅导。课程的考核是课程学习中的重要环节。课程导师要指导学生详细查看课程考核要求，告知学生课程考试时间等信息，同时要做好期末复习指导，需要提醒学生做模拟练习，发现学生复习中存在的普遍性和个性化的问题都要及时帮助他们解决，以帮助学生顺利通过课程考试。另外，期末进行课程总结也是非常有意义的，可以和学生一道做好教与学两方面的总结，促进教学质量的提高。

(8) 确定形考成绩。课程形考成绩是学生完成所有形考任务，按照设定的比例生成的平均成绩。课程导师按照课程形成性考核方案中的要求，从平台班级辅导中的“形考成绩”进入学生形考成绩列表，学习平台会自动生成每个学生的形考成绩，成绩有两列：平均和最终。课程导师可以根据学生的学习表现对平均成绩进行修改，得出最终成绩。

要注意，课程导师将形考成绩最终提交前，一要将学生的形考成绩公示，学生对成绩有异议的，要给予合理的解释，学生愿意在规定时间完成的最好予以支持；二要和课程负责人沟通，告知班级学生形考及格率情况、不及格人数和不及格的主要原因。最后截图保存学生形考成绩界面或者复制到EXCEL表格中保存，以防止意外情况出现。

(9) 整理和提交教学档案。课程导师应及时将在教学过程中搜集到的对课程资源和教学设计方面的意见建议反馈给课程负责人，提交教学档案，以此证明自己教学的成果。

在线课程的组织与实施中，课程导师责任重大。课程导师要提高对学生的关注度及在线课程组织与管理的能力，促进在线课程的有效实施，使学生顺利完成学业。

二、成立学习小组，展开合作学习

远程学习不只是独立的学生个体行为，也应是师生与生生之间的交流与协作的群体行为。对远程开放教育而言，成立学习小组，展开合作学习是课程组织与实施的重要环节。良好的学习伙伴及学习小组对小组学习中成员的学习效率产生着决定性的影响。

(一) 学习小组的功能

学习小组有如下功能：①互助功能。学习小组使成员有一种归属感，小组成员能够在学习过程中互相帮助、共同学习、共同提高，高效率地完成学习任务。②激励功能。开展学习小组活动能够激发学生学习的兴趣。具有不同优势的学生组合在一起，每个成员受到关爱与尊重，学生在小组学习中相互激励，能够消除学生独立学习的孤独感和乏味感，保持学习动力。③责任功能。学习小组中每位成员必须承担一定的学习任务。社会心理学的研究表明，在群体活动中，如果成员没有明确的责任，就容易出现“责任扩散”现象。小组的成功取决于所有组员个人的学习。明确责任，可以实现学生之间的互相影响，达到自我完善。

(二) 学习小组的组建

1. 创设组名

各学习小组根据自己的特点，创设富有个性、积极向上、朝气蓬勃的组名，以表达全组同学的理想或誓言，使本学习小组成员相互鼓励、奋发向上、团结协作。组名可以是在教师的指导下确定，也可以是小组成员共同商议，但一定要获得全体组员的认可。组名如希望腾飞、向阳花开、蚂蚁帮帮、自由飞翔等。创设组名可以是面对面讨论，也可在论坛中讨论。

2. 形成组训

学习小组成员通过讨论选择名言、警句或者格言，形成自己的组训，以便激发学习小组的进取心、增强小组的凝聚力，提醒小组成员践行组训，遵守组规，自主学习，自我管理。例如："胜利是给有准备的人"；"不求最好，但求更好"；"学习是安身立命之本，知识是滋养心灵的养分"等。

3. 订立学习契约

学习小组成员通过讨论形成学习契约，学习契约具体简明，规定成员各自担负的学习责任，并由大家共同遵守执行。小组成员的学习和讨论活动皆按契约要求完成。契约的内容要充分考虑小组成员的实际情况，通过自身的诚信和内在规范行为，小组成员相互尊重，相互关心，协作学习，共同进步。例如，针对网络环境下的契约学习要求，每个成员需上网学习、参加小组活动、撰写学习计划、完成学习小结等。

4. 确定并实施小组活动计划

小组讨论后，小组需要有明确的计划来保证学习的有效性。计划中的目标要有层次性，既要有长期目标，如两年的学习目标，也要有阶段性目标，如一个学期的目标。围绕"积极参与网上学习，积极进行小组合作学习"等方面确定目标，做到目标清晰，人人有责。

5. 营造小组学习的氛围

学习是互动的活动，不仅包括学生与教师，也包括学生与学生之间的互动。只有多维的互动，才能形成良好的学习氛围。学习小组要制造良好的学习氛围，做到相互信任、共同参与、相互理解、相互批评，平等相待，形成融洽的人际关系，才能使小组学习富有成效。

(三) 优秀学习小组的评选

江苏广播电视大学 / 江苏开放大学每学年坚持学生优秀学习小组评选活动。由课程辅导教师指导学生进行申报，经专家评审，评选出最佳学习小组、最活跃学习小组、最具人气学习小组，学习小组组长特别贡献奖、优秀教师指导奖。

评选目的：通过学习小组的组织和活动，帮助学习小组制订合理的活动计划，为学生顺利完成学业提供有效的支持服务。

评选要求：学习活动计划完整、措施有效、记录翔实；辅导教师指导精心、小组组长组织得力，对全省各市县开放大学开展学习小组活动具有良好的示范作用。

提交材料：学习小组介绍、学习小组活动计划、学习小组网上学习活动记录、学习小组实践活动成果、学习小组活动小结等。评审标准如表 5-2 所示。

表 5-2　优秀学习小组评选标准

评分指标	分值	评分标准
小组活动计划	30	学习小组有明确的学期或学年活动计划
		有组长或牵头人并积极组织学习活动
		小组活动促进了成员的学习进步，并取得明显成效
小组活动形式	20	有小组成员集中活动；有通过计算机网络(QQ、在线平台课程论坛，共同讨论、互帮互学
		有通过各种通讯方式在成员间保持经常性信息沟通联系，及时解决学习中出现的各种难题等
小组活动内容	40	有组织讨论学习上的问题
		有组织交流心得和体会、方法和技巧、信息和资料
		有组织小组成员充分利用网上教学资源，积极参与各种网上教与学活动
		有小组成员互相鼓励增强信心，激发学习热情，彼此协作、共同提高等
小组辅导教师	10	教师能认真指导学习小组制订学习计划，开展学习活动，帮助解决疑难问题等
总分	100	

例如，“蚂蚁帮帮”最佳学习小组有辅导教师的组织和引导，每个学期的小组讨论都组织有序，组员积极参与。小组活动的方式多种多样，有教室讨论、QQ 群讨论、BBS 讨论、社会问卷调查、模拟庭审等。

在学习中，小组成员分工协作，各司其职；预先制订计划，有条不紊；在论坛中，踊跃发言，各抒己见；在课后，积极开展实践学习，互帮互助。平时，组员们密切联系，互相鼓励；周末，经常开展课外活动，加深友谊；期末时，小组成员资料共享，群策群力。“蚂蚁帮帮”学习小组充分发挥了蚂蚁一样的团结协作精神，组员们均取得了优异的成绩，组员之间也形成了深厚的友谊。

一个个学习小组的创立，不仅仅是为孤独地行进在求学之路上的学生提供了一个温馨的港湾，更是一个动力站。学生们互相鼓励，共同前进，把学习看作自我提升的一条路径，终身学习的理念已经深深地印刻在每一位组员的脑海中。通过学习小组评选优秀学生，给优秀学生颁发奖状，学生学习热情高涨。优秀学习小组活动促进了课程的有效实施。

三、组建课程教学团队，推进课程实施

由于远程教育的教学过程被分解为学习资源的设计与开发阶段和学习支持阶段两个阶段，远程教育中教师的职责也被分解并专门化了。一门具体课程的教学不再是由一个教师独立承担，而是由一个团队合作完成。课程教学团队是课程组织与实施的基础和保证。通过组建课程教学团队，形成开放教育的团队合作机制，即开发教学资源；改革教学内容、方法和手段，提高教学支持服务能力；促进教学研讨和教学经验交流，探索远程教与学的规律；创设基于系统整体运行特色的教学机制；推进教学工作的传、帮、带，优化教师队伍的结构，提高教师队伍的整体水平。

(一) 组建课程教学团队

省校、各学习中心课程负责人均可提出申请，填写课程教学团队建设申报表。学校组建由人事处、教学督导办公室、教务处、教学部等教学与管理专家组成的课程教学团队评审委员会进行评审。获得批准后，由课程负责人正式组建团队，明确团队成员的职责与任务，并报教务处备案。教务处为课程教学团队颁发工作任务书，为课程专家、课程负责人及团队核心成员颁发聘书。

(二) 人员构成及职责

课程教学团队主要由课程负责人(首席主持)、课程专家、课程导师、学务导师及技术人员等组成。

首席主持：是课程教学团队的主要负责人，是本领域的电大 / 开大系统的在职教师，具有副高以上职称，有 3 年以上的开放教育课程教学经验；工作热情高，具有团结、协作精神和较强的组织、管理和领导能力；长期致力于本课程建设，熟悉本课程教学环节的整体运作模式与教学改革趋势。首席主持负责团队组建、成员遴选、组织制订和实施团队建设计划，开展团队活动，支配管理团队建设经费等。

课程专家：课程专家是本领域的高校知名教授或行业知名专家。品德高尚、治学严谨，具有优良的团结、协作精神，有较深的学术造诣和创新性学术思想，教学水平高。课程专家由学校聘请，首席主持负责日常联系。每个课程教学团队至少必须有一名课程专家。课程专家负责课程主体内容的设计与资源建设，追踪相关学科发展前沿，及时更新教学内容。课程专家对课程教学内容的学术性、科学性、合理性负主要责任。

课程导师：课程导师由课程负责人遴选，课程导师应长期致力于本课程领域的教学、研究工作，具有团结、协作精神。课程导师主要协助课程负责人完成课

程教学资源的设计与开发，负责实施教学过程，参与教学模式改革。

学务导师：由教务处负责遴选，是从事本课程领域教学的管理人员。组织教学点学生参与学习，并进行日常的学生事务管理等。

技术人员：为团队制作课程学习资源及课程教学运行提供各种技术支持。

(三) 团队采取的主要组织措施

课程教学团队围绕“课程教学”主题，以“为学生学习服务”为宗旨，以“帮助教师专业成长”为根本，充分发挥团队在完善课程教学设计与提高网上教学效果方面的合力作用。团队以课程为切入点，凝聚系统教学力量，为学生提供全过程的线上与线下互为衔接的学习支持服务。

(1) 团队工作围绕“课程教学”这个主题，以课程一体化教学方案为抓手，推进课程整体教学设计，并组织实施。

(2) 团队工作以“为学生学习服务”为宗旨，每学期初根据学校工作重点制订团队工作计划，团队成员共同推进期初、期中、期末各项教学工作。具体通过期初迎新、学情调研；期中引领学生参与系列非实时讨论、实时讨论，提供多种学习资源引导学习；期末助考取得良好的学习效果。

(3) 团队以“帮助教师专业成长”为根本，建立了有效的沟通渠道。充分利用在线课程平台、教师论坛、团队 QQ 群等载体进行交流，使教研活动常态化，形成了浓厚的学习和分享气氛，促进了教师的专业成长。

(4) 建立有效运行机制。由于课程辅导教师每学期都在变化，团队采取“团队成员相对稳定但不固化”的动态管理策略，从网上教学及学校各项评优评奖活动参与度、工作成果及创造性教学设计等方面定期对成员进行评价。对表现突出的成员进行奖励，对不能跟进团队活动的成员实行退出机制，以此保证团队整体的活力。

(5) 有效开展各项活动。团队教研活动：在团队建设期间，保证每年一次的面对面专家辅导及团队交流。每学期至少召开一次团队教研会，集体研讨团队主要工作。团队网上教学活动：团队教师组织学生进行网上教学非实时、实时活动，充分利用教师论坛，沟通交流，及时总结。团队评优活动：团队教师积极参与各类评优评奖和交流活动，以“创先争优”的精神积聚正能量，教学科研方面注意不断总结，宣传推广，发挥辐射带动作用。开展评选优秀学员活动，打造榜样的力量。由团队成员推荐所在的学习中心对学习积极、表现突出的优秀学生，颁发优秀学生证书。

(6) 探索教学模式。团队致力于教学模式的探索。例如，教育社会学课程团队经过两年多的探索，形成了契约教学模式。由教师与学生共同制订的学习契约，约束了师生的教与学行为，增强了教师的责任意识，同时也增强了学生的学习责任。学习契约的效力较硬性的规章制度更为人性化，也更具约束力。契约教学模式下，学习契约转化为学生学习的内驱力，学生从自身角度扩大了自我要求的范围，学习效果显著。

(四) 形成课程教学团队特色

经过团队教师的共同努力，江苏开放大学每个课程团队均形成了自身的特色。例如，教育社会学课程教学团队特色如下：

(1) 明确团队定位，按阶段、分步骤实现团队教学目标。教育社会学课程教学团队的定位是：完成课程教学任务、进行课程资源建设以及课程教学改革，确保教学质量不断提升。为此，落实团队成员职责，奠定分工协作、优势互补、维持信任、共同发展的基础。制订行动计划，保证团队工作的顺利进行。善于学习首期优秀团队建设的经验，及时评估目标完成情况，不断总结整个团队运作的优点和缺憾，促进团队教师明确职责，提高工作成效。

(2) 构建了紧密配合、相互依存的团队协作机制、激励机制、进出机制。对不能履行团队教学任务的教师进行淘汰，对积极履行责任的教师给予奖励。针对教师分布区域的不同，以及学生之间的差异化、多样性状况，一方面克服困难，每年进行一次面对面交流，并请专家为团队教师开讲座；另一方面充分利用网站、电子邮件、QQ、微信、网上论坛同步或异步进行有效沟通。

(3) 制订了课程教学团队的长期与短期目标，具体任务目标与团队建设目标协调一致。制订行动步骤与时间表，规定目标完成日期，明确各个阶段的时间安排，制订任务目标进度表，以及实现具体目标的人员行动方案。每学期的工作基本都是按照制订团队工作计划、明确阶段性任务内容、强化时间节点管理、多种策略推动落实的思路运行。为了使团队工作计划能够落实，团队采取任务推动、活动跟进、及时总结、自检自评、奖励先进的管理模式，确保团队各项工作的落实。

(4) 积极开展纵向、横向的交流与合作，团队成员的理论水平与教学实践能力得到提高。例如，在纵向上接受国家开放大学体系内的师资培训，在横向上参加区域内有关部门的培训学习，或者跨地区、跨国界的学习交流。定期开展远程教学研讨活动，探讨教师在实践教学中遇到的难题和困惑。通过理论学习和实践锻炼，教师的理论水平与实践能力均有所提高。在团队成员间形成有效的合作与分享机制，构建团队成员互动、交流、沟通的平台，培养团队成员的合作意识，增强了团队成员的凝聚力和归属感。

(5) 发挥系统优势，开展教学资源建设，以多种形式组织和实施教学，取得成效。团队核心成员多为电大系统教师，有高度责任感，有对教学的热情。能够积极参与教学方案设计、网上教学活动，进行课件制作、课程网站建设，努力实现学科理论、前沿技术与资源建设的深度融合。教师不仅组织学生利用江苏开放大学学习平台，还尽可能地通过 QQ 讨论组、微信群、微信公众平台等多种网络手段引导学生学习。教师及时把握学科发展和教育现状，更新教学内容，为学生提供了强有力的学习支持。

(6) 促进了教师专业化成长，“成人也成己”。教育不单是简单的成人之学，而是成己而后成人之学。在教育社会学课程教学团队建设的两年中，团队教师将学科前沿知识、教育改革和教育研究最新成果及时整合到教学内容中，注意吸收学习科学、心理科学以及信息技术的新成果，教学能力得到较快提升，具体表现在关于教的知识，关于学习者的知识，关于教学方法的知识方面都得到了不同程度的提高。团队促进了不同层级的教师的联动发展，实现了青年教师和骨干教师的教学、教研经验的“嫁接”，特别促进了青年教师的成长。

课程的组织与实施在本质上是一个复杂的行动过程，要通过这一过程将观念形态的课程转化为学生所体验的课程，就要充分认识课程组织与实施的重要性，调动多方的力量。学校要积极创造成功的课程实施条件，教师则要在课程实施中发挥应有的作用。

第五节　远程开放教育课程资源建设实践——以云南开放大学为例

开放大学为适应构建学习型社会和终身学习体系的需要，开展远程教育与开放教育，实现优质教育资源的共享与教育公平。在信息时代开展远程开放教育，离不开课程资源的建设与应用。云南开放大学将当代信息技术与远程教育教学深度融合，结合云南特殊的人文地理条件和经济社会发展水平实际，将课程资源建设与人才培养模式改革实践紧密结合，以自主开发、合作共建、引进三种方式建设了一套以五种形式为主体的立体化课程资源体系，促进了云南地区远程教育教学质量的提高。

开放大学以开放教育为基本特征的新型大学，强调教育观念、办学方式、学习对象和教育资源的开放，为社会成员提供高等教育的机会和服务。云南开放大学正在努力建成一所学习资源丰富、教学模式特色鲜明的新型开放大学，成为学习型云南和云南终身教育体系的重要支柱、教育“立交桥”的关键枢纽。

优质实用、丰富易学的课程资源是开放大学提高远程开放办学水平，保证教学质量，实现人才培养目标的重要保障。云南开放大学紧紧围绕“开放办学，服务终身”的办学宗旨，将信息技术与远程教育教学深度融合，结合云南特殊的人文地理条件和经济社会发展水平实际，建设开放灵活、形式多样、特色突出、适宜学习的立体化课程资源体系。

一、课程资源建设的总体思路与基本原则

为实现人才培养目标、提高远程开放办学水平，云南开放大学课程资源建设按照“立足长远、兼顾现实、平稳有序、扎实推进”的工作原则，按照“标准化、一体化、全程化、多元化、网络化”的要求，通过自主建设、合作共建、引进共享等途径，以课程为单元，建设以网络课程、手机课、视频公开课、精品课程和课程学习包五种形式为主体的，具有云南开放大学特色的立体化贯通型课程资源体系，满足学习者多元化、多方位的学习需要。

(1) 结合人才培养模式改革，建设中、高、本一体化，理实一体化的贯通型课程资源体系。学校根据办学需求和教学需要进行专业课程体系的模块化设计，根据宽进严出、学习立交桥和学分银行的要求，人才培养以“高起本”为主体，根据不同教育层次(高中、中职、高职高专) 进行立体化接口设计，制定一体化培养方案，实现不同教育层次(专科、本科)的纵向衔接，不同教育类型(职业教育、远程教育、学历教育和非学历教育、职业岗位证书与专业课程)的横向贯通。

依照资源拓展性、关联性建设思路，结合人才培养模式改革，资源建设对应地设计为以课程为单元的、立体化、贯通型、一体化课程资源。在资源建设的规划阶段，由学校统筹规划好学科的中职、高职(专科)到本科课程的培养目标层次划分和纵向衔接的一体化建设方案，统筹规划好课程理论与实践、课程设计的一体化建设方案，以及课程与项目证书关联一体化建设方案，同时制定好纵向衔接与理实一体化的衔接与表现方式，以此规范和指导各教师的课程资源建设工作。

(2) 探索信息技术与教育教学的深度融合，建设兼具先进性与实用性的全方位、立体化课程资源体系。云南开放大学的课程资源建设按照专家主导、团队建设、一体化设计、技术支持、专家评审、资源储存、推广使用的工作思路，首先考虑人才培养的教学需要和学习者个性化学习需求，充分融合信息技术、网络技术和移动通信技术，建设达到相关技术标准和学术标准的，以网络课程、手机课、视频公开课、精品课程和课程学习包五种形式为主体的课程资源。这五种形式的课程资源与传统学习资源互为补充、相辅相成，构成一个丰富实用的、全方位、立体化多媒体课程资源体系，能够满足多样化、个性化学习需求，使得“时时可学、处处可学、人人皆学”成为可能。同时，学校根据课程特点统筹规划课程建设的类别和形式，使每门课程均能形成其立体化的课程资源体系。

二、课程资源建设的主要类型

紧随当代信息技术和通信技术的发展，深入研究当代学习者的学习需求与云南地域特色、经济和教育发展的特点，云南开放大学建设了“各具特色、功能互补、整体优化”的五种形式的课程资源。

(一) 手机移动学习课程

计算机网络技术、云计算技术和 4G 移动通信的普及使得时时处处获取学习资源成为可能。手机移动学习课程是为了适应当前移动学习用户迅速增长的需要而开发的、适于手机显示、操作和使用的课程资源。该类课程资源主要考虑课程的智能化、趣味性和互动性，以图文形式开展教学，学习者使用智能手机接入互联网即可获取音、视、图、文并茂的课程资源，实现时时处处的导学和自学。

(二) 视频公开课程

视频公开课程以知名教授或权威专家主讲，对专业核心课程或主干课程以视频为资源主体的形式对课程主要内容和重难点进行系统讲解、对典型案例进行分析，并辅以相关的教学材料，提供高质量的远程开放教学。

(三) 网络课程

网络课程是对一门课程教学内容、教学辅导、作业解析、考试辅导、在线测试、教学互动等的信息的集中展现，学习者使用网络课程可获得一门课程较为全面的导学、助学、辅导和互动。

(四) 课程学习包

课程学习包是一种个体化学习资源，将课程教材、部分实践教学光盘、模拟实验软件等多媒体资源和模拟软件装入一个包，提供给学习者。主要针对两种情况：一是特殊课程、部分实践教学课程和虚拟实验课程，二是不方便获得网络资源的学习者。

(五) 精品课程

精品课程是具有一流教师队伍、一流教学内容、一流教学方法、一流教材、一流教学管理等特点的示范性课程，形成专业课程教学成果，展示示范教学课程，是学校教学质量与教学改革工程的重要组成部分。这也是学习者学习课程的一种优质资源。学校实施的“名师名课”工程规划结合纸质教材、数字化学习资源等建设项目，推动“精品课程”的建设工作。

三、课程资源建设的基本途径

云南开放大学的课程资源，主要通过“自主建设、合作共建、引进改造”三种途径进行建设，不断完善和丰富，实现优质教学资源的汇聚、配置和有效利用，形成云资源和云服务，提高优质教学资源的共享度和开放度，服务于开放大学的教育教学。

(一) 自主建设

学校根据开放大学建设进度，结合人才培养模式进行统一规划部署，统一建设方案和建设标准，由学院和学科专家指导建设教师做好纵向贯通、课程理论与实践、课程设计的一体化方案，由教师严格按照一体化方案和建设标准完成达到学术要求和建设标准的课程资源。

手机移动学习课程、视频公开课程、网络课程、课程学习包和精品课程这五种形式的课程资源，相对于教师的日常教学内容更新和完善，是对课程内容、教学辅导、教学活动等内容的整体封装，我们将其称之为整体化课程资源。而课程教师对于日常教学内容更新和完善，我们称之为生成性课程资源。学校定期对课程教师随教学过程不断修正的各种生成性课程资源进行评价审核和筛选，将其中的优秀资源封装到整体化课程资源中去，不断完善和丰富整体化课程资源。

(二) 合作共建

探索创新资源建设和服务模式，形成全方位、多渠道的资源共建、共享、双赢机制，面向省内外优秀高校(包括开放大学和广播电视大学)、行业企业机构和专家、二级学院和学习中心的联合教研室及社会成员开展资源定制、合作共建、共享应用等服务。

(三) 引进改造

运用各类技术手段，全面搜索包括英国开放大学、网易公开课、国家精品课程资源网、国家数字化学习港等学习平台的优质课程资源，根据开放大学的学科专业建设进展，甄别遴选优质的、符合我校人才培养目标的优质课程资源，投入大量经费进行购买引进，实现优质教育资源的汇聚。单纯的引进和购买并不能完全满足我校的教育教学需要，还需要投入相应的学科教师和技术人员对引进的课程资源结合我校人才培养模式、课程目标、课程资源建设标准与教学实施等要求进行整合改造，使其“本土化”和“本校化”，以完成外来优质资源与我校教学模式的无缝衔接与整合。

云南开放大学通过三种上述建设途径对我校远程教育课程资源不断充实、完善和洗牌，提高资源的实用性、针对性、趣味性，全面提高课程资源质量和办学水平，服务于高等教育、职业教育、继续教育，进而服务于学习型社会。

四、课程建设的总体目标

云南开放大学结合云南地域情况和经济发展，结合人才培养模式改革和“混合型教学模式”的基本要求，将全部课程建成网络课、核心课程建成精品课、主干课程建成公开课、特色课程建成手机课、实训课程建成学习包，创建起以精品课程为标志、以手机移动学习课程和网络视频公开课程为特色、以网络课程和课程学习包为基础的全方位、立体化、贯通型专业教学资源体系，实现专业群国内优质教学资源的汇聚、配置和有效利用，提高优质教学资源的共享度和开放度，建成开放灵活、功能完备、形式多样、特色突出、适宜学习的海量学习资源库，为广大学习者学习提供方便灵活、多样化、个性化的教学服务，满足各类人员在线学习、移动学习需求，为全面提高办学水平，保证教学质量，实现教学目标，培养合格人才，实现全民学习、终身学习的学习型社会提供基本的保障。

五、课程资源建设的成效特色与应用展望

(1) 构建了全方位、立体化、贯通型的课程资源体系，可服务于开放大学的各级各类教育教学。在学校一体化、贯通型指导下建成的课程资源既有课程的个性化特色，也具有较为统一的一体化用户界面，可满足学习者在学习立交桥中直接切入适合自身层次的模块进行课程学习；可满足较低层次的学习者向较高层次的学习者方便直通；可保证理论与实践不相互脱节，使理论学习及时验证于实践；可保证学分银行中各类证书、各层次学历课程与开放大学课程的互通和衔接。

五种形式的课程各具特色，相辅相成，构成了一个立体型的课程资源体系(见图 5-2)，让学习者各取所需，学习者可以在学习方式、学习进度、时间、地点和工具等方面根据自身情况和喜好决定使用何种形式的学习资源。

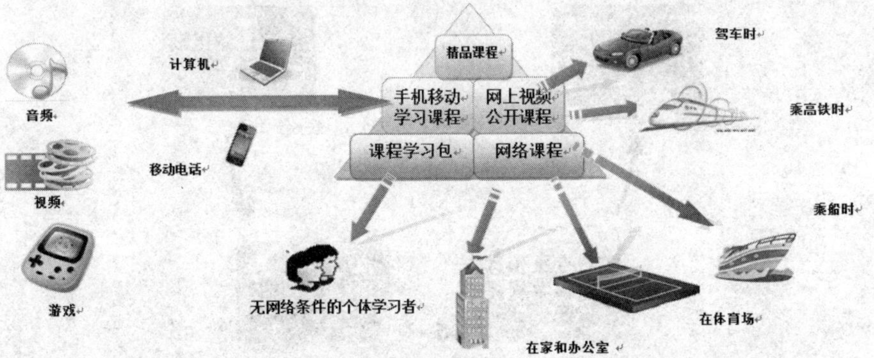

图 5-2　立体化、全方位的课程资源可满足时时、处处、人人学习的需求

(2) 构建了课程资源建设的良性闭环校正系统。开放教育的课程资源是开放教育的重要组成部分，课程资源建设形成一个良性的闭环校正系统可保障课程资源建设的质量，云南开放大学课程资源建设中形成的良性闭环校正系统可不断修正和完善课程资源，使这些资源优化为以学习者为中心的、易学易用的有效资源。

在课程资源建设初期，学校完成了课程建设相关规划和标准的制定并反复论证；建设任务下达后，由学院组织学科专家对课程的一体化设计做出科学指导，并要求教师严格按照学校相关标准和已确立的一体化建设方案进行课程资源建设；之后，学校组织学科专家和远程教育专家对课程资源进行评审，评审通过的课程方可交付学习平台使用；相关质量监督部门督导检查课程资源的使用情况，并在教学过程的实施一段时间后，广泛收集和分析学习者对于课程资源的评价情况，反馈于课程资源建设规划与标准的修正与完善，以进一步规范和指导课程资源建设(见图 5-3)。

(3) 翻转课堂——远程教育课程资源与在校课堂教育的有效结合，线上教育与线下教育相结合的展望。远程教育的开放教育资源不仅可应用于远程学习，也可通过“翻转课堂”的形式有效应用于校内课堂教学，实现教育资源的线上与线下教育相结合，实现远程开放教育资源的优化配置，并且可以增强学习者的主动性和课程的互动性，提高教育教学质量。

部分从事远程开放教育的学校，同时也培养全日制在校学生，课程教师可以优化使用建成的课程资源，对课堂教学作“翻转课堂”的教学设计：对于在校学习的学生，可安排其在课外时间观看和学习远程教育课程资源，而在课堂上由教师组织面对面的互动讨论和辅导答疑，或完成某些课程内容要求的实践任务。

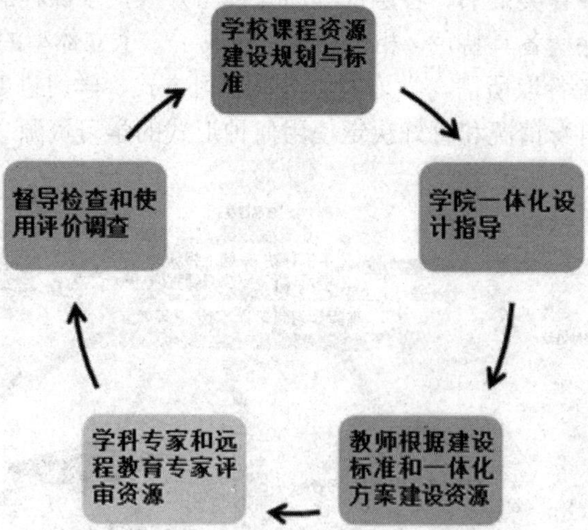

图 5-3 课程资源建设的闭环校正系统

这样的“翻转课堂”教学设计是一种能够使远程教育和校内教育相互促进的方式，可获得多方面的效益。首先，使开放教育课程资源建设的成果应用最大化，课程资源不仅应用于远程教育，也同时应用于校内教育；第二，这种重新建构的学习流程可以使学生按照自己的学习习惯来安排学习时间和进度，增强了学习协作和互动交流，学习的主动性和自我管理意识大大增强；第三，通过课堂讨论、辅导答疑和任务的完成情况等反馈消息，教师可以了解到学习者的困难所在，能够有助于教师进一步完善课程资源，使其更好地同时服务于远程教学和课堂教学。

云南开放大学的数字化课程资源已经形成一个全方位、立体化、贯通型的，满足学习者不同学习要求的体系，并且，这个课程体系的形式将紧跟信息技术发展不断丰富，容量将根据全民学习的需要不断增长，质量将随建设的深入不断提升，整合方式将随使用情况不断优化，它将成长为一个能够满足云南地域发展特色需要、满足云南开放大学人才培养目标、促进云南学习型社会和终身教育服务体系构建的海量学习资源库。

第六章　信息技术与开放式教育

第一节　利用信息技术拓展教学渠道

聚焦开放式教育中的信息化教育是我们顺应时代发展的使命。信息化教育是属于现代教育范畴的一种新的教育方式。它不只是一种新的教育工具和手段，不只是一种新的教育方法，不只是一种新的教育内容传递形态，不只是一种新的教育组织形式，而是所有这些的综合，是一种新的教育方式。它是一种人—机—人，人机协作，人为主、机为辅的信息时代特有的教育方式。

我们为适应深圳市急剧发展对培养现代信息化人才的需要，在教育实践中注重学生学会利用网络信息技术，有效、快捷地收集数据，以培养现代人的信息技术素养，积极创新网络平台。我们在《坪洲小学首个五年发展战略规划》中明确提出了“与世界教育发展接轨，全面推进信息化工程，精心打造智慧校园”的奋斗目标。学校按照“高起点规划、科学化建设、跨越式发展”的思路，扎实开展学校“智慧校园”的建设。

在信息时代，信息和知识总量呈几何级数增长，信息储存、转换和传播实现数字化，信息传递实现即时化和全球化，一切都在不确定性中展开。在这种条件下，传统教育基于文本学习的学习目标、学习习惯、学习方式和学习行为将面临重大的冲击。

一、树立现代观念，加强信息管理

信息化教育，就是在现代教育思想、理论的指导下，主要运用现代信息技术，开发教育资源，优化教育过程，以培养和提高学生信息素养为重要目标的一种新的教育方式。教育信息化的核心使命是运用现代信息技术优化教育、教学过程，提升教学质量。

（一）立现代教育观

我们对信息化教育影响较大、较直接的现代教育思想和素质教育观、终身教育观、双主体教育观、创新教育观、情商为主教育观、四大支柱教育观六种主要的现代教育观进行了认真学习与讨论。帮助教师革除传统的六个弊端，即忘了学生，忘了能力的培养，忽视现代教育媒体的应用，忽视教学中的非智力因素，上课与谋生不搭界，教学上使用死记硬背法，从而实现教学上的四个重心转移和四个最佳结合。

以“教”为重心逐渐转移到以“学”为重心，力求做到教与学的最佳结合。

以“知识”为重心逐渐转移到以“能力”为重心，力求做到知识与能力的最佳结合。

以“传统”教学媒体为重心逐渐转移到以“现代”教学媒体为重心，力求做到传统教学媒体与现代教学媒体的最佳结合。

以“接受”学习为重心逐渐转移到以“发现”学习为重心，力求做到接受学习与发现学习的最佳结合。

(二) 明确信息化建设发展方向

目前，技术的发展使得教育信息化能够实现以较低成本将优质教育资源数字化，并依托互联网、卫星网、移动通信网等信息网络，较快实现优质教育资源共享。我们在确定了以教育信息化建设为学校发展的特色与方向后，高度重视现代教育技术在学校管理与教育教学工作中的运用，把现代教育技术实验当作重点工作来抓。我们专门成立了由校长担任组长，分管教学副校长任副组长的领导小组，成员有主管教学、现代教育技术的教学处主任，实施小组成员还有各学科组长及骨干教师，将工作层层分工、落实，以点带面，合力攻关。并根据学校新发展规划，每学期都将教育信息化方面的工作纳入学校总的计划。

(三) 建立信息化教育管理制度

没有规矩，不成方圆。学校建立了信息化教育管理制度，主要有计算机教室(电子阅览室、多媒体教室及设备)管理制度、功能室管理制度、综合电教室管理与使用制度、课室与办公电脑管理制度、网络中心管理制度、网络安全管理制度、电子资料借阅制度、常规电教设备借还制度、电教设备报修与维护制度、功能室负责人职责、教师使用信息技术评价制度、信息技术培训制度、信息技术应用激励措施，等等。主要举措有：

每个功能室都有专人管理，具体落实各功能室的使用，保证各功能室设备的正常运行。

每班的教学平台都有使用登记和报修登记，并培养了小信息员负责使用管理。

每一件电教设备都有责任人，负责正常使用与保养。

每种新的设备正式投入使用之前对教师都有相应的培训，使教师能尽快地运用于教学之中，充分发挥它的作用。

二、打造硬件环境，完善软件建设

在知识经济时代，人类的学习方式发生了深刻变化，学校的时间、空间、内容和方法越来越灵活，不再像传统学校教育受时间、空间和教学模式所限，而是可以创造无所不在的学习环境，提供丰富多样的教育资源和个性化学习支持。因此，我们根据学校“五年发展战略规划”和“智慧校园”创建的具体目标，加强硬件、软件建设，不断完善校园信息化环境。

硬件环境是教育信息化发展的基础。我们学校校园网建于 2011 年 9 月，网络服务覆盖校园公共场所，支持移动学习、移动办公等应用。所有教室和教学功能室提供 1000Mbps 以上网络接口并实现全校无线网络覆盖，配置交互式多媒体电教平台。校园网由光纤接人宝安云平台，校园网安全系统达到信息安全等级保护第一级要求。

学校还建有如下特色功能实验室：探究实验室、智能机器人室、3D 视听体验、网络化学习生活、3D 打印、自动录播教室、智慧体验室、校园智能广播系统、高清数字校园电视台等。

计算机配置方面，师机比达到 1∶1。由于学校每年招生速度快，从 2011 年 470 人已增至现在 2 345 人，生机比为 9∶1，小于 5∶1，但能支撑移动学习和交流的智能终端及配套设备，基本满足信息化环境下的教学教研活动的开展。

各个教室和功能室共配备实物投影 65 台，装备了 62 英寸大屏幕高清晰背投电视 44 台，常规教学实现了多媒体操作平台化。学校为所有教室、功能室配备了无线扩音系统，装上了无尘自动黑板。良好的硬件设备和多媒体辅助教学手段以其巨大的技术优势敲开了教室的大门，受到广大师生的青睐。

三、开发信息平台，分享学习资源

建设一系列开放、实用的校园网络平台是基础教育信息化和营造丰富多彩、健康清新的校园网络文化氛围的根本途径。我们的信息化在管理、教学、科研等多个环节得以应用，为培养学生思维方式、道德品质、创造能力提供了一个新的环境，为面向全体学生培养全面发展的信息高素质人才提供了一个新的平台。

(一) 开发学校信息管理平台，提高效能

学校信息管理平台应体现以人为本的理念，即以教师和学生为中心。在网站开发时避免平台做得很好看，功能很多很全，但是教师和学生都不能参与进来，结果只起到了一个花瓶似的展示作用。

我们意识到网络的参与者就是网络的建设者，只有师生参与了，才能营造一个充满生命力的、张扬个性的、积极健康的校园网络文化氛围。因此，我们所有

的设计都尽量为方便教育教学管理考虑，而不是为了把管理平台的功能做得多么齐全、多么复杂，那样就是“以网络为本，以技术为本”。

我们努力使教师们意识到在黑板上发一条通知，与在网络上发一条通知的区别不仅仅是写通知者辛苦一点、看通知者麻烦一点，而是涉及工作方式和信息素养的培养的问题，是全体师生全面参与校园信息化建设的具体表现。我们的校园网使用的信息管理平台，是根据学校实际，自行开发和设计的。它具有公文管理、信息管理、文件管理、资源管理等功能，学校利用公文管理系统实现了校园无纸化办公，各处室可根据自己的权限发布、收取和批复公文，每位教师有一个账号，登录系统后可以及时查看、回复各类公文信息。

(二) 建设优秀博客空间和学科网站

学校教师积极运用现代信息技术为教育教学服务，建立了自己的教育博客，不断学习教育新理念，积淀教育教学经验，扩大对外交流，提升职业修养。叶素珊、钟晓英等老师的教育博客深受家长和学生欢迎。我们针对各个学科的培养目标、围绕不同学科特点建立教学与科研的综合性网站，并设置网站的模块。在学科网站中还针对某个学习专题设置为学生搭建开放的、展示个性的论坛，并且在学科网站中建立了统一的教学科研资源库，为教师们构建了一个方便、安全的办公空间。学科网站的建立是对教材、课堂的扩展，起到了“第二课堂”的作用。

(三) 开发班级、学生个人网站，分享资源

班级、学生个人网站是学生掌握与应用信息技术的体现，为学生提供了展示自我、悦纳自我的空间，同时也是营造校园网络文化氛围的重要元素。我们通过该类网站的建设，倡导学生文明上网，做文明网民，从而营造良好的网络教育环境，促进小学生身心健康发展。

(四) 建设学习软件库、图书库，提供学习渠道

学校电子阅览室为学生提供了丰富的信息资源，海量的教学软件、图书资源让学生畅游其中。网络中心利用下午课外活动的时间向全校学生开放电子阅览室。资源库中有 21 世纪数学资源库、英语虚拟光盘、书法课堂、电子期刊阅览室、信息技术课堂教学软件——卓软多媒体教学网络系统、信息技术考试软件——卓凡信息技术考试系统等学习软件，容量达 500G，电子图书数万余册，课件资源库 570G。

(五) 建设校园“雏鹰电视台”，扩大宣传力度

学校“雏鹰电视台”已逐步成为展示全校师生校园生活不可或缺的一面镜子、

一个窗口。电视台的运作得到了学校领导和全体师生的一致认可。“雏鹰电视台”以学生为主体，本着“学生电视台学生办”的宗旨，多方调动学生的积极性和主动性，让他们参与到电视节目制作的栏目策划、采访、摄像、主持等各环节中，培养出了一支具备一定的电视台节目制作技术、工作认真负责的“雏鹰电视人”学生团队。同时，也培养一些教师成为校园电视台的兼职辅导教师，这些教师的加入增强了电视台的实力，提高了电视台的运作效能。

“雏鹰电视台”在较成熟的每周一期校园新闻的基础上，进一步丰富栏目内容，如开设专题节目(含教育、教学、安全教育、英语特色等专题节目)、影视(爱国主义影片，经典影片片段，有教育意义的动画片或故事片)展播等，通过增加这些栏目，达到丰富师生生活，充实学生课堂的目的。“雏鹰电视台”还与少先队工作密切联系，携手共进，扎扎实实地开展学生思想教育工作，使学生精神面貌发生了较大的变化。“雏鹰电视台”还积极与外界媒体联系，加强对外宣传力度，从而提高了学校校园电视台的影响力。

第二节　利用信息技术改变传统教学

适应信息时代发展的要求，需要更新教育观念、调整学生素质发展目标、构建数字化教育平台、培养具有较高信息素养的教师队伍和建立基于数字化教育的实践机制，为此，我们坚持“教师第一”“培训是第一福利”的理念，以教师信息素养培训为重要内容，以此实现教师教学方式与学生学习方式的真正转变，使开放式教育教学走上科学、有序、合理的轨道。

一、提升信息素养，转变教学方式

为提升我校教师的教育教学能力、信息素养和信息技术应用能力，我们根据《中小学教师信息技术应用能力标准(试行)》的要求，进一步完善了教师培训制度，包括《校本培训制度》《教育信息化应用能力培训制度》《教师信息技术培训管理制度》和《教师外出学习制度》，并认真贯彻执行。在教师培训的过程中，突出以下特点。

(一) 培训对象分层

学校现有教师 132 人，队伍庞大，而且信息技术基础知识参差不齐。有些老师已能熟练使用 Authorware、Flash 等软件制作精美课件，有些老师的信息水平还相对较低。面对这种情况，我们通过考查，对所有教师进行能力定位，分为初级、中级、高级、专业级(主要为信息技术教师)、行政级(主要针对学校管理层)，并根据教师所处层次进行全员或部分参与的信息技术培训，从而提高了培训的时效性。

(二) 培训内容分类

我们针对不同层次的教师进行相应内容的培训。

1．现代教育理念的培训

思想指导行动，理念的更新在某种程度上比技术的更新更加重要。因此，我们首先对全体教师进行了新课程标准及新课标下现代教育理念的培训，让教师们了解当今教改前沿的信息，使他们懂得教学不是单纯的知识与技术的传授，而是强调师生互动、师生交流、生生交流、自主操作和协作学习相结合，使教师树立基于信息技术的现代教育观念，并逐步提高自己应用信息技术的能力。

2．各级信息技术技能的培训

对初级水平的教师，培训电脑操作技术和常用操作系统、小软件的使用；对中级水平教师，培训 Word、PowerPoint、Excel 等 Office 办公软件的使用；对高级水平教师，培训 Authorware、Flash 的使用；对专业级水平教师，组织参加区教育局等组织的 NCNE 网络管理员学习、国家网络安全员培训等专业级别的培训；对行政部门的教师还要求参加校园管理平台各模块的学习。

3．与时俱进的课程内容培训

一是开放式语文教学系列网络课程。《开放式阅读教学》《开放式习作教学》和《开放式活动课程》被广东省开发成供全省语文教师自主选择的网络培训课程，同时也提供给我校教师学习。“张云鹰名校工作室”网站于 2012 年上线，每年都为省内外的教师上多节信息技术环境下探索新教学模式的网络公开课，受到一致好评。二是支持“智慧校园”的培训课程。针对我校“智慧校园”建设与应用情况和教师们信息化应用能力水平，“智慧校园”办公室编辑了具有学校特色的信息系统操作手册，并定期更新。同时，结合学科特色，进行培训课程分析和设计，输出相应培训课程。在课程开发过程中，信息技术教师与其他学科教师相互学习，共同建设课程资源。

我们还特邀信息技术专家钟群星老师以《基于观察者视角的教育信息化》为题，围绕“人”“改变”“技术”“实践”“假设与思考”五个关键词展开话题，以“农民电商”王小帮、马库斯·佩尔森等鲜活的案例，讲述了信息技术如何改变着人们的生活；介绍了 Web 2.0、基于手势的互动、人工智能、虚拟化与云计算、传感技术等当前主流信息技术；为学校信息化建设指明了“idea+开源平台+资源配置”的创客教育发展方向。

(三) 培训形式多样

根据培训对象、培训内容的不同，我们采取了形式多样的培训方式。

有集中全校教师进行的大规模集体培训，主要通过专家引领的方式进行；有由几十人汇聚一起的班级授课专题讲座形式，进行“智慧校园”各系统整体或各模块的操作演示、讲解，并通过互动、实操演练等方式帮助教师更快、更好地掌握系统操作；也有几个人一组的小组学习(如行政小组、课题小组)，及时对各学科组教师提供的教育信息经典案例、应用场景进行诊断，帮助教师进行信息化教学模式的应用与探索；还有网上共享学习资料的自主学习；学校每年都会不定期选派骨干教师前往不同地区、兄弟学校、教师培训机构进行常规教研活动、教学研讨活动等，进行教育信息化经验的交流、研讨与学习，不断获取最新、最先进的信息化教育理念、教学模式和方法。

二、开发校本课程，技术与学科整合

多渠道的信息素养培训，信息技术全面进入课堂，教师的角色发生了根本改变，教师指导的活动减少，以学生为中心的学习行为占主导地位。在课堂中，学生和教师可以直接利用计算机、影碟机、摄影机、扫描仪、光驱、调制解调器和在线通信服务设备进行开放式学习。信息技术在学习中的广泛运用，不仅增强了学习效果，也改变了学习活动本身。其效果具体表现如下。

(一) 充分发挥信息技术课的渗透作用

学校一向重视信息技术课程的管理，严格执行课程计划。3～6 年级每周安排一节信息技术课。把信息技术课作为落实素质教育、贯彻新课程理念、培养学生信息素养的主阵地。

教学的主要目的是让学生在了解计算机文化、初步掌握一些计算机基本知识和技能的同时，进一步激发学生的学习兴趣，增强信息意识和创新意识，有效培养学生对信息的收集、处理、应用和传输的能力。培养学生的自学能力和创造能力。

在教学中时刻注意信息技术教学不仅是传授计算机的基础知识，而且把计算机作为一种工具，来提高学生的素质，培养他们用信息技术解决问题的各种能力。即初步的运用信息工具的能力、获取信息的能力、处理信息的能力以及生成信息的能力等。

学校信息技术教师还积极探索信息技术课堂教学的多种模式。目前，比较成熟的有小组教学、合作探究、任务驱动等几种模式。师生均能在上课过程中体会到教与学的乐趣，形成教师爱教、学生乐学的良好局面。苏子光等老师的《营造信息化氛围，提高学生信息素养》和《信息技术课的角色类型初探》等研究性论文在市、区获奖；《绘制表格》等课例获深圳市信息技术教师优质课奖；张明春老师荣获深圳市小学信息技术教学大赛一等奖，并有幸成为市信息技术骨干教师、省名师培养对象；不少学生参加省市信息技术比赛获奖。

(二) 大力开发信息技术校本课程

在信息技术的学习中会涌现出许多学生计算机爱好者，这些学生不满足课堂所学，对计算机的许多专业知识和应用技术表现出浓厚的兴趣。为此，学校通过开展有组织、有计划的课外实践活动对这些学生的爱好给予保护、培养和正确引导，以保证学生在全面发展的基础上学有所长。根据信息技术学科的特点及社会发展的需要，我们在电脑绘画、电脑动画、网页制作、装机 DIY 等几个方面开设了校本课程，并坚持不懈地开展兴趣活动。

学校专门选派出教师教授学生电子作品的创作技法、技巧。在学生平时学习的基础上增加 Photoshop、Coreldraw、Flash、Frontpage 等专业美术设计、动画制作、网页设计软件的学习。随着学习的深入，学生们对电脑及相关技术的兴趣也与日俱增，并取得显著成效。

我们还积极开展校内电子绘画、电脑动画设计、打字、网页制作、装机比赛等活动，以期全方位展示学校学生在软硬件学习方面的成果，另一方面也是强化电脑绘画、网页制作等优势项目。

(三) 扩大信息技术与学科整合

网络的兴起，为以研究性学习为特征的信息技术和学科整合课程提供了很好的条件。学校利用网络为研究性学习提供了大量的资料，让网络为学生的相互合作提供广阔空间。网络的平等促进了师生交流和教学相长。

在网络为研究性学习提供的强有力平台之上，我们进行了“东西部少年网上手拉手”“课堂中信息化教学实践模式”“新课标教学资源库、资源管理系统及其应用模式”等课题的研究，学生能够利用信息技术知识，结合自己的兴趣。制成网页，并把自己的学习、研究成果公布到网上。

学校的门户网站是一个综合应用平台，曾被评为宝安区“十佳校园门户网站”。校园网站特色栏目“开放式学习平台”“开放式习作园地”“开放式创新展台”、利用 BBS 论坛对学生进行心理辅导等日益完善。各个学科的科组网站特色鲜明，语文、数学科组网站被评为区优秀科组网站，班级博客、教师个人学科博客均已普及。全体师生运用信息工具、获取信息、处理信息、生成信息、创造信息、发挥信息效益、信息协作、信息免疫等信息能力和信息意识、信息知识、信息道德等信息素养得到整体提高。

三、运用信息手段，丰富教育成果

在信息时代，人类的学习行为已经超越了教育的实践范畴，但人的终身学习能力需要在学校教育阶段打下基础，学校教育在人的一生发展中仍然起着巨大的不可替代的作用。我们通过信息技术手段、网络教育，积极推进学校教育信息化工程，师生的信息素养得到明显提升。

（一）学生的思想品质得到提升

学校通过信息技术与学科整合课题实验，学生的意志力、责任心、合作精神、自信心、创新意识等方面都有明显提高，初步形成正确的世界观、人生观和价值观。

表 6-1　信息技术与学科整合课题实验前后学生品质对照表

测试项目	正性回答/(%)		负性回答/(%)		不一定/(%)	
	实验前	实验后	实验前	实验后	实验前	实验后
意志力	68	85	12	6.2	20	7.8
创新精神	65	93	20	3.8	15	2.3
合作精神	70	92	19	4.8	14	3.2
责任心	80	95	8	3	12	2
自尊自信	72	96	15	2	13	2
宽容豁达	80	93	13	3	7	4
人生观、价值观	76	89	16	4	11	7
对社会重要事件的了解程度	70	95	16	3	14	2

（二）学生学习方式发生转变

某小学近年信息素养情况如表 6-2 所示。

表 6-2　某小学学生近五年信息素养对照表

调查时间	上网获取信息能力/(%)		利用软件处理信息能力/(%)		网页制作(发布信息)能力/(%)		获奖人次
2011 年 9 月	会做	优秀	会做	优秀	会做	优秀	88
	51.2	15.6	12.1	8.6	20	7.4	
2012 年 8 月	会做	优秀	会做	优秀	会做	优秀	296
	79.8	43.5	76.6	42.9	47.9	17.5	
2013 年 9 月	会做	优秀	会做	优秀	会做	优秀	605
	88.33	70.5	83.33	57.9	69.48	32.67	
2014 生 8 月	会做	优秀	会做	优秀	会做	优秀	847
	95.66	85.28	93.66	76.93	85.52	61.94	
2015 年 9 月	会做	优秀	会做	优秀	会做	优秀	1 022
	98.3	90.6	94.7	86.8	92.2	66.8	

从上表中可以看出，学生从网上获取信息的能力明显增强；利用软件处理信息的水平逐年增强；网页制作的参与度和优秀率不断提高。

(三) 教师信息素养、多媒体辅助教学水平得到提高

某小学教师近年信息素养情况如表 6-3 所示。

表 6-3　某小学教师近五年信息素养对照表

调查时间	具有校园网络办公的能力/(%)		CAI 课件的制作能力/(%)		计算机辅助教学的能力/(%)		多媒体教学开出率/(%)
2011 年 9 月	会做	优秀	会做	优秀	会做	优秀	82
	79.8	44.9	85.88	62.94	95.43	61.7	
2012 年 8 月	会做	优秀	会做	优秀	会做	优秀	89.43
	85.2	68.82	92.1	84.71	100	77.12	
2013 年 8 月	会做	优秀	会做	优秀	会做	优秀	94.7
	100	87.82	100	92.39	100	88.11	
2014 年 9 月	会做	优秀	会做	优秀	会做	优秀	95.8
	100	91.2	100	93.6	100	90.6	
2015 年 8 月	会做	优秀	会做	优秀	会做	优秀	99.8
	100	98.4	100	95.7	100	95.2	

从上表中可以看出，教师校园网络办公能力逐年提升；CAI 课件制作能力也逐年提升；计算机辅助教学的能力明显增强；多媒体教学开出率逐年上升。

学校主页网址为：http：//pzxx.baoan.edu.cn，以应用为主，功能简明实用。操作方便；各部门、各科室、各教师都拥有管理账号。建立了一批凸显学科特色、展示教师个性、辅助学科教学的学科网站。

(四) 造就了一大批智慧型教师，促进了教师专业化发展

我们要求教师在课堂教学中必须贯穿“任务驱动、课程整合、分层指导”的教学思想，尊重每一个学生的人格，相信每一个学生的学习潜能，相信每一个学生都有进步和发展的愿望，认识到每个学生都具有不同的个性，相信每一个学生都有属于自己的创新思维。总而言之，注重学生的全面发展和终身发展。

在工作中，教师们探索和积累了大量信息技术与课程整合的经验，通过学科课程把信息技术与学科教学有机地结合起来，将信息技术与学科课程的教与学融为一体，将技术作为一种工具，改变传统的教学模式，提高教与学的效率，极大地激发了学生的学习兴趣，扩大了教学容量，提高了课堂教学效果。

以研究“课程整合”为工作目标，以课件开发、小组研讨、观摩课、学习和培训为主要形式，以学校网站“教研在线”模块作为主要交流媒介的网络教研，促进了教师自主研讨与专业成长。

第三节　建设“智慧校园”

“开放教育筑于坪、智慧校园立于洲”是我们提出并践行的奋斗目标。2011年9月，学校开办之初就被定位为深圳市首批“智慧校园”试点学校。如何在现代教育思想、理论的指导下，运用现代信息技术，开发教育资源，优化教育过程，以培养和提高学生信息素养是我们坚持不懈探索的课题。

随着信息技术日新月异的发展，云计算已经从几年前的喧嚣的概念炒作沉静下来，正悄悄地走近我们的身边，改变着我们的工作和学习方式。2014年6月，坪洲小学作为一所年轻的区直属学校，接受了深圳市首批“智慧校园”示范学校的评审。我们对照《深圳市中小学“智慧校园”建设与应用标准指引(试行)》的相关指标，对“基础支撑环境”“数字教育资源”“应用能力水平”“可持续发展机制与保障”等方面的各项指标进行了自评，全部达标，部分项目成绩突出，并以高分获得“深圳市智慧校园示范学校”荣誉称号。

我们的特点是在同一片“智慧教育云”下，实现运用创新的现代化信息之梦。

一、“云管理”：挖掘潜藏的能量

开放式管理旨在建立学生、家长、社区共同参与学校教育管理的开放体制，让社会教育资源、智力资源、人力资源、物质资源进入学校。并让大家共享学校的教育资源。信息技术特别是云计算技术，让学校的边界更加模糊，教师、学生、家长、社区之间信息流转的障碍越来越少，拓展了教育管理空间和时间，智慧学校管理共同体成为现实。

(一) 完善组织和制度建设

1. 成立专门组织

学校成立了“智慧校园”建设领导小组，由笔者亲自担任组长，广东省骨干教师培养对象、深圳市信息技术骨干教师张明春副主任担任副组长。组建了信息化建设、技术支持和运行维护的专职队伍，增强了“智慧校园”建设的领导力和执行力。同时，学校成立了“智慧校园”工作办公室，具体负责学校“智慧校园”建设工作。

2. 进行顶层设计

在学校第一个五年发展规划中，我们确立了“让智慧做主人生”的办学理念。

让智慧做主人生，就是要构建智慧的管理体系，用智慧的教育去开发孩子的智慧，用智慧的爱去引领孩子自主成长。我们将“智慧校园”建设纳入学校的发展规划，进行整体设计，相互协调，有详细的“智慧校园”建设规划实施方案，保证了“智慧校园”建设的整体性及延续性，避免出现“孤岛效应”。

3. 健全管理机制

学校有完善的学校教育信息化管理制度，包括班级电教平台设备管理员工作职责、电子阅览室管理制度、多媒体教室管理制度、互联网安全应急处置制度、教室多媒体设备使用管理制度、网络管理中心管理制度、网络计算机教室使用制度、网络教室管理教师岗位职责、网络流量控制制度、校园安防系统管理制度、校园电视台管理教师职责、校园广播站管理制度、校园网管理教师工作职责、校园网网络安全管理制度、信息发布审核制度、信息技术专用室负责人工作职责、信息巡查制度、信息应用中心(信息科组)工作职能、信息制作室制度、学生上机管理制度等。学校还制定了《坪洲小学信息化绩效考核方案》，激励全校教职工积极主动地参与“智慧校园”的建设工作。

(二) 提供充足的资金支持

1. 专项经费支持

学校将“智慧校园”建设作为学校的重点项目，每年通过财政支付的方式申请投入“智慧校园”建设专项经费。短短的四年时间，学校已累计投入 523 万元经费用于“智慧校园”建设，相继建设并投入应用了一卡通、智慧校园基础设施平台、应用支撑平台、移动 APP 系统、智能管理系统、智能教学系统、校园文化信息发布系统、录播系统、互动教室、电子阅览室、语言实验室、学生演播室等一系列“智慧校园”项目。

2. 拓展资金渠道

学校积极拓展“智慧校园”建设资金来源渠道。2013—2014 年，我校向宝安区科协申请获得 20.5 万元科技活动经费，将相关经费用于信息科技活动与“智慧校园”建设相结合的项目，有效提升了财政经费的使用绩效。

(三) 开展课题研究

学校将“智慧校园”建设与教科研工作紧密结合，以课题研究为推手，促进“智慧校园”建设与深度融合应用。

1. 各级重点课题

学校承担了国家、市、区级重点课题，其中区重点课题“智慧校园的建设——

选用开放的手段构建高效课堂”，着重研究如何通过信息化手段构建开放式校园，促进高效课堂的形成。

同时，学校还承担了宝安区一般课题“基于电子书包的教学模式研究”工作，从英语学科入手，进行课堂内学科建模、课堂外延伸运用的实践与研究，探究如何更好地运用信息化手段，将学科打通，提高课堂教学的有效性。

2．校本小课题

学校把“小课题研究”作为提高教师专业水平的重要抓手。我们为教师们提供了可选择的小课题项目达 200 多个，教师们踊跃开展基于“开放式”课题研究下的小课题研究，做到人人有课题，人人在研究。部分小课题以信息技术工具为手段，探索信息技术与教育教学的融合途径，其中仅信息技术方面小课题就有 34 个，研究内容涉及在信息技术环境下的课程评价策略、评价方法、评价体系、德育、教学设计等多个方面。学校“智慧校园”各系统如云课堂系统在功能应用、数据收集、存储、统计、分析、总计、交流等方面为这些小课题提供了支撑平台，推进了相关课题的研究。

(四) 促进家校互动

1．完善制度，明确责任

为促进家长参与学校管理，我们制定了家长工作相关制度，加强家长的沟通、联系工作，并明确责任，分工到人。

学校开办之初，就成立了的家长委员会，制定了《坪洲小学家长管理制度》《坪洲小学家校联系制度》等。校长为第一负责人，德育处负责家长培训工作，档案室负责家长培训档案资料的整理工作，工会负责营造和谐的人际氛围。学校各职能部门对家长工作做到既分工，又合作，促进了教师、家长的素质提升。

2．利用信息化手段加强家校互动

信息化手段的使用，消除了家校联系、互动方面的时间和空间障碍，使家校联系更加频繁、有效。学校开通了校园网、学校微信平台，各班级开设了家长 QQ 群、飞信群，同时，学校又投入资金建设了专门的家校互动平台。通过这些信息化平台和手段，家长可以与学校、学生所在班级取得有效的联系，及时了解学生的在校情况和各种信息变化。

3．多种活动增加家长参与度

(1) 家长培训活动。每学期学校都会通过校园电视台，向家长进行专题讲座。例如，笔者对全校的家长进行全员培训，内容包括“理想的家庭教育”“我的家庭教育观”“如何做一名智慧家长”“潜在天才培养”等，让家长受益良多。

(2)“亲子城堡”精彩纷呈。为帮助家长走出重知识传授，忽视孩子身心发展的教育误区，应将智慧奠基的家教引领作为重点项目来抓。首先从改善亲子关系入手，搭建“亲子城堡”的创意平台，引导家长陪伴孩子一起成长。“亲子城堡”利用周末和节假日，让家长和孩子一起来学校参加游戏活动，让亲子双方在活动中体会到成功的欢乐，体会到参与交流的幸福。此外还可以还帮家长精心准备亲子同乐学习菜单。还可以进行爱国主义教育，在电视电影中感受国庆氛围。每个节假日的爱心作业、情趣作业、健身作业、艺术作业等深受家长和孩子们喜爱。“亲子城堡”系列活动还包括家校开放日、家庭读书节、亲子游戏日、休闲考察采风等活动的设计指导及实施。

(3) 发展家长义工队伍。学校可以成立“家长义工队”，并在义工联进行注册。学校聘请义工联讲师对家长义工队员进行培训、分工。家长义工队分别设置交通安全、教育顾问、文体活动、艺术讲师、书香妈妈等岗位，他们不仅承担着协助值日教师对学生课间活动的管理，还在学校或年级组举办各种比较大型活动时参与其中的一些服务工作。这些家长义工活动可以极大地调动了其他家长参与学校管理工作的积极性。

二、“云课程”：培育创新实践人才

开放式教育自然带来学校课程的开放和课堂的开放。创客(maker)是随着技术的进步、软件和硬件设备的低成本与普及，自己动手满足自己的各种想法和创造的兴趣爱好者，分享、开放、创新是创客文化的核心价值。创客教育是信息时代学生动手能力和创新精神培养的结合，对学生的信息素养和创新素养的培养具有现实的价值。

针对创客教育，我延伸提出“创课”概念。创课指针对创客教育，充分利用信息化手段，以帮助学生动手实现自己的想法和兴趣的课程。我们在开放式“云课程”中着重打造开放式和研究性的创课。我校在创课中成绩优秀，成为宝安区创客教育信息技术特色课程建设示范校。

(一) 活动式的学科课程

长期以来，由于种种原因，我们的学科教学仍处在一种相对狭隘、封闭的状态。课本成了学生主要的信息源，教师成了学生主要的信息传播者，教室是学生主要的信息交流场所。为了推进学科教学的生活化，让学生主动参与教学，学会探究学习，把课堂学习与实际生活紧密地联系起来，我们把学科活动课程作为校本课程建设的一项重要内容。

我们以语文、数学、英语等学科为突破口，进行学科活动课程的教材设计，先后编写了语文、数学、英语三个学科的活动课程教材。目前，我们把语文、数学、英语学科活动课程作为校本课程全面铺开，各学科教师每两周开展一次学科活动课教学，学生十分喜欢，教学效果十分显著。

（二）个性化的“配方”课程

我们在认真落实国家的课程计划、开齐开全必修课程、完成学科教学任务的基础上，充分依托“智慧校园”服务平台，发挥教师的个性专长，积极创造条件开设尽可能多的“配方”课程，满足学生对课程多样性、个性化的需求。为学生全面发展提供课程保障。

我们上线了“‘配方’课程管理系统”，让学生选择自己感兴趣、有发展空间的课程，实现快乐学习、学玩结合、自主发展。“配方”课程分为基础性课程、发展性课程。发展性课程由人文类、科技类、健体类、艺术类四类课程组成。目前，学校已开始实施的“配方”课程项目共有 86 项，其中拓展性必修课程 7 项，发展性选修课程 79 项。

学校通过“‘配方’课程管理系统”，能够十分方便地进行“配方”课程的管理，学生能够方便地进行网络选课学习。“配方”课程的实施，激发了学生的学习兴趣，增强了学生自主学习意识和自我认同感，培养了学生质疑探究的思维品质，为创新精神和实践能力的进一步提升奠定了良好基础。

（三）节日性的科技课程

我们努力让学生的学习空间从课内走向课外，从课堂走向生活，培育学生的信息素养、创新精神和创客精神。我校在每年 5 月举行“超人节”，现已举办四届。“超人节”中，孩子们尽情放飞自己的梦想，践行“勇于做主，敢于超越”。通过纸飞机比赛、纸船载重比赛、小小建筑师、机器人科学营、科普图书和作品展等，提高了孩子们的空间几何想象能力和思维能力，为孩子们的梦想插上了科技的翅膀。经过几年的实践与探索，我们在科学教育方面取得显著成绩，2013 年 9 月，我校被评为“宝安区科普基地”。

（四）远程式的网络课程

我校依托以高容量通信卫星为系统支持平台构建的“中国远程卫星同步教育网络”教学模式，通过先进的卫星视频数据广播与卫星宽带 WiFi 接入双链路多媒体数据传输相结合的方式，搭载互动交流平台，打造了卫星直播远程课程。

2015 年 3 月 21 日，在先进的同步设备技术支持下，我校叶素珊、陈敏思老师为远在贵州省毕节市威宁县石门乡女姑小学的学生们上了两节精彩的开放式活动课，获得纽约科学院院长埃利斯·鲁宾斯坦先生和全国政协教科文卫委员会副主任、教育部原副部长陈小娅女士的高度赞赏。

三、“云课堂”：打破课室隐形边界

开放式教学理念指导下的课堂不是封闭的，而是开放的。学校在 2013 年通过招投标，引进国内领先的数字化教育企业，为学校建设“智慧校园”云课堂系统。

(一) 科学论证“云课堂”

作为深圳市“智慧校园”试点学校，我们一直践行开放式教育理念，不断尝试运用开放的手段、信息化的手段，构建高效课堂、智慧课堂。先后到兄弟学校调研学习，多次邀请业内专家来校就“云课堂”的建设进行交流、指导与论证。在集思广益、科学论证的基础上，最后确定分两期建设实施“云课堂”。

(二) 分期建设“云课堂”

第一期：大胆探索实验。

“云课堂”实施覆盖 1～6 年级的英语(为重点建模学科)、语文、数学、科学等学科，参与第一期应用试点工作的共 28 位老师(其中英语全科组：语文、数学各年级 1 位老师；科学 1 位老师)。

“云课堂”系统包含备课系统和授课系统。为充分发挥“云课堂”的系统优势，结合学校已有的软硬件设施，规划了数个班级作为备授课模式应用班级，1 个固定的互动课堂班级，1 个活动的互动课堂体验课室。

学校部分教师熟练“云课堂”系统后带领其他教师，学习“云课堂”系统优势，基本建成课堂应用模型，探索常态应用点以及从多维度、以创新的思维应用信息技术和“云课堂”。

在应用维度和内容方面，可以通过研讨、专家点评进行课型建模，通过 APP 应用、点读、听力检测结合，探索英语学科深入应用模式，同时进行数字化课程建设。

第二期：应用发挥优势。

第二期应用将在第一期应用的基础上，从集体备课、数字化课件建设等教学教研方向着手，进一步发挥“云课堂”的优势，提高备课的质量和效率.减轻教师的负担，提升学生的学习兴趣，进一步改变教与学的方式，提升高效课堂。另外，利用“云课堂”的家校互动系统，进一步加强家长与学校之间的沟通，利用信息化存储数据和互动交流的特点，全面客观地了解孩子，并加强与孩子及教师之间的沟通。

(三) 预期效果

学生。学生应该开始用信息化的思维进行学习，由初始的好奇.逐渐变得理性和认知深入。学生用平板电脑录下自己朗读、背诵的课文，或者用视频的方式录下自己背诵课文的画面，或者用平板电脑画一幅画，配以文字说明。学生完成作业的手段，更加丰富多样，也充满趣味性：孩子们的各种使用轨迹和学习资源，都会存在“云”端，方便孩子们随时随地调出来再次进行学习。

教师。教师增强了信息化教学的意识。在使用“云课堂”教学的过程中，结合信息化和教学教研，从理念、技术工具、教学课件和教学设计等多方面，给教师们开展了一系列的培训。现在，越来越多的教师加入“云课堂”的实践中，发掘“云课堂”的优势，探索信息技术支持下的翻转课堂、泛在学习、探究式学习、体验式学习等，定期开展应用活动观摩与交流，取得了良好的应用效果。围绕智慧课堂的理念、思路和方法、支撑环境等有关问题经常开展各级各类交流研讨及示范课观摩活动，教师的云课堂教学经验可以得到很好的积累和补充。

学校。学校“智慧校园”领导小组每个学期都会召开总结会，及时梳理总结应用学科教学工具构建智慧课堂的基本思路、方法、成效，撰写总结报告。“云课堂”建设无形中提高了学校的知名度和满意度。

四、“云环境”：解放学生封闭心灵

开放式教育需要开放式环境。我们充分利用信息技术提升开放式环境的内涵和潜移默化的教化作用。我们在校园信息化建设方面理念新、标准高，完成了校园网络工程和数字化校园建设，开发和建成了“智慧校园”管理系统、坪洲小学信息平台、智慧校园云平台、校园一卡通系统等，各系统间实现了兼容和互通。许多教育同行到我校参观考察“智慧校园”建设后都啧啧称赞。

(一) 网络空间应用普及

学校依托宝安云平台为每位学生建立了实名制网络空间、实名制教师与教研员网络教学空间。建立了实名制管理者网络空间，提供教育运行状态监控、工作任务审批、通知与信息发布接收等功能；建立了实名制家长空间，具有提供学生平安信息、学业表现、考试成绩等功能。

电子班牌正在积极实施中，工程完成后，能建立班级等机构空间，提供公告、课表、活动组织与管理、论坛、作品展示、师生沟通交流、学生管理等功能。

学校门户网站内容丰富，板块设置合理，信息发布更新及时。支持校园信息系统的统一用户管理与认证，能将各种应用系统进行无缝集成。

校内各网络空间、各应用系统能够实现互联互通，并与宝安云平台实现数据共享。为教师提供多种形式的备课支撑环境；提供师生多种教学互动活动的支撑环境；实现学校资源互通且与宝安区资源平台相接。提供对学校各部门信息进行分类管理的功能，提供学生学籍和教职工人事档案等常规管理功能。提供课程安排、学生选课、日常审批、教学功能室管理、社团管理、绩效管理、教师和学生成长档案管理等功能。提供学生综合素养和教师专业发展的评价模板和体系的定制、个性化编辑与管理功能，提供基于物联网的学生智能管理系统；提供信息化教研工具；提供在线校本培训功能。

学校请假、转学等校内日常事务的在线申请、审批、发布等功能正在进一步完善中。

(二) 资源环境品质优化

我们学校是深圳市“书香校园”，藏书质量与数量超过了教育部《中小学图书馆(室)规程》要求，配齐了各学科必备工具书、教学参考书，能满足教学需要，方便学生在各种终端上使用。学校建有素材资源库并与宝安云平台资源库互通，除了备课资源外，还有数字安全教育视频、安全科普读物等。

学校“云课堂”已经收集教师开发的网络环境下的多元化校本课程资源，包括教案、学案、课件、素材、评价资源等。

经过五年的积累，学校已经积累了各学科的微课程资源。目前各学科组正在通过各种教研活动开发系统化、单元性的微课程。学校资源库还积累了信息技术环境下的研究课、教学公开课和示范课五十多节，基于信息技术环境下的德育、校园文化建设、研究性学习、科技创新、社团活动、文体活动等主题活动资源也在不断增加中。教师根据学情实际需要，自主命题的试题资源也在不断增加。

五、云未来：焕发教育改革激情

开放式教育包括教育信息空间和沟通渠道多元化，教育功能纵深化，教育方法多样化，教育技术手段科学化，教育评价个性化，师生关系民主化。宽带网络、移动互联网环境下的信息技术具有开放的天然属性。它的深入应用、常态应用必然能改善教育信息空间和沟通渠道，深化教育功能，丰富教育方法，增强教育技术手段的科学性，促进个性化教育评价，使师生关系更和谐。

应继续在教育管理、课程与课堂、教育环境等方面，认真持续地进行开放式“云教育”的规划、执行，形成信息技术常态化应用、深入应用、与教育教学的深度融合的教育信息化形态，使教育逐渐从校园内融入学生社会生活的每一个角度，让校园处处都是教室，处处都是图书馆，处处都是博物馆，处处都是舞台。

第七章　以自主教学引导开放教育

学习，是在教师指导下，有目的、有计划、有组织进行的认知活动。随着现代信息技术的发展和学习型社会的到来，自主学习已成为远程开放教育中学生主体自主性充分实现的一种学习方式或学习活动。自主性是学生自主学习的基础条件，也是学校实行自主教学的前提和依据。教师承担应有的责任，激发学习者的自主性，提升学习者的自主学习能力已成为现代远程开放教育的重要目标之一。

第一节　自主学习的特点与价值探讨

一、自主学习概念的界定

自主学习概念源于20世纪60年代对终身学习能力和培养独立思考能力的讨论。由于研究者的理论立场和研究方法手段的不同，对自主学习概念的理解也不尽相同。国内外使用的与自主学习有关的术语很多，如独立学习、自我导向学习、自我调节学习、自我定向学习等。

美国学者齐默曼(B．J．Zimmerman)认为，自主学习是指学习者为了保证学习的成功、提高学习的效果、达到学习的目标，主动地运用与调控元认知、动机与行为的过程，自我调节的学习者在获得知识的过程中能调节自己的思想、情感及行为，自己确定学习目标、选择学习方法、监控学习过程、评价学习结果。2000年，美国学者宾特里奇(P．R．Pintrich)给自主学习下了定义：自主学习是一种主动的、建构性的学习过程，在这个过程中，学生首先为自己确定学习目标，然后监视、调节、控制由目标和情境特征引导和约束的认知、动机和行为。自主学习活动在学生的个体、环境和总体的成就中起中介作用。

我国学者余文森认为，自主学习是指学生主宰自己的学习，是与他主学习相对立的一种学习方式。自主学习可以分为三个方面[①]：一是对自己学习目标的事先计划和安排；二是对自己实际学习活动的监察、评价和反馈；三是对学习活动进行调节、修正和控制。郑金洲认为，自主学习是指学生在教师的指导下，自觉地运用元认知策略、动机策略和行为策略，主动而有效地进行学习的方式。[②]

① 余文森．略谈主体性与自主学习[J]．教育探索，2001(12)．

② 郑金洲，张美云，王新燕．自主学习[M]．福州：福建教育出版社，2005：3．

自主学习的研究对远程教育有重大的意义。远程教育专家查尔斯·魏德迈于1971年提出了“独立学习”的概念，他认为，独立学习能够把校内学生从不适当的学习进度或模式中解放出来，也能为校外学生提供他们在自己的环境里继续学习的机会，同时促使所有学生发展自主学习能力。独立学习意味着学生可以自由选择接受教育方式，独立学习应该是学生自主选择目标的、自我安排的、个别化的学习[①]。迈克尔·穆尔进一步发展了查尔斯·魏德迈的“独立学习”理论，提出了“独立学习和教学”(independent learning and teaching)，其独立学习理论体系有四个核心概念：对话、结构、自主性和交互影响距离。其中“自主性”被视为独立学习的一个维度。霍姆伯格认为远距离教育系统的特点在于自学，他认为，这并不是个人自己阅读学习材料，因为学生不是孤立无助的。学生可以从为其专门设计、制作的课程材料，从和他的指导教师之间的双向交流，以及与远距离教育组织机构代表之间的双向交流活动中受益。

成人教育家诺尔斯提出了自我导向学习，在他看来，自我导向学习应该是成人学习的主要方式，它是人的发展和成熟的必然体现，也是实现人独立学习、终身学习和自我可持续学习和发展的保证。他认为，自我导向学习并非适合所有的学习者。能够有效地进行自我导向学习的学习者，一般需要具备以下能力：能客观认识自表现的反馈；能参与诊断其学习需求；能形成其学习目标；能确认完成学习目标所需要的资源；能选择学习策略并使用合适的学习资源，以及有效地评估学习成果。

由此看来，自主学习是学习者作为一个“主人”身份，充分发挥主观能动性，自主选择学习内容，自我调控学习进程，自我评价学习效果。成人的个体发展需要及工作经验影响着成人为何学、如何学及何时学。根据齐默曼提出的自主学习研究框架，我们认为，成人自主学习内涵包括三个关键层次：①为何学。学习者学习动机是内在的或自我激发的，包括自我效能感、结果预期、学习信念、学习兴趣、归因倾向等。②如何学。学习者可自我选择学习方法，学习计划适切、学习策略适用。③何时学。学习者能够对时间进行计划与管理，自我监控而且是有效的。

二、成人自主学习的特点

在线学习环境是远程学习者开展学习活动的生存空间。在线学习环境下成人学习者自主学习特点如下：

（一）自主性

对学习活动起决策作用的不是教师而是学习者自己，自主性是自主学习最核心的特性。在线学习环境下，尽管也有教师从旁指导，但是从学习目标的设置、

① 丁新．国际远程教育研究[M]．北京：高等教育出版社，2008：7.

学习动机的激发、学习兴趣的维持、学习策略的选择，到学习过程的调节和监控，再到学习结果的评价等方面都需要学习者自己做主完成。在这一学习过程中对各种信息资源及技术工具的利用，也都是需要学生自主去获取的。

(二) 可选择性

没有选择余地就谈不上独立自主，自主学习意味着学习者有一定的主动选择权。在线学习环境下，教师为学生提供较多的学习资源及学习内容，学生根据需要自行选择学习资源及学习内容。对自主学习中的学习任务，学生可就其具体情况选择一个适合于他的任务；可以在整合各种信息资源的基础上自己建构知识体系并得出结论；可以自行选择适合自己的学习时间；对学习结果可以采取自评、小组评、教师评的方式，将自主学习策略内化，使之成为自动的过程。

(三) 受引性

学生自主学习并不意味学习独立于教师，而是意味教师根据学习者的个人需要，通过鼓励来引导学生树立学习信心，掌握认知策略，通过策略及技能培养，使学生得到自我提升的机会。正如维果茨基认为，学生的潜能只有通过支持才能被激发，进入到下一个学习阶段，成人要发展到较高的学习阶段需要特定的指引。在线学习环境下，教师的关键作用不再是直接的知识传授，而是组织、引导与支持。学生需要不断接受引导，才能走向真正的独立自主。

(四) 主动性

自主学习是建立在自我意识基础上的，“自我”处于教育与训练之中。教育与训练可能会改变学习者，但必须通过学习者的主动意识。主动性是学生进行自主学习的基本品质，在学习活动中表现为“我要学”的积极状态，表现在对学习拥有较强的调控能力。在线学习环境下，由于师生的准永久分离，“我要学”是基于学生对学习的一种内在需要，而不是外在的诱因和强制。建立在学生具有内在学习动机基础上的“我要学”，使他们能够根据自己的实际情况，自觉地调整自己的学习进程和方法。

三、成人自主学习的价值

成人学生自主学习会获得种种积极的效果。在教师的引领下，学生会从各种学习交互活动中内化和顺应新的知识，实现自我的成长和价值。

(一) 有助于学习者提高学习成绩

自主学习能够促进学生的学习成绩。齐默尔曼和里森伯格(Zimmerman&

Risemberg)通过研究指出，低成绩和高成绩学习者的自主学习过程有明显的不同，如表 7-1 所示：

表 7-1　低成绩和高成绩学习者的自主学习过程

过程	低成绩者	高成绩者
时间运用	更加冲动、随意	学习时间的管理良好
学习目标	设置较低的学业目标	设置较高的、具体的、近期的目标
自我监控	监控不太准确	监控更加频繁、准确
自我反应	更多的自我批评	设置较高的满意标准
自我效能	低自我效能感	高自我效能感
动机	更容易放弃	面对障碍，持之以恒

能够进行自主学习的学生对学习有一种内在的兴趣，并希望在学习过程中得到乐趣。他们能够把学习任务和自己的经历联系起来；对论据和论点既进行联系又加以区分；把学习任务同已有知识联系起来；找出所学内容局部与整体的关系。自主学习能够促进学生的深度学习，进一步理解新的概念和运用概念，因而可以看成是提高学生学习成绩的原因。

(二) 有助于学习者增强终身学习的意识与能力

具备自主学习意识与能力是终身学习和学习型社会的必然要求。联合国教科文组织在《学会生存》中强调终身教育和建立学习型社会。没有学习型的个人，就没有学习型的社会。学习型社会的实现是以具有良好学习品质的学习者为基础的。具备自主学习能力的社会个体是构建学习型社会的基本条件和前提。美国国家终身学习委员会曾推荐，把对终身学习的规划纳入国家的优先考虑。其推荐理由包括：认识到终身学习和全球经济兴盛、创造平等权利、运用技术(如在线学习)、调整教育资源分配、创造满足终身学习需求的资源之间的联系。为培养终身学习的学生，提倡高等教育的学习过程应被设计为增强自主学习的能力，讲授元认知的技巧以有效地指导学习，并培养终身持续学习的个人价值观。具有“自主学习”的意识及能力的个体，将会终身受益，因为自主学习能力已成为 21 世纪人类生存的基本能力，独立自主性已成为人们在现代社会中成功生存的必要条件。

自主学习着眼于培养终身学习的意识与能力。成人学生借助同伴与教师的帮助，根据自己的实际情况与社会、学校的教育要求，主动地针对自己的学习提出目标与任务，有意识地进行计划、调节、监控与评价的学习活动，获得知识、形成技能和发展人格，为自身的继续学习和终身学习奠定基础。当为学生的终身学习做准备的号召提出时，各种形式的自主学习就被追加到业已冗长的教育目标的清单上。成人由于能够将学习与生活相联系，其自主学习能力就能很容易地应用在生活的方方面面，因此，具有自主学习能力的成人会在学习型社会中发挥更积极的作用。

第二节　自主教学的有效条件分析

自主式教学亦即实施自主学习的教学。自主式教学更多的是以人本主义的思想为基础，强调“以学为中心”，教学的设计是以教育对象的认知心理、认知特点、认知途径、认知要求为依据，提供展现各种知识的界面让学生选择学习。[①]自主式教学是从教的角度强调教师促使学生自主学习的行为发生，对学生自主学习能力的培养。自主式教学必须在一定条件下实现。

一、自主式教学之外在条件

自主式教学之外在条件是指影响学生自主学习的外在方面的因素，包括以下几个方面：

(一) 学校重视、支持自主式教学

任何一种教学改革没有校方的重视与支持是不可能实现的。因此，营造重视教学的氛围，为教师自主式教学提供管理支持是前提条件。学校要围绕以生为本，确立以促进自主式教学为导向的价值观，强化为教师教学发展服务的意识，对教师教学进行有效监督与管理。从根本上强化教师的教学责任意识，鼓励教师创新教学，促使教师投身到教学改革中。学校还要在教学奖励、教学经费提供及教学设备配置上为教师实施自主式教学提供支持。

(二) 教师具有自主式教学的能力

教师要有意识并有能力塑造自主学习方式。要能够使学生认同设定的学习目标、学习内容，认真分析不同学生的认知特点和学习品质，科学设计教学过程，尽可能调动不同层次学生学习的积极性，使他们在各自的基础上都有所发展。所以自主式教学对教师要求更高，在学习目标、方法、过程、内容上都要围绕学生的自主学习提供支架。

(三) 网络学习环境良好

能够促进学生学习的学习环境是成人进行自主学习的必要条件和重要基础。学习环境包括物理环境——设备、学习平台等；还包括人文环境——师生间的与生生间的交往关系。良好的学习环境赋予学生更积极主动的角色，也有利于教师营造积极的教学环境，激发并保持学生的学习兴趣，使教与学的过程成为学生主

[①] 金建雄，方舟．人才培养模式改革与现代远程教育 EJ]．开放教育研究，2001(5)：21-24．

动学习、乐于探究的学习过程。

(四) 课程内容及资源丰富、有效

丰富有效的课程内容及资源是自主学习得以进行的前提条件。丰富的课程资源为学生学习营造了形象生动、知识表征多元化的学习情境。虽然学生的兴趣不是教师能够充分预料到的，但在组织核心内容时，教师应该注意这些课程内容的形象性和易懂性，挑选能够触类旁通的学习内容，挑选终身学习必备的基础知识和技能，结合传授自主学习的方法，通过各种形式，实现自主式教学。但要注意，课程资源要适量，资源过多往往会造成学习负担，反而会逼得学生不得不采取浮于表面的学习手段。

二、自主式教学之内在条件

自主式教学的内在条件是学生自身具备自主学习的意识及能力，自主学习能力是学习者与外部环境长期相互作用的结果。影响自主学习能力发展的因素除了外部的，主要来自于个体内部。目前，研究者最为关注的是自我效能感、归因、学习策略、意志控制水平等内部因素在自主学习中所起的作用。

自我效能感由班杜拉(A．Bandura)提出[①]，他认为，自我效能感是指个体相信自己有能力完成某种或某类任务，是个体的能力自信心在某些活动中的具体体现。自我效能感是影响自主学习的一个动机性因素，它不仅影响学生的学业目标选择、付出的努力、意志控制，还会影响他们所选择的学习策略。[②]

个体的归因对自主学习也具有重要的影响。归因是个体对自己的学习行为的原因所做的因果解释。美国学者韦纳(B．Weiner)研究表明，学生在不同情境中对学业成败有不同的归因，尤其将成败归因于能力和努力这两个因素最为关键。如果学生把自己的学习成功，归因于能力，把学习失败归因于努力不够，这样就更容易激发自主学习；如果学生把自己的学习成功归因于外部不可控制的因素，把学习失败归因于自身能力不足，就会影响其学习的主动性。

学习策略的不同对学生自主学习的形成也有不同的影响。现代认知心理学认为，学习策略是指学习个体在学习活动中有效学习的方法、技巧及调控。一般认为，学习策略分为认知策略、元认知策略和资源管理策略。认知策略是学习个体在学习过程中为获得知识而运用的策略，关系到个体如何加工信息。元认知策略是学习个体对自己认知过程的自我意识、自我控制，关系到学习个体如何选择、

① Bandura，A．Social Foundations of Thought and action：A social cognitive theory Englewood Cliffs．NJ：Prentice-Hall，1986．

② 何基生．自主学习能力论[M]．哈尔滨：黑龙江教育出版社，2012：75．

监控和应用所建的认知策略。资源管理策略是学习个体独立自主管理资源的策略，关系到时间控制、努力程度、学习环境选择及学业求助等。

另外，意志控制对自主学习具有维持作用。意志控制水平是学习个体用意志努力来控制自己，使学习坚持进行的能力。学习个体有了较强的意志控制水平，才能克服学习过程中的困难，排除学习的外在干扰因素，营造对认知活动有益的气氛，从而实现预定的学习目标。

有学者通过对影响自主学习的因素的分析，探讨了目前成人远程学习者自主学习的现状，结果发现，中国成人远程学习者自主学习的特点是：倾向于认为自己的努力和能力会在学习中发挥较大作用；在学习过程中更多采用深层加工策略；在遇到学业失败或困难时，一般是采用问题解决的应对方式，常伴随一定的自我谴责。成人学习者在自主学习过程中表现出相信自己能控制学习效果，对自己的能力充分认可，并对自己的努力程度评价很高，将学习结果归因为能力，遇到问题或困难时会积极地寻找解决办法，其自主学习效果就会比较好。相反，如果认为学习成败取决于教师或运气，对自身能力没有把握，在学习过程中又缺乏认知策略，面对失败时经常会产生强烈的负面情绪，则不利于自主学习。针对影响成人自主学习的因素，我们有必要在课程建设中创设一切条件运行自主式教学的机制。

三、开放教育自主式教学运行机制

“机制”原指机器的构造和工作原理。运行机制是指一定机体内各构成要素之间相互联系和作用的制约关系及其功能。自主式教学运行机制是指自主教学过程中的要素构成及各要素之间有机结合。

从大课程观出发，我们认为自主式教学中各个因素相互作用包括师生的教与学两个方面，与课程目标、课程开发与设计、课程组织与实施、课程监控与评价相互对应，有机结合，如图 7-1 所示。

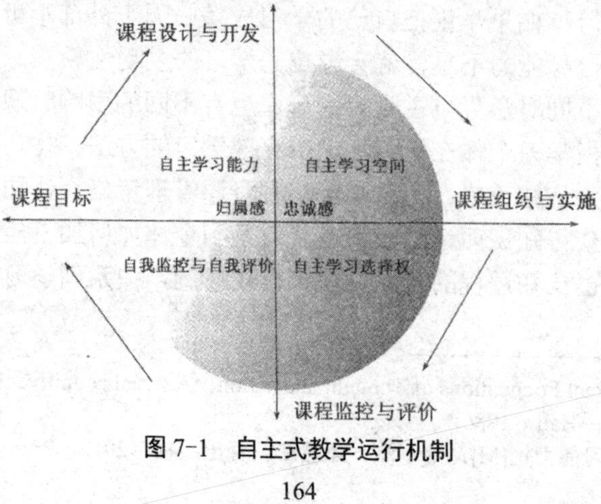

图 7-1　自主式教学运行机制

（一）以培养自主学习能力为课程目标

如果说在学习论领域，自主学习被看成一种高水平的学习方式，教师关心的是如何通过提高学生的自我调节水平来改善他们的学习成绩，那么，在课程论领域，培养学生的自主学习能力就应被作为一项重要的课程目标，自主学习应被看成课程实施的一种重要手段而对之加以研究。在开放教育课程建设中，明确课程的主要任务是提高自主学习能力。教师要注意让学生在理性上和情感上对课程目标产生认同感。

（二）在课程设计与开发中创设自主学习的空间

在课程设计与开发中要注意满足不同学习者的需要，激发学习动机，为学生自主学习提供学习策略，这是达成自主学习的先决条件。在自主学习主观条件比较成熟的情况下，每个学习者的学习需求、活动方式、学习进度都可能不一样。满足这些不同的需求就必须首先提供丰富的学习材料和充足、灵活的学习空间。另外，学校在配备自主学习材料时，内容选择和形式设计上都要适合学生的需求，便于学生自主学习。

（三）在课程组织与实施中给予选择权

远程学习的过程实际是学生在教师引导下自我组织的过程。在课程组织实施中为了调动学生学习的积极性，要给予学生更多的自主权、选择权及支配权。教学中，教师提出问题和要求，学生自己选择学习工具、学习方法以解决和回答教师提出的问题。运用多种教学媒体，精心组织专题讨论、案例分析、开展实践活动，实时或非实时地交互，促使学生寻找适合自己的学习方法与学习形式。让其自觉参与课程管理，从而促使其在学习过程中体会自由的同时，也承担这种自由带来的责任，较好地达到自主学习的目的。

（四）在课程监控与评价中重视自我监控与自主评价

自主学习是个动态的生成过程。实施课程监控与评价过程中，要高度重视学生的自我监控与自主评价。自我监控与自主评价的本质特征在于：它是由学习者自己决策的，自我调控，自我体验，自我反思，并且将之纳入到自己学习品质的自主建构的框架之中，作为学习品质自主建构的一种途径。自我监控与自主评价在学习过程中为学生提供持续不断的、有效的反馈，以及时地推动、调整和改进学习过程。学生根据自我调控及评价结果，结合教师对自己评价的信息，对自我学习结果进行归因分析，进而找出存在的不足。

(五) 帮助学生建立归属感与忠诚感

远程开放学习中，由于师生的准永久分离，师生与生生之间的互动与交流比较缺乏，学生在学习中容易产生孤独感与无助感。所以，要营造一个教师和学生能相互尊重的学习氛围，帮助学生建立归属感及忠诚感：为学生学习体验营造良好的环境；创造富有挑战性及吸引力的包含学生视角及价值观的学习经历；认可学生能成功地学会他们关注的知识。尊重学生，包括对学生的关心和接受。这种关心和接受创造了一种语境，即教师相信学生为学业所做出的努力，教师愿意探出学生认知上的那些困难，找出学生寻求辅导的动机。如果学生感到来自教师的尊重并不只伴随学习成绩而表现时，他们就会觉得自己受到了重视与尊重而获得归属感、忠诚感。所以，培养自主学习能力最有效的策略是尊重、自我效能、期待成功以及深化投入和挑战性等各种与动机目的相关的策略。

第三节　教师在自主教学中的定位和责任

如前所述，学生自主学习离不开教师的指导性与促进性参与。教师在教学中的责任承担是学生提升自主学习能力的支持性条件。在自主式教学中，教师要以满腔的热情面对责任的客观规定，有能力履行责任。教师的责任范围从对象上分为对个人的责任、对其他人的责任、对工作场所 / 学校的责任、对教育领域的责任、对社会的责任。其中，对学生的责任位列首位。以学生为中心，基于对学生责任的视角，我们认为，教师的责任承担即指在课程组织、课程实施及课程评价等过程建立管理机制并发挥效力，影响学生，以达成预期目标所做的努力。

一、自主式教学中教师责任的缺失

从目前的教学实践看，教师在责任履行中会出现一些缺失，主要表现在责任认知、责任情感、责任行为和责任意志四个方面。

(一) 责任认知的不足

责任认知即教师对责任承担的认识，教师对学生有承担责任、履行义务的自觉。但目前，一些教师对学习者的适应性认识不足，无视成人学生的年龄、学习背景及学习风格的各不相同，在教学中对学生仍然统一要求、统一管理，只求完成教学任务，没有实施差异化教学或个别化辅导。因此，教师需要完成角色转换，教师角色的有效实践，需要更加先进的课程改革理念作为支撑。如果教师没有先进的在线教育理念，对自己的责任认知不清，在课程教学中必然会出现一些偏差，就会难以应对学生学习中出现的问题，造成学生情绪抵触。学生个体不良的情绪一旦扩散出去，就会感染一大片，从而导致很多学生完成不了学习任务。

(二) 责任情感的缺乏

教师的责任情感在责任认知的基础上产生。没有责任情感的教师会形成不负责的情感态度。首先，对于每个课程辅导教师而言，在课程团队教学实践中需要面对各种关系，如同其他辅导教师的关系和行政部门管理者的关系。有时各个角色的要求可能一致，但也可能互相矛盾，发生冲突，这就需要教师在课程管理中要以更大的系统目标实现为宗旨，有全局观念，要相互理解，相互尊重及相互协调。其次，教师和学生相互作用、相互影响，教师的情感态度会直接或间接地影响学生心理和行为的发展。教师必须有着对教学的激情以感染和影响学生，积极主动寻求多种方式去鼓励、指导和引领学生主动进行探索学习。有责任感的且对教学付出热情的教师能引领思维、引领行为，使学生受到感染、鼓舞；反之，教师责任感的缺失和情感的冷漠会导致学生学习责任感的弱化。也就是说教师的忽视与反馈不及时，会使学生产生对教师的失望之情，进而丧失对学习的热情。

(三) 责任行为的消极

教师责任行为是责任情感的体现，责任情感是责任行为的基础，没有愉快和满意的教学体验，就不会有积极的责任行为。在线教育的交互参与，需要有效联系学习内容与学习者，教师要付出得更多的精力与时间，使得教师“应该做的”内涵增加。如果超出了限度，教师会有力不从心的感觉，对教学过程中出现的学生的“求救”或行为问题视而不见，任由问题行为的发生，最终就会导致学生的辍学、流失。

新平台的使用，完全的在线教学，缺少具体的教育实践，没有太多现成的经验可以借鉴，这需要教师打破常规，具有敏锐的观察力，善于发现问题。对于出现的新问题，需要教师积极主动地从多方向、多途径去思考，才能有效地解决问题。

(四) 责任意志的脆弱

教师责任意志会推动负责任的动机去战胜不负责的动机，并把负责任的动机付之行动。课程的组织与管理是一种实践，不是一成不变的，随着学习的深入，其方式及方法会有所不同。在此过程中没有一成不变的问题和矛盾，会遇到新情况、新问题。因此，教师必须付出巨大的“心力”，在教学实践中不断学习借鉴、探索创新、反思醒悟，努力应对教学中的突发情况。在线课程辅导工作细微、琐碎，教师需要在教学过程中不断地收集学生学习状况信息，并依据这些信息来调整和改进自己的教学。在遇到问题时要正视问题，积极想办法克服困难，而不是找借口推卸责任。

二、自主式教学中教师的责任重构

承担责任的教师都有着一个持久的信念，他们可以改变学生的学习生活与成绩，因为他们知道自己是谁(他们的身份)，他们知道自己能做什么(知识、策略、技巧)以及如何教学(在实际情况下通过他们的行为所表达的信念、态度以及与个人的、职业的价值观)。在线教育变革中，教师要准确定位，提高服务技能，胜任在线教育新角色的任务，提高对学生的关心度与在线教学的组织与管理的能力。

(一) 以差异化发展的责任信念及态度影响学生

对于多数远程教育教师而言，知道成人学生是有差异性的，但是在实施教学时仍会以统一标准要求学生。成人学生基础知识薄弱，学习动机各异，工作背景相差很大，要强化“差异化发展”的责任信念，进行差异化教学。一味埋怨学生基础差，素质低并不有助于解决问题。教师要善于分析学生学习障碍的原因，原因可能包括动力障碍、知识障碍、方法障碍、思维障碍、意志障碍等。例如，针对学生不想学习，不爱学习，缺乏学习动机的动力障碍者，教师要不断激励，调动学生，激发学生的正确学习动机；对新的在线学习方式，不知从何入手，在学习方法上有障碍的，教师要从方法上给予指导，教给学生学习方法，使学生看到光明与希望；针对难以有兴趣的持续学习的意志障碍者，教师要调动其意志，多用鼓励、赞许，激发学生的自我成就感。当教师热情鼓励影响学生时，学生学习会更富有创造性。教师要有效地调节学习任务的难度水平，提供难度不同、数量不等的学习材料，对问题做出程度不同的解释、提示。特别要为学习有困难的学生提供更多的学习支持和帮助，充分利用网络工具进行个性化教学，通过各种途径与方法对学生施加积极影响。

(二) 以自主学习行为的养成作为学习运作机制

完全的在线教学如何尽可能地保证学生自觉去观看视频、利用资源学习，促进学生学习的主动性和探索兴趣？简而言之，学习方式要由被动接受式的学习转向自主学习，自主学习行为的养成非常重要。大卫·西沃特认为远程学习的学生不是天生就会自主学习的。学生的自学能力、自制能力、对信息资源的选择能力和对学习过程的控制能力，都需要在院校和教师的指导与帮助下逐步培养和发展起来。[①]教师在传授知识内容的同时，要将重点放在学生自主学习能力培养上，不

---

① 武丽志，丁新. 学生支持服务：大卫·西沃特的理论与实践 EJ]. 中国远程教育，2008(1)：25-29.

仅使学生掌握学习的过程与方法，更重要的是促使学生养成良好的情感、态度。首先，要帮助学生明确学习目标，分析实现学习目标的主客观条件。其次，引导学生科学制订学习计划。例如，学期学习计划、课程学习计划等，保证自主学习有计划、有步骤地进行。再次，引导学生在学习时间和安排上进行合理调节。例如，引导学生将课程学习时间表放在案头，提醒自己在规定时间里完成学习任务。最后，学生学习中的自我调控是学生为促进学习成功，提高学习效果，主动积极地调控元认知、动机和行为的过程。课程导师要创造条件，调动学生的内在积极因素，让学生有积极参与学习的热情，还要及时反馈与评价，通过公布学习结果促进自主学习。例如，可以建立每周学习排行榜，发布学习情况统计结果，激励学生比学赶超；学习中期，让学生自己对自己的学习做小结或评价，并将评价也作为学习活动的一部分；学期末，进行个人评价、小组评价，之后，教师给出每位学生的积极性评价。

(三) 在与学生的交往中提升承担责任的能力

霍尔(K．M．Hall)在对美国指导教师的责任进行研究时发现，教师应具备的素质，包括个人特质(容易交流、和蔼等)、知识、经验、有效的批评、授课技术等，这些是影响和判断教师与自身角色和责任是否一致的因素[①]。完全的在线教学环境，考验着教师的素质、能力，特别是与学生交互的能力。因而，创设一个相互依赖的交往环境，使学生在完成学习任务的过程中，养成主动的学习态度，提高能力，成为教师努力的方向。

在线教育中，教师和学生处于准永久性分离的状态。要全面而深入地了解学生的个性、志趣和特长，与学生沟通，进行有效教学，都需要教师掌握全面的语言沟通技能。例如，课程导师需要写课程公告、课程学习小结、小组讨论小结，这都离不开语言文字表达能力；与学生沟通，教师还必须掌握电话礼仪、打电话时间、打电话语气等，这些会直接影响到学生的接受程度。学生对教师行为的目的、动机的分析判断，常常决定着采取何种态度接收教师信息。教师如果言语得当，学生便会引起思想感情上的共鸣，易于接受；相反，则会引起抵触情绪或逆反心理。

(四) 以积极期望推动学生自我期望的良性发展

在线课程教学对于师生的心理和行为而言，实际是一个调控的问题，而师生间的调控得力于师生双方心理互动达到的相互协调。在线课程实施过程中，教师对学生有所期望，反之亦然。教师对学生的积极期望体现了对学生的的尊

---

① 马婷婷，李保强．国内外教师责任研究审视与反思[J]．教育科学研究，2013(5)：5-11．

重、信任。而学生对教师期望态度的差异，主要取决于师生双方的心理关系：师生间的心理距离大，表现为拒绝接受期望的态度；师生间的心理距离小，学生就表现为接受的态度。所以，缩小师生间的心理差距是课程辅导教师义不容辞的职责。而且，教师的专业水平、心理品质、个性特征是影响教师实施期望策略的内在条件。“亲其师，信其道”，因此，教师创造自身条件、改善与学生的关系，营造良好的教学氛围，是教师实施期望策略的基础。如果施加期望效应的教师自身条件好，就能激发学生学习行为的心理动力，促使其主动学习。教师的积极期望能够让学生在积极情感作用下努力进步，体验成功，促进自我期望的良性发展。

为了更好地进行自主式教学的探索，一方面，教师要自我学习，自我深造，不断提高自身素质与能力；另一方面，学校要从制度、文化、物质配备等各方面着手，提高课程导师人际交往的技能和心理调适的能力，为教师有效教学营造一个宽松的人文环境。

第四节　自主学习品质对自主学习的影响分析

自主学习是学习者个体在学习过程中一种积极自觉的学习行为，是学习者个体非智力因素作用于智力活动的一种表现。自主学习是否能得以实现，不仅取决于教师的教学思想的转变和教学手段、策略，也取决于学习者本身的学习品质。

一、学习品质概念的界定

学习是个体生存和社会发展的必由之路。关于学习的概念，国外心理学家加涅、威特罗克、皮连生等做了不同的界定。但其共同点都强调，学习是通过学习者相应的行为变化得以体现的。关于学习品质，我国学者郑秉洳认为：“学习品质是以什么样的精神和态度对待学习的一种心理素质，它决定学习行为的倾向性和独特性，体现非智力心理因素。”①班华认为，学习(心理)品质是“学习主体内在的、稳定的学习心理特征，是心理素质的重要组成部分。学习心理品质表现为明确的学习目的，正确而强烈的学习动机，积极的学习态度，以及学习过程良好的智力品质、学习方式等”②。学习品质有广义和狭义之分。广义的学习品质是指一个人在学习过程中所表现出来的整体精神风貌。狭义的学习品质是指个体心理因素中非智力人格因素特点在学习过程中的渗透与体现，它对学习起到始动、激励、

① 郑秉洳．学习教育的理论与实践[M]．北京：中国林业出版社，2009：260.

② 班华．心育论[M]．安徽：安徽教育出版社，1994：152.

定向、维持和调节监督的作用，确保有效学习活动的顺利进行。综合学者们的研究，我们可以得出，学习品质是指在学习中形成，并在学习活动中表现出来的，影响学习效果的稳定的心理倾向和特征，对学习起到启动、维持和调节的作用。学习品质有两个指向，一是学习者品质，二是学习活动品质，前者反映学习活动的个别差异，后者反映学习活动的发展及其质量特征。参加学习活动是形成和提升学习品质的条件和前提。从学习活动过程维度看，任何学习活动都可以分为学习启动、学习操作、学习监控、学习评价几个部分，与此相对应的就有学习动力品质、学习操作品质、学习监控品质和学习评价能力品质。长期以来，国内研究者对学习者学习品质研究较深入，而对学习活动品质研究比较欠缺。为了提高学生自主学习能力，在元学习理论视阈下从学习活动过程角度来剖析成人学生的学习品质很有必要。

二、成人学习品质现状分析

(一) 调查对象与方法

课题选取了云南远程开放教育本科、专科共七个专业(包括土木工程、会计学、教育管理、汉语言文学、小学教育、法学、行政管理)成人开放学员为调查对象。历时两年，采用问卷、座谈及访谈方式进行调查，共发放问卷 480 份，回收有效问卷 453 份，有效问卷回收率为 94.4%。从职业分布看，样本有教师、教育研究，政府公务员、公司管理人员、企业员工、军人警察、无业者等。从年龄分布看，25 岁以下的 40 人，占 8.8%，26～35 岁的 294 人，占 64.9%，36～45 岁的 77 人，占 16.9%，45 岁以上有 42 人，占 9.3%，年龄最大的 53 岁。

(二) 成人学习品质分析

1. 学习动力品质

学习动力品质是指学习者在学习过程中推动学习行为，持续性均衡发展的内驱力发动的行为特征，由各种不同的动力因素，如兴趣、理想、情感等构成。调查中，对“什么原因参加远程学习”这一问题，回答依次是：提高工作能力(69.8%)，升评职称(32.9%)，加薪(6.2%)，满足个人兴趣(4.3%)，成就一番事业(2.3%)。可见，学习者参与学习活动的内驱力大都来自外界的要求或期望。在选择专业方面，86.3%的都选择与本职工作密切相关专业，其他选择有：个人兴趣爱好(25.8%)、容易获得文凭(7.3%)、热门专业(4.2%)。82.8%的人还选择对所学专业有帮助的其他专业课程。调查发现：成人学习者具有一定的知识和技能基础，学习的动力与职业发展相关，学习者自身的知识水平和兴趣影响专业选择。

2．学习操作品质

学习操作品质是指学习者适应学习活动、完成学习任务、获得学习效果的行为特征。它既包括掌握科学的学习方法、技能，也包括形成自主的内化知识。调查显示：49.4%成人学习者有自己的学习方法，43.9%在尝试中，6.7%还没有自己的学习方法。在学习方式上，56.5%习惯自己学，29.8%和同学讨论，20.5%向同事请教，9.5%问老师。在获取前沿知识学习途径方面，60%能利用网上资源学习，35.5%在工作中学，31.3%自己查阅文献资源，27.1%参加面授学习，10.2%与同学交流。在老师讲新课，理解教授内容方面，40.1%需要认真听可以理解，32.2%需要借助其他工具理解，25.8%完全跟上思路，能将知识融为一体。调查表明，成人学习有一定的自主性，可以根据自己的意愿决定学习的方式和学习途径；近半数有一定的学习方法；能一定程度上利用学习资源。对学科前沿知识能主动探求，在学习理解力方面，还需要帮助。

3．学习监控品质

学习监控品质是指学习者对自己的学习活动进行的积极、自觉的反馈、控制和调节的行为特性。它可以使学习者的学习实践过程达到最优化。调查中，在“学习有没有计划”问题上，35.8%有一年计划，25.6%有二年计划，23.5%有三年以上的学习计划，只顾眼前的达到 14.1%。在学习进度控制方面，72.2%能自我控制，21.2%按课程进度表学习，5.5%按教师进度学习，1.1%需有家人督促。成功的学习在一定程度上与学习者在学习上花费的时间有关。成人每天学习时段方面，51.9%习惯在 19～21 时学习，21.9%在 8～10 时，16.8%在 22 时以后，5.5%在 11～13 时，2.9%在 14～16 时。在“一天平均学习多少时间”问题上，65.6%学习 1～2 小时，(26.3%)学习 3～4 小时，(4.6%)学习 4～6 小时，(1.1%)学习 6 小时。在“什么原因中断或放弃学习”问题上，68.7%是因为工作忙，17.7%因为要照顾亲人，13.7%遇家庭变故，7.2%由于家务忙。这些表明，成人学习者通常在学习之初都会设定某种标准以使自己的行为有所指向，同时也对可能达到的结果有一个预期。学习者愿意花时间学习，但是都不能有效运用这些时间。学生因为工学的矛盾，家庭等原因，会中断或放弃学习；影响成人学习的因素有环境刺激、办学条件、自身心理等方面。

4．学习评价品质

学习评价品质是指学习者对自己的学习行为能够达到某个水平的看法与评价，自我反思的行为特性。学习评价对调动学生的学习积极性，及时强化学习目标等方面起着十分重要的作用。在“及时主动地采用何种形式学到了什么”问题上，能及时通过形成性考核作业归纳和评价的占 45.9%，通过综合练习的有

36.9%，通过基于网络的考核测试的有 28.9%，而通过撰写自己的学习档案记录的只有 1.9%，1.4%不通过任何方式对自己的学习进行评价。较之传统学习，成人远程学习更多依赖网络，而网络学习则更多地依赖于学习者自主地对网络学习学习过程进行分析、检测和评价。调查显示，有 76.5%的人不会积极主动地反思学习过程，20.9%的人偶尔在老师的指导下检测网络学习效果和反思学习过程，只有 1.2%的“每次都会”进行分析与归纳。在“你通过对学习活动的反思和评价，是否体验到学习的成果和愉快”问题上，46.9%回答“是”，回答“否”的近一半占 45.1%。由此看来，成人自我学习评价水平仍然比较低。成人学习者对“学习到了什么”“学得如何”及“下次如何改变”，进行反思，仍然要通过一定的外力、一定的途径。

三、影响成人学习品质的因素

调查表明，新形势下成人学习出现了异化现象。由于社会大环境、学校教育机构、知识发展本身、教学模式等原因，知识意义缺失现象普遍存在，导致成人学习的异化。影响成人学习品质的因素有多方面，归结起来，主要表现在三方面：

(一) 学习者自身原因

在社会功利化大背景下，现代快节奏的生活使人变得越来越功利，越来越浮躁，难于静下心来学习。成人学习，多为缺什么，学什么；需什么，补什么，学即为用，没有用的即为多余。从学习动机理论看，学习如果缺乏直接性动机，往往经不住时间、困难等的考验。良好的学习品质来源于意志的成熟。意志的成熟意味着，即使在活动非常枯燥，使人厌恶的情况下，也能坚持学习行为，控制活动。对一些成人学习者来说，学习只是谋生的手段，追求考试至上、文凭至上，缺乏成熟的意志，学习要靠外力控制。

对一些成人学习者来说，学习的过程是一个被强制的、使人极力逃避的过程。江苏电大分 6 个教学检查组对苏南、苏北 24 个教学点进行了调查，并在每个点抽取 10 位学生进行了座谈。座谈反映：成人学生感觉现在远程开放学习越来越烦琐，远不如一些网络学院学习来得方便快捷。越来越多的学习者更愿意参加网络学院的学习，或不需努力的学习(考试形同虚设，容易拿文凭)。从全省各教学点面授情况看，近年来，学生到课率逐年下降，常常不到 20%。远程学习特点是网络学习，而苏北一些学习者还不具备上网学习条件。多数上网学习的学生主动上网积极性也不高，即使上网学习也只是走过场，对教师提出的网上讨论的要求，往往会找出各种借口逃避。而对网上教学资源评价标准仅仅是看对考试有没有用。相当多的成人学习者学习仍处在“要我学”的消极被动状态，把学习看作负担。从学习本质看，学习是一种理性思维的探究活动，是一项复杂的智力劳动，需要学习者努力探求，并从中寻求乐趣。如果缺乏对理性思维的乐趣，学习活动则很难变得轻松和愉悦。

(二) 远程教育机构原因

学习支持服务对成人远程教育的教学、管理和质量监控起着重要的作用。调查中，在“远程教育机构提供服务”问题上，27.8%认为非常到位，66.0%认为基本到位，6.1%认为不到位。服务不足，主要表现在：网上资源不够丰富，资源不够吸引人，有些网络资源还打不开，CAI 课件在制作上还有问题，效果还不如录像等。在“使用的网络课程和 CAI 课件占课程比例”问题上，78.7%选择了 25%以下，19.8%选择了 50%，只有 1.4%的人选择了 75%以上，这说明网络课件使用率并不高。目前远程开放教育考试纯理论的题目较多，47.2%认为内容偏深，29.4%内容不便于自学，26.5%内容陈旧，3.9%选择其他，这说明考核内容及方式亟待改变。在“你认为远程教育在培养目标的具体要求上，哪些方面显得不足”问题上，44.8%认为在特长培养上，30.5%认为是综合素质，26.9%认为是基本技能。25.6%认为是基础知识、理论，1.5%选择其他。从教学模式看，远程教育机构还缺乏灵活多变的教学模式。

为应付上级部门的检查，一些远程教育机构人为追求“高效学习”，要求学员每学期完成一定量的网上学习讨论，很少考虑学习者学习的实际情况，过多追求网上学习活动，学生却失却了自我学习时间。在资源建设方面，作为学校的管理方，一种普遍的看法是。网上资源越多越好。对成人而言，海量的学习资源等于没有资源，花很多时间挑选学习内容是不切实际的。心理学研究表明，各种情绪会影响学习者的学习动力的保持。动机和学习的关系并不是“越多越好”的简单线性关系。如果任务特别复杂，增加的唤醒也会妨碍行动。基于网络的形成性考核次数太多，终结性考试题量太大，都直接或间接消磨了学习者的热情。在教学策略上，每学期要搞活动，各专业、各课程活动没有统一计划与安排，一定程度上剥夺了成人学习者自我学习的时间与空间。

(三) 社会管理原因

政府主管部门缺乏规划及管理。从 20 世纪 80 年代至今，成人教育在我国历经三十多年，各级各类成人教育机构发展迅速。新形势下本应加大政府管理职能，但是，1998 年教育部实行机构改革，独立存在的成人教育管理部门——成人教育司被撤并，原有的管理职能被一分为三：一部分划归高等教育管理部门，一部分并入职业教育管理部门，还有一部分被统合于基础教育管理部门。教育部的这一机构改革，便于解决教育行政管理职能的交叉重叠问题，但也在客观上加剧了整个成人教育存在的合法性危机，对整个成人教育产生较大冲击。[①]政府目前对成人学历教育、非学历教育培训的市场准入和管理还没有一部统一的具有指导性和约束性的法律法规，导致成人教育市场混乱、标准掌握不一等现象。成人教育定位不准，市场条块分割、各自为政。社会认可度低，难以保证成人学习品质成效。

成人办学机构的恶性竞争。近十年来，我国的高等教育已从精英教育向大众教育过渡。普通高校招生规模的日益扩大，使得成人学历教育受到严重挑战。广播电视大学的开放教育、高校网络教育、民办高等教育以及国外教育机构的进入都进一步加剧了成人高等教育办学机构之间的生源竞争。生源的竞争，带来学习的功利化。学习者落入到参加或不参加考试都能获得文凭的尴尬境地。对成人学生来说，努力和坚持也会导致学习的不成功，如果能不费力而获得成功(拿到文凭)又何乐而不为？有些成人学校或办学机构运用商业化操作方式把成人教育仅仅当作创收的手段，“不用上课，只要交费，最后就能拿到毕业证”，这样的许诺与保证，严重地影响了成人教育的办学信誉及社会声誉，而且也使成人学习者陷入“趋利避害”的泥沼。

四、成人学习品质形成模型与提高策略

学习品质是学习者经过学习活动形成的，而学习活动必须与学习行为相匹配。如图 7-2 所示。

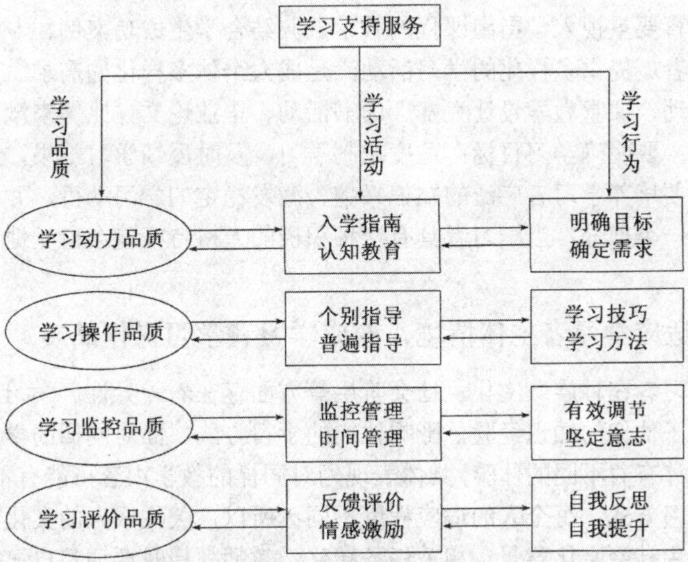

图 7-2　成年人学习品质形成模型

① 余小波．我国成人高等教育的困境与转型[J]．教育研究，2008(12)：56.

要使成人学习者形成良好的学习品质，成人教育机构必须考虑学习活动与学习行为相匹配，学习支持服务平台的构建必须能激发成人运用元认知策略，形成良好的学习行为。在培养学习动力品质方面，教师通过入学指南课程、入学手册等认知教育使学习者明确学习目标，确定学习需求。在培养学习操作品质方面，普遍指导与个别指导相结合，使学习者掌握一定的学习技巧与学习方法。在培养学习监控品质方面，加强对学习过程的监控管理，尤其加强对学习者的时间管理，使学习者能有效控制和调节自己的学习行为，形成坚定的学习意志。在培养学习评价品质方面，强化反馈与评价，注重情感激励，引导学习者自我评价、自我反思，从而实现自我提升。具体来讲，提高成人学习品质的策略有以下几种：

（一）重视对动机因素的发掘，提升学习者学习动力品质

营造学习大环境与氛围，形成全社会终身学习的意识，有助于激发学习动机。人是学习社会的主体，终身学习将成为人的自我完善、自我发展的必然要求。学习的意识和信念在学习过程中作用巨大，成人学习者如果有终身学习的意识，将会使学习从手段变成目的。成人教育要引导成人个体对自身需要和社会需要进行调适。激发个人内在的学习意愿，使学习者在学习过程中扮演积极的角色。心理学研究成果表明，学生主动地学习行为来源于主动积极的心理内驱力。学生的心理内驱力越大越强，其学习的动机和学习的行为就愈加积极主动，学习效果也就愈加明显。在许多情况下，维持学习动力重要的强化物是活动本身所具有的快乐。远程开放教育要重视入学指南课程的教学，并结合学生成功案例、专业认知教育等引导学习者。提供多样化的学习活动满足成人个体多样化的需求。如通过学习小组评比活动、课堂教学设计大赛、读书活动、毕业论文评比等来激发学习热情与学习兴趣；要明确学习目标；适度控制学习，及时反馈学习结果，维持、强化学习动力；要培养学习者广泛的知识兴趣、激发稳定的学习动机，并使其内化为人格特征的一个部分，当学习者具有这种积极的人格特征就会自觉地、主动地进行学习。

（二）适应学习者主体情境，养成学习者学习操作品质

成人学习者在种族、文化、社会阶层等方面存在着差异性。学习者的社会文化属性构成了他们的知识经验，影响他们的学习方式。面对同样的学习内容，不同的认知主体有着不同的体验，具体表现为对同样的教学内容可能有不同的理解；对同样的学习方式，每个人的适应程度不同。所以，关注成人的文化特质，教学内容要向学生社会文化背景、相关任务转化。教师教授时要调整自己的行为，要多思考这样的问题：学生会明白我所教的内容吗？我给了学生多少关注？我怎样才能很好定位我的课程并且涵盖所需要的内容？教授内容对学生成为有能力的个

体有何作用？教师需知道什么样的计划以及如何对计划做出调整。

课程的开发是为了在学习与世界的关系中建构知识的意义。课程在学校教育中处于核心地位，课程品质决定教育质量。远程开放教育要从课程原则、课程定位、发展策略方面完整地构建具有成人特色的课程体系，积极开发面向学习型社会的拓展课程，使课程适应经济、社会发展的需求，体现时代的特征；适应学习者多样化发展的需求，丰富课程内涵、拓展学习领域。课程的提供方和实施者是教师，教师应充分信任、尊重和关怀学习者，深入理解课程特点及教材内容，将学习与现实生活联系起来，用精湛的教学艺术和广博的学识来促进学习者积极主动地学习。

(三) 加强学习过程监控，提升学习者学习监控品质

过程监控能够激发学习者的内因性动机，形成较强的元认知监控能力。由于成人以自学为主，因此，远程开放教育有必要加强对学习者的引导，使学习者对自己学习的计划进行主动的反思和调节。教师要以教学过程为主线，加强学生学习各个环节的管理，形成一套完善的有利于学习者学习的监控体系。注重学习过程监控的常规管理，通过多种途径监控学习者的学习过程。如教师或管理者远程监测学生学习过程中的点击情况，及时介入学习者的学习过程，发现问题，针对需求解决问题。

有效的时间管理可以促进学习，并增强自我效能感；无效的时间利用则削弱信心，降低学习效率。教师要强化学习者的时间管理技能，增强其在具体的情境中时间管理的有效性。比如确立切合实际的学习目标及任务，引导学习者对学习活动进行自我分析，“我的学习任务是什么”，“哪些是紧急的、重要的或不重要的”，“学习的时间分别占多少”等。教师引导学习者确立有规律的学习时段，选择每天比较固定的学习时间与学习环境，提高学习注意力，使学习成为一种习惯化的活动。在学习支持服务平台中引入时间管理监控系统，实时地跟踪学习者的学习行为，如学习者的学习计划、任务安排、任务完成结果等，这样，在实现教师与管理者对学习者在时间管理上的外部监控的同时也保证了学习者自我监控的实施。

(四) 强化自我评价、促进自我反思，增强自我效能感，养成学习评价品质

形成良好的学习评价品质是促进学生发展，形成自我教育能力的重要手段。在教学中要注意唤醒学生自我评价的意识。学习者只有意识到自己正在做什么，才能调节自己的行为。教师必须使他们学会和掌握一些自我学习评价的方式。如：自主建立学习档案，将自己日常学习活动情况记入档案。档案的内容包括学习计

划、学习阶段总结、学习的结果、学习的心得。反思是一个提高自律学习能力的有力工具，要利用形成性考核与终结性考核，加强自我评价、自我反思，建立积极的自我概念。

教师可以组织学生对自己的课程学习状况和学习水平、技能进行诊断，激发对学习成就的自豪感。让学生定期地评价自己在学习上取得的进步，教师可为学生设计“学习评价表”，让学生对自己的学习行为进行总结，了解自己对知识的掌握情况，发现学习中的难点、弱点，以适时调整下一步的计划和目标。教师也可以设置一些挑战性任务，使学习者从任务操作中获得有关自己能力的信息，从而增强自我效能感。

(五) 创设支持性策略，构筑多功能化的学习支持服务体系平台

成人远程学习离不开学习支持服务，学习支持服务是远程教育的重要构成因素。学习支持服务的主要目的就是激励学习者，使他们处于正确的轨道。鼓励他们利用所提供的各种工具来促进学习。学习支持服务贯穿学习全过程，既提供了学科的服务又提供了非学科服务。学习支持服务必须满足需求。保证有效。教师要充分利用学习支持服务平台来帮助学习者确定学习目标，选择学习内容，控制学习进度，调整学习策略，评估学习情况。

学习支持服务平台提供了个别化的自主学习。引导学生树立自主学习观念，自主选择适合个人的各种学习资源，充分利用网络获取信息，包括重难点教学辅导、学习方法指导、作业讲评、网上答疑、网上讨论、多媒体课件、网络课程等。学习支持服务平台还应支持学生自主选择适合自己的学习方式和方法，进行师生、生生交互学习，通过电子信箱、BBS 网上主题讨论、QQ 群、个人网站等多种学习方式。实行网上互动。学习者只有对学习媒介和学习环境持有认同感，才有可能主动运用学习资源和学习策略去取得良好的成绩。

学习品质是人的综合品质中直接决定自主学习成败的品质，它伴随着学习过程而存在。从学习活动过程看，学习动力品质、学习操作品质、学习监控品质和学习评价能力品质互相影响，是不可分割的有机结合的一体。学习动力品质是先决条件，具有积极的学习动力，才可能产生成熟的意志控制力，具有学习操作能力；反之，自觉对学习行为进行控制，进行评价及反思，能够进一步增强学习动力。面对学习型社会目标，我们要致力于优化成人学习者的外在条件和内在品质，只有不断强化成人的学习品质，其人格与社会适应品质才能够适应社会的需求，在学习型社会中永远立于不败之地。

第八章　以反转教学促进开放教育

实施有效教学、提高教学质量历来是教育理论和教学实践的热点问题。反转教学利用现代技术，改变了传统的学习流程，反转了常规课堂教学和课外作业的内容、方式，成为一种有效的教学范式，对远程开放教育具有重大影响。

第一节　翻转课堂与反转教学

一、“翻转课堂”的由来

近年来，与技术结合的翻转(flipped)或反转(reversed)课堂引起教育界广泛注意。翻转课堂是从英语“Flipped Class Model”翻译过来的术语，也被称为“反转课堂式教学模式”，简称翻转课堂或反转教学。

2007 年，美国科罗拉州的林地公园高中的两位化学教师 Jonathan Bergmann 和 Aaron Sams 制作了教学软件，放在网上供缺课的学生学习，在课堂上，教师答疑解难、探讨更深的知识内容，并为需要帮助的学生提供个性化指导，开始了反转课堂的实践。2011 年从麻省理工学院毕业的萨尔曼·可汗用罗技耳麦、桌面录像软件 Camtasia Recorder、手写板 Wacom Bamboo Tablet 以及免费绘图软件 SmoothDraw3 录制了 3 000 多个教学视频放上 YouTube，从数学的基础核心课程，如算数、几何、代数、微积分等，到物理、生物、化学、金融，再到“拿破仑战争”“外星人绑架揭秘”等。就这样，萨尔曼·可汗由最初的只是试图帮助在美国另一头的中学生表妹辅导代数课，发展到开发视频课程。一方面，设计了课前预习、课中辅导、先学后教、当堂训练的教学方式；另一方面，设计了微视频，将课堂讲授的知识内容传播数字化，以方便学生在线自学，吸引了更多的学习者。可汗学院继而和美国一些学校合作，开始了一场颠覆式的教育实践。

2011 年，加州 Los Altos 学区的试验点、美国明尼苏达州 834 独立学区试水这种新的教学模式。教师为每天的课程准备了 7 到 12 分钟的在线视频，学生先在家看完这些视频内容；然后白天来学校写作业，遇到问题老师当场解答，老师们通过软件监控学生们的学习状况。教学视频不仅受到中小学生欢迎，也受到社会不同群体的热捧。到目前为止，可汗学院已制作了 4 800 段教学视频。2014 年 1 月，YouTube 上的“可汗学院频道”共吸引了 163.3 万订阅者，观看次数超过 3.55

亿次。可汗本人于 2009 年获得微软技术奖中的教育奖。2010 年，可汗入选《财富》“全球 40 大青年才俊榜”。2012 年，可汗入选《时代周刊》“全球 100 个最具影响力人物”。[①]

2014 年，翻转课堂第一次进入美国新媒体联盟《地平线报告(2014 高等教育版)》，在令世人最为瞩目的“高等教育技术的重要发展”中列出的三个阶段六项技术中排列第一位，成为最为现实的主要技术应用趋势。《地平线报告》指出：“如今，许多高校已经接受了这种方式，使学生把宝贵的课堂时间用在往往显示他们是真实世界的学习主体的实践活动。”[②]

二、反转教学范式特征

对“反转教学”，目前尚没有一个统一的界定。Tuckery 认为，反转教学的核心意思即反转常规的教学方式：即学生在家看教师制作的在线视频预习课程；课堂上则探讨问题、深化概念、参与协作学习。反转教学最重要的是，重新考虑所有的教学环节，即如何最大化节省教学时间而提高学习成效。美国 EDUCAUSE 协会认为，反转教学就是教师利用技术手段使学生在课前看视频教程自主学习，在课堂上参加协作活动以消化知识内容的一种教学范式。对于“范式”概念，学者们看法不一。美国社会学家默顿(Robert King Merton)认为，“范式”是将一个特定领域或某种分析方法的一些假定、概念、问题与发现加以整理、排列，使今后的研究者在研究这一领域或者使用这一方法之时有所凭借。库恩(Thomas Kuhn)认为，按既定的用法，范式就是一种公认的模型或模式。教学范式是基于特定的教学现象，以及对相应的教学规律的把握基础上，关于教学的最基本的界定或基本的解释。从美国一些学校的教育实践看，反转教学范式改变了传统的学习流程，以学习者为中心，宗旨是使每个学生掌握学习，学有成效。

有学者认为反转教学的典型范式主要有四种[③]：①林地公园高中模式：完成作业习题+观看教学视频；②可汗学院模式：教学视频+课堂练习系统；③哈佛大学模式：学生课前自学提出疑问+教师针对问题设计教学；④斯坦福大学模式：视频讲座+在线测验。我们认为，不管有多少种范式的概括，反转教学范式最为关键的因素是视频资源及教师有效的辅导答疑。具体来说反转教学主要表现为以下几个特征：

(一) 教师：从关注知识传递到关注学习成效

反转教学“以学生为中心”，撼动了“以教师为中心”的传统教学方式的根基。

---

① 萨尔曼·可汗．翻转课堂的可汗学院：互联网时代的教育革命[M]．刘婧，译．杭州：浙江人民出版社，2014：2．

② 金陵．理解翻转课堂的三个关键点[J]．中国信息技术教育，2014(7)：56．

③ 陈晓端．当代教学理论与实践问题研究[M]．北京：中国社会科学出版社，2007：7．

“以学生为中心”着力于学生的学习，着力于学生的学习效果。反转教学中的教师不再只是知识的讲授者，学生不再是被动的知识接收者，对技术的充分运用将教师的教和学生的学紧密地结合在一起。无论是线上(在线)学习还是线下(课堂面授)学习，教师创造一切积极条件，教师的“教”始终围绕学习者的品质提升、学习技能的提高。教师通过鼓励、关怀和提供学习选择机会，来表现对学生的理解和授受。以提高学习效率为核心，“一切为了学生”，“一切为了学生的学习”，培养终身学习能力。

(二) 学生：从被动学习到主动参与学习

学习是学生基于自我负责的主动构建过程。没有自觉自发的学习，学生在原有知识结构、情志结构基础上的选择性学习将是无效的。只有学生的学习成为一种真正自发自觉的行为时，学生的学习才是真正意义上的学习。反转教学最大的益处就是使学生成为自己的学习者。学生在家里观看视频，可以有一个自定进度的学习，基础好的学生往往只要观看一遍就可以掌握新的学习内容，基础薄弱一点的学生则可以一遍又一遍地倒回去观看视频，直至较好地掌握。学生对学习任务具有内在的兴趣并希望在学习中得到乐趣。

反转教学中，教师放手给学生充分的学习时间和空间，学生可以自由选择学习方式、学习时间。在学期初，对学生进行诊断性评价，确定学生是否具备一定的知识及技能，使教学适合学生的需要和背景。在教学中，教师充分注意并合理满足学生的情感需要，尽可能让每个学生都能感受到高峰的学习体验。反转教学从“教”到“学”的改变，实现了能动式学习。

(三) 教学手段：从单纯面授辅导到智能化辅导系统

信息技术应用到教育教学过程中引起了教学环境、教学资源、教学方式向信息化方向的发展。反转教学的关键是信息技术的应用。智能化辅导系统为学生富有成效地参与学习活动创造了条件。在技术上可以跟踪学习过程，识别学习情景，提供从教学模式和教学策略到网络教学活动的方法与工具，同时赋予授受者及学习者对信息进行动态控制的权利。教师充分发挥引领作用，利用视频引导学生自主学习，面授课与视频课互为补充，线上学习与线下学习互为补缺。学习者参与同伴和教师互动活动(释疑、解惑、探究)等，真正实现学习活动的开放性、生成性。

(四) 学习方式：从个别学习到协作学习

反转教学中，学生学习不再孤单。教师给予学生一对一的个性化指导。当学生来到课堂完成作业的时候，教师通过巡视或监控系统发现学习有困惑的学生，并立即介入给予面对面的针对性辅导，帮助学生有效提升学习绩效。

由于课堂面授为答疑讨论，所以，不仅加强了师生间的对话关系；另一方面，生生之间的协作也更为强化。美国教育学家嘎斯基(T. R. Guskey)认为，从本质上讲，协作学习是一种教学形式，它要求学生在一些由2～6人组成的异质小组中一起从事学习活动，共同完成教师分配的学习任务。协作学习是为达到共同的学习目标、以小组形式参与、学生合作互动，整个学习群体共同完成对所学知识的意义建构，而不是其中的某一位或某几位学生完成意义的建构。反转教学是以共同协作、成功完成某项任务为最终目标，每个学生可以在各自的小组学习中发挥最大的作用，有利于认知能力以及合作精神的培养。

第二节　反转教学资源

如果说反转课堂翻转了传统的教学结构，那么，支撑反转教学的关键是优质的教学资源，教学资源成为反转教学中的核心问题。教学资源的丰富程度及质量的高低决定着反转教学活动的有效性。针对学习者的学习特点、学习过程、学习体验，微课与课程辅导答疑库建设及应用已成为反转教学的关键因素。

一、微课建设

微课是从反转教学引发出的概念。反转教学方式的应用与推广为灵活、便捷、高效的微课提供了深厚的应用土壤。微课类资源以短视频为核心，适应了包括反转课堂、混合教学在内的各种新型学习模式，其时间短、知识容量小、非结构化、切片化，学习使用时方便、快捷、高效，可喻之为视频类教学资源中的快餐。[①]

(一) 微课概念的界定

1993年美国北爱荷华大学(University of Northern Iowa)的有机化学教授LeRov A. McGrew提出了“60秒有机化学课程”，被认为是微课的雏形。“微课”的正式提出是在2008年，由美国新墨西哥州胡安学院(San Juan College)的高级教学设计师戴维·彭罗斯(David Penrose)提出。他认为，微课是一种以建构主义为指导思想，以在线学习或移动学习为目的，基于某个简要明确的主题或关键概念为教学内容，通过声频或视频音像录制的60秒课程。[②]

国内学者带着自身对英文的理解，也从自己的教育背景出发，对微课有不同

① 杨满福，桑新民. 对MOOCs浪潮中微课的深度思考——基于首届高校微课大赛的分析[J]. 教育发展研究，2013(23)：25.

② 胡铁生．“微课”：区域教育信息资源发展的新趋势[J]．电化教育研究．2011(10)：36.

的理解。胡铁生认为，“微课”是根据新课程标准和课堂教学实际，以教学视频为主要载体，记录教师在课堂教学中针对某个知识点或教学环节而开展的精彩教与学活动中所需各种教学资源的有机结合体。[①]焦建利认为，微课是以阐释某一知识点为目标，以短小精悍的在线视频为表现形式，以学习或教学应用为目的的在线教学视频。[②]黎加厚指出，微课程是指时间在 10 分钟以内，有明确的教学目标、内容短小、集中说明一个问题的小课程。[③]张一春提出，微课是指为使学习者自主学习获得最佳效果，经过精心的信息化教学设计，以流媒体形式展示的围绕某个知识点教学环节开展的简短、完整的教学活动。[④]

首届全国高校微课教学比赛对微课的定位是：“以视频为主要载体，记录教师围绕某个知识点或教学环节开展的简短、完整的教学活动。”教育部教育管理信息中心对微课定义为：“微课”全称“微型视频课程”，它是以教学视频为主要呈现方式，围绕学科知识点、例题习题、疑难问题、实验操作等进行的教学过程及相关资源之有机结合体。

综上所述，学者们肯定的是微课是教学视频，它可以用多种方式呈现，突出的是知识点或重点内容的设计，需与教学环境相契合。笔者认为，微课属于课程资源，而不是课程本身。完整的微课还需要与相应的学习单元、学习活动等相结合。

（二）微课的特征

微课符合了网络时代学习碎片化的需求。微课只讲授一两个知识点，看似没有系统性和全面性，被认为是“碎片化”的。但是，微课是针对特定的目标人群传递特定的知识内容的，一个微课自身仍然需要系统性、全面性，正所谓“麻雀虽小，但五脏俱全”。微课有以下几点特征：①精选内容，主题明确。微课内容一定是在教学内容中精心挑选的，或是社会热点问题，或是人们关注的焦点问题，或是人们感兴趣的问题。一课一事，典型案例，主题单一。②制作手段灵活多样。运用多种设备制作，微课制作可复杂可简单。高大上的可以在录播室录制，草根化的制作只需基本软件，或 DV 录像机。③教学时长短。一般 5～10 分钟为宜，最少的 2～3 分钟，最长不宜超过 15 分钟。所以，学习者不受时空限制，可随时随地进行碎片化学习。④教学设计完备、新颖。微课不因为内容少、时间短而缺乏设计，相反，微课教学设计更为精心。导语、过程结构及结语无不具有吸引力，能够引发学习者的学习兴趣，需要制作者的创新性。⑤教学参与性强。微课主要

① 胡铁生，黄明燕，李民．我国微课发展的三个阶段及其启示[J]．远程教育杂志．2013(4)37．
② 焦建利．微课及其应用与影响[J]．中小学信息技术，2013(4)：67．
③ 黎加厚．微课的涵义与发展[J]．中小学信息技术，2013(4)：86．
④ 张一春．微课建设研究与思考[J]．中国教育网络，2013(10)：28-31．

供学习者自主学习，注重师生的交流，突出互动性。往往需要内嵌相关的通关测试练习及评价方法。

教育部全国高校教师网络培训中心举办的全国高校微课教学比赛则从作品规范、教学安排、教学效果及网络评价四个方面明确了微课比赛的评审标准，如表8-1所示。

表 8-1　全国高校微课教学比赛的评审标准

作品规范10分	一、材料完整(5分)：包含微课视频，以及在微课录制过程中使用到的全部辅助扩展资料：教学方案设计、课件、习题、总结等
	二、技术规范(5分)： 1．微课视频：时长10～20分钟；视频图像清晰稳定、构图合理、声音清楚，主要教学环节有字幕提示等；视频片头应显示标题、作者、单位 2．多媒体教学课件：配合视频讲授使用的主要教学课件限定为PPT格式，需单独文件提交；其他拓展资料符合网站上传要求 3．教学方案设计表内应注明讲课内容所属学科、专业、课程及适用对象等信息
教学安排35分	一、选题价值(5分)：选取教学环节中某一知识点、专题、实验活动作为选题，针对教学中的常见、典型、有代表性的问题或内容进行设计，类型包括但不限于：教授类、解题类、答疑类、实验类、活动类。选题尽量“小而精”，具备独立性、完整性、示范性、代表性，能够有效解决教与学过程中的重点、难点问题
	二、教学设计与组织(15分)： 1．教学方案：围绕选题设计，突出重点，注重实效；教学目的明确，教学思路清晰，注重学生全面发展 2．教学内容：严谨充实，无科学性、政策性错误，能理论联系实际，反映社会和学科发展 3．教学组织与编排：要符合学生的认知规律；教学过程主线清晰、重点突出，逻辑性强，明了易懂；注重突出学生的主体性以及教与学活动有机结合
	三、教学方法与手段(15分)：教学策略选择正确，注重调动学生的学习积极性和创造性思维能力；能根据教学需求选用灵活适当的教学方法；信息技术手段运用合理，正确选择使用各种教学媒体，教学辅助效果好
教学效果35分	一、目标达成(10分)：完成设定的教学目标，有效解决实际教学问题，能促进学生思维能力提高
	二、教学特色(15分)：教学形式新颖，教学过程深入浅出，形象生动，趣味性和启发性强，教学氛围的营造有利于提升学生学习的积极主动性
	三、教师风采(10分)：教师教学语言规范、清晰，富有感染力；教师仪表得当，严守职业规范，能展现良好的教学风貌和个人魅力
网络评价20分	依据参赛微课作品发布后受欢迎程度、点击率、投票率、用户评价、作者与用户互动情况、收藏次数、分享次数、讨论热度等综合评价

什么是好的微课？中国高校微课研究报告指出，一个优秀的微课通常具有三个特性：一是以更简洁的教学步调呈现完整的知识点；二是宜短不宜长；三是让学习者有“老师对我说的感觉”。

近年来，各类教育微课比赛频繁，针对标准，微课制作的主要策略有：①精心的导学设计。多数获奖的微课都有学习问题的归纳总结、学习时间的安排、活动的组织以及与学生通过教学平台进行互动交流等教学环节。②特色的教学内容。微课是一个精彩的短课，需要尽量突出该课程的特色，不能做得平铺直叙，最好是在生活实际找到内容的突破点与契合点。③丰富的多媒体技术。微课使用了多媒体技术，展示课程内容。如使用动画、图表、音视频等方式表达教学内容。④精致的拍摄制作技术。由于微课时间很短，因此要重视每一秒，尽量不要有口误、重复、表达不清、拖沓现象。尽量加上字幕。要注意教师的仪表、动作、语言等，学生要全神贯注，不能开小差。⑤重要的开场 2 分钟。视频课最关键的是开头，要抓人眼球，要能吸引听众。因此要非常重视开头的 1～2 分钟。

(三) 微课制作的分类

从不同的角度我们可以对微课进行分类。从微课表现内容看，微课可分为课程精讲类、实验探究类、操作示范类、习题讲解类、虚拟面批类、游戏学习类。胡铁生对高校教师的一项调查发现，高校教师目前教学中迫切需要的微课类型为探究学习类(51.42%)、启发类(46.3%)、演示类(39.47%)、讲授类(39.28%)、自主学习类(37.95%)等[①]。从微课的加工制作方法看，有三分屏模式、电影模式、互动模式、可汗模式、真实课堂再现模式等。根据教育部教育管理信息中心开展的微课大赛和教育部全国高校教师网络培训中心举办的全国高校微课教学比赛提供的一些方法看，目前主要有这样一些方法：①现有的课例加工(视频的转录、切片、合成、字幕处理等)。②摄像机拍摄(DV 录像机+白板)。③数码手机拍摄(手机+白纸)。④录屏软件录制(屏幕录制软件+PPT)。⑤可汗学院模式(录屏录制软件+手写板+画图工具)。⑥用 ipad 录制(ipad+录制软件)；录播教室录制(全自动录播系统)。⑦摄像工具录制(摄像机前期拍摄+后期非线性编辑)。⑧专用软件制作(运用 Flash、PPT、几何画板等软件制作+配音)。

近年来，在一些微课赛事上多用四种制作方式：一是视频拍摄式，采用专业摄像机、DV 或者手机等工具；二是屏幕内录式，常用的软件有 Camtasia studio、Screencast、屏幕录像专家等；三是由软件合成类微课，如由 PPT、Flash 等软件录制或编辑合成；四是运用以上两种或多种方式混合制作成的微课视频。

怎样的微课更能吸引学生的关注，让学生更投入地开展学习呢？美国学者分

[①] 胡铁生，周晓清. 高校微课建设的现状分析与发展对策研究[J]. 现代教育技术，2014(2)：25-28.

析了 edX 上 690 万条视频观看记录，统计得出怎样的视频更吸引人。其得出的相关结论如下：

1．最受欢迎的特点一：短于 6 分钟的视频最吸引人

基于 edX 数据的统计，无论视频多长，用户实际观看时长的中位数都不超过 6 分钟。而且 6～9 分钟长的视频是个拐点，更长的视频实际观看中位数反倒会下降。比如长度超过 12 分钟的视频，实际观看中位数只有 3 分钟。所以，“短视频到底多短最合适”这个问题有了标准答案：6 分钟。

2．最受欢迎的特点二：语速快，很关键

虽然统计数字表明语速和视频吸引力并不完全成正比，但当语速达到每分钟 185～254 个单词(对应中文大约为 300 个字左右)时，无论视频多长，都比低语速能获得更多注意力。原因很好理解，快语速常常伴随着激情，激情富有感染力，感染力可以让学生更专注。所以，教师越热情，甚至是激情，越能吸引学生。

3．最受欢迎的特点三：教师头像绝非可有可无

对于大于 6 分钟的视频，有教师讲课头像的和纯 PPT、软件操作等录屏相比，前者收获的关注更多。前提是 PPT 把那一角特意留出来，头像不会遮挡该看到的课件内容。可汗学院不提倡视频中出现教师的头像，但中国的学生更注重教师的作用，教师的头像在某种教学情景下也是一种重要的学习资源。

4．最受欢迎的特点四：制造一对一的感觉

教师都习惯教室气氛，黑板、大屏幕，站在讲台上，走来走去，甚至安排一些学生假装听众来提起讲课的性质。但数据分析表明，这种在教室 / 演播室，配置昂贵设备录制的视频，在吸引力上其实不如更低成本的私人录制方式。教师坐着，面对镜头，背景就是办公室，像做单独辅导一样地讲课，效果是最好的。这样很容易产生一种亲切感，而且和坐在电脑前的学生所处学习环境最契合。可汗学院的视频是典型的手写笔应用，统计表明，与录屏风格相比，学生愿意在可汗风格的视频中投入 1.5～2 倍的时间。老师边讲边画，确实很像一对一给我讲题的感觉。或者在一片白板 / 黑板上用板书讲课，或者在 PPT 上勾画要强调的内容，手写让学生很清楚地知道该看哪里，并忠实地跟着老师的思路。

(四) 微课对开放教育的影响

微课引发了一场数字化教学的变革。微课不仅能辅助教师的教，也能促进学生自主学习，已成为教师和学生重要的教与学资源，对远程开放教育产生了重要影响。

1．微课推动了教师的教学改革能力的提高

微课是技术与教学融为一体的产物。微课的制作与应用引发了教学主革，提升了开放教育教师课程建设与信息化教学的能力水平。首先，微课要求教师花大量的时间进行教学设计，对教师自身的信息化教学设计能力要求较高，微课的制作需要教学设计技术、录像制作技术、视音频编辑技术、交互网面技术等，这就需要教师不得不改变以往被动式教学，学习如何利用各种软件录制教学视频，如何进行后期的编辑等，积极学习新技术并利用新技术进行教学设计成为教学必备能力。其次，微课注重素材的切入点，教师必须对知识进行精心的收集和整理，要通过对知识点的把握与剖析来体现教学水平，这在无形中提高了教师对教学内容组织的能力。再次，如何将制作好的微课嵌入到日常教学内容中，组织学生进行学习？大量的有关微课资源的理论研究与实践探索为广大的一线教师进行良好的教学组织提供了清晰的路径。

2．微课促进了学生学习方式的改变

教育与技术的融合催生了学习方式在教学领域的变化。微课的价值不仅体现在对教师专业发展的影响上，也为学生的学习方式的改变提供了新的途径。学习方式是学生集中注意并试图掌握和记忆新的知识技能时所表现出的方式。①学习方式主要区别为表层学习方式、深层学习方式等。②微课促进了学习方式由表层学习法到深层学习法的改变。表层学习法即学生往往把学习任务看作强加于他们的负担，他们只是想花最小的努力应付学习要求。为准备考试而死记硬背，不注重理解，只关注文字、文本和公式本身。微课带来的深层学习法即学生能够寻求对观点和意义的理解，能够把学习内容和自己的经历联系起来；把论点和论据联系起来；找出规律和潜在的原理，注重意义的交流、注重所获信息及其相互关系，能够对知识进行内化与拓展。所以，微课用于导学环节，可以复习旧有的知识，引入新的学习内容；用于助学环节，可以为学习者提供支架，帮助学习者自行建构知识；用于自学环节，突出重难点内容，可以为学习者自学提供有效的学习支持。

3．微课促成了优质学习资源的共享

没有学习资源，就没有高校办学基础和生存基本条件。没有好的学习资源，就没有好的办学质量。在众多资源形式中，微课以其“短、小、精、趣”的特征，在国内外教育领域中得以快速发展，形成了大量优质的可共享的资源。

教育部全国高校教师网络培训中心于 2012 年 12 月发布首届全国高校微课教学比赛通知，得到了全国高校及高校教师的大力支持与积极响应。全国 1 600 多所高校参与比赛，参赛选手逾 12 000 多名，引领全国高校掀起了微课建设的热潮。有 5 所院校参赛作品均超过 100 件。开放大学积极响应，其中上海开放大学有 118 件。

作为一种创新型赛事活动，全国高校微课教学比赛对贯彻落实全面提高高等教育质量工作会议精神和《教育信息化十年发展规划(2011—2020 年)》，进一步推动高校教师专业发展，建设高水平师资队伍，强化信息技术与学科教学融合，提高全国高校教师教学能力和课程建设能力，扎实推进数字化学习资源共建共享工作，都有着积极、切实的实践意义。

开放大学深化实践探索，推进课程建设步伐，促进课程教学团队更多地使用微课形式开展课程导学，进一步丰富教学形式，提高课程导学的有效性。例如，江苏开放大学在新开设的四个本科专业、五个专科专业中进行微课导学评比大赛。其中，建筑构造、管理学基础、工程管理概论微课导学获一等奖；环境生态学、电工电子技术、文化资源学、营销与策划、金融基础知识、艺术学概论等 10 门课获二等奖；另有 23 门课获三等奖。在全国范围获奖微课有“影响角色个性化行走的因素”“计算机网线的制作”“外贸信用证业务下单证流程模拟实训”“Lucy 的跳跃——简单关节动作的实现”等。

目前，已有大量的微课网可以共享。例如有：

国家开放大学五分钟课程网：http：//5minutes．corn．cn /

江苏开放大学导学微课点石网：http：//video．iSOU．chaoxing．com / series—70000000228．html

微课网：http：//www．vko．cn /

中国微课网(中小学微课大赛)：http：//dasai．cnweike．cn /

全国高校微课教学比赛官网：http：//weike．enetedu．com /

江苏省中小学微课大赛官网：http：//wk．ise．edu．cn /

凤凰微课：http：//www．fengvk．corn /

第九课堂：http：//WWW．dijiuke．corn /

好知：http：//www．howzhi．com /

WatchKnowLearn．http：//watchknowlearn.org /

微课实质上是基于数字技术带来的视频资源的变革，微课热不应由各级各类微课大赛来推动，而应由教师对教学模式的根本性改革来推进，从而使微课具有长远的生命力。

二、课程辅导答疑库建设

反转教学中，学习者自主学习离不了教师的辅导答疑，教学辅导答疑库建设必不可少。课程辅导答疑库与微课配合是进行反转教学的关键。

(一) 几种传统辅导答疑形式的局限

远程教育中师生时空分离这一本质的特征给远程学习者带来了一定的学习困难。为学习者提供良好的辅导答疑帮助成了远程教育的重要内容。因此，在远程教学平台中，多元的辅导答疑形式在加强师生交流、帮助学生明确问题的所在和获得自己真正需要的答案信息方面具有不可或缺的作用。

目前，常见的网上辅导答疑有：BBS、E-mail、Chat(网上教学活动)、SameCate(直播课堂)等。BBS 在远程教学平台中是最常用的师生之间的互动方式，它构建了一个资源交流和互动学习的社区，具有开放性和共享性；但是，内容复杂，不易组织。电子邮件服务实现了教师对学生个别化的辅导和答疑，是对 BBS 的有益补充；但信息不能共享。Chat 对学习者进行实时辅导答疑·直接、快速；但信息为文本，内容简单。SameCate(直播课堂)是利用视频和音频进行授课和答疑，和传统的授课方式最为接近，直观、信息呈现多样化；但系统有宽带，人员受限制。从交互的角度看，BBS、E-mail 可以实现非实时答疑，Chat 和 SameCate 可以实现实时答疑。

通过以上对四种传统答疑方式的比较分析，我们看到，几种答疑形式各有特点。但是，从辅导答疑方式看，如果提问的学生过多，教师将无法及时进行解答，这将给教师带来相当大的压力，如 BBS、E-mail；从被辅导答疑方看，由于工学矛盾，成人学习者不可能长时间在线学习。如果辅导答疑内容缺乏针对性，他们便会失去对学习的兴趣，如 SameCate，通常学习者要花 40～50 分钟时间看完，有时还不一定找到他需求的答案。还有一些网络教学资源主要是展示教学内容、传输教学信息，学习指导性、教学针对性和交互性较差。另外，根据学科的教学经验，由于课程的内容具有经典的普遍意义，学习者对课程的理解一般都有相似之处，提出的问题有 60%～70%是相同的。如果能有一种智能化的辅导答疑库来处理这些重复性的问题，一方面可以减轻教师的负担，另一方面，缩短学习者获得信息反馈的时间，增强教与学的针对性及有效性，那是皆大欢喜。

(二) 课程辅导答疑库定位及特点

在教学实践中，江苏电大研发了课程辅导答疑系统(爱问搜索网)。课程辅导答疑库不同于一般的教学辅导，也不同于一般的试题库。其定位是：问答+导学。它是以学科答疑问题知识库为基础的教学支持系统，具有相关问题检索、问题解答等功能。它将信息技术与课程整合，课堂学习和课外学习有机地结合，学生自主学习与教师钻研相结合，针对学习过程中的实际困难和常见问题，归纳、总结、提炼后以问题的形式进行组织，促进了探究式教学和学生的自主学习。和常见的答疑过程比较，常见的是学生提出问题，教师给出该问题的相应解答，如图 8-1

中的方式一。而课程辅导答疑库答疑过程是由教师按照专业和课程的分类，将典型的、常用的问题整理归类，便于学生检索。当问题的数量积累到一定数量后，学生可以通过搜索引擎搜索自己感兴趣的问题，从而达到知识的重构，如图 8-1 中的方式二。

课程辅导答疑库有以下特点：①先进性。发挥信息技术优势，注重知识的科学呈现，支持自主探究，优化教学过程。②实用性。丰富课程资源，优化教学环境。紧密联系教学实际，方便师生快捷使用。③科学性。内容科学，注重教学逻辑设计。挖掘知识的内在规律和结构、符合学生的认知规律。④教育性。渗透先进教育理念，提出了“I Ask Search"的理念，注重自我导向学习，关注学生的认知经验、情感体验。⑤艺术性。内容生动、形象。采用不同的形式，如 office、视频、音频、Flash、RAR 等，激发学习者的兴趣。通过一年多的实际应用，不仅解决了传统答疑存在的问题，而且满足了学习者动态、实时的答疑需求，提高教学效率的同时降低了教学成本。

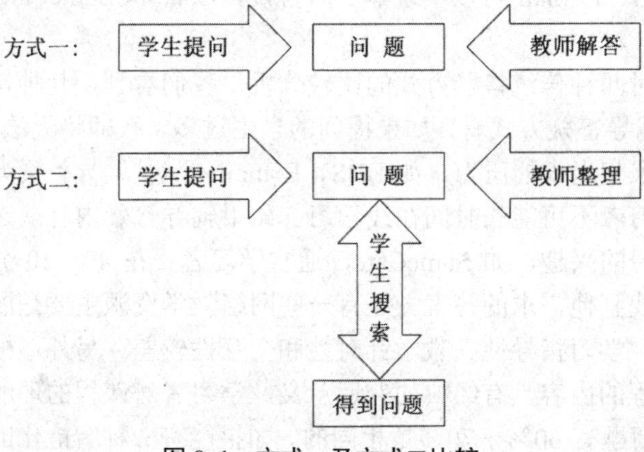

图 8-1 方式一及方式二比较

(三) 辅导答疑库系统设计

1. 系统结构与运行环境

辅导答疑库系统采用 B / S(Browser / server)架构，将整个业务应用划分为：表示层、业务逻辑层和数据访问层，这样有利于系统的开发、维护、部署和扩展。在设计模式上，本系统采用 MVC 设计模式，它强制性地使应用程序的输入、处理和输出分开。使用 MVC 应用程序被分成三个核心部件：模型、视图、控制器，它们各自处理自己的任务。系统总体架构如图 8-2 所示。

系统采用 PHP 语言来创建 WEB 应用程序，在实现过程中做到了将数据和表示层分开，形成了良好的松耦合环境。在 Web Server 软件中，选用 Apache 作为

Web 服务器，因为 Apache、PHP 都符合 GNU / GPI。标准，可以在 Internet 上自由下载使用，所以构建本系统的软件花费非常小。

2. 课程辅导答疑库系统组成部分

在设计课程辅导答疑库时应考虑通用性，要做到方便学科通用和环境通用。从内容安排上要考虑学科特点。例如数控机床电器控制和中国文学，前者会包含公式和图片，后者会是纯文本，如何合理编排辅导答疑库中的内容和格式是必须考虑的问题。

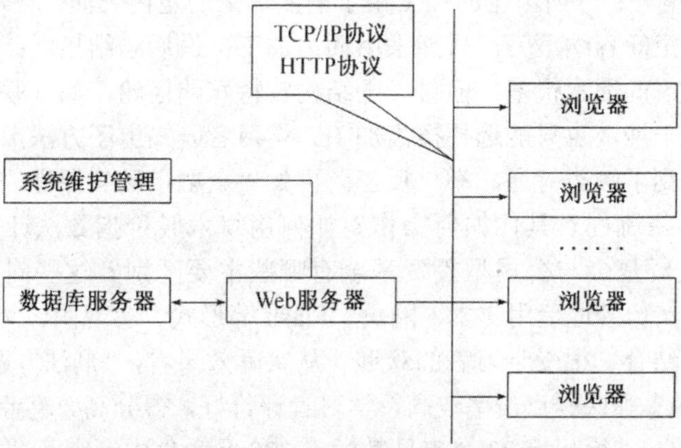

图 8-2　课程辅导答疑库系统架构

课程辅导答疑库按照功能可以划分为四个部分：学生查看问题列表部分；教师答疑和维护答疑区部分；针对答疑库的智能搜索引擎部分；对具体答疑的评分部分。

(1) 查看问题(FAQ)列表。学员进入辅导答疑系统后，根据专业列表，进入相应的专业，按课程分类查看相应的答疑。

(2) 教师答疑。当教师进入某一门课程之后，如果具有相应的课程管理权限，就可以对该课程的答疑进行管理和回复。本系统采用可视化的 FckEditor 作为文章管理系统，答疑过程简单高效。

(3) 智能搜索引擎。学生可以根据搜索引擎，得到自己感兴趣的答疑=其中搜索引擎不仅可以搜索文章，同时还可以搜索各种媒体资源(office、视频、音频、Flash、RAR)。

(4) 评分部分。对具体答疑内容加入评分机制后，就可以更直观地反映学生对某个答疑题的喜好和评价程度，对下一个学生查看问题起到更直观的推荐作用。

(四) 课程辅导答疑库内容建设及使用现状分析

技术人员完成课程辅导答疑系统构架后，课程负责人就需对答疑内容进行设计。为保证答疑库内容建设的质量，保证网络教学效果，江苏电大 / 江苏开大采用先试点后推广方式进行。首先遴选 10 位不同专业的教师在自己所管的课中选取一门自己最擅长的课程建设。各位教师各显神通，针对课程特点精心设计答疑题，以不同形式呈现。3 年内每门课程均需完成所有辅导答疑库的建设。不同课程可采用不同的呈现形式，同一门课也可用多种形式。对问题的设计，一般具备关键词、问题摘要、分析解答、总结拓展几个部分。以“机械制造基础”课程为例，设计问题“内齿轮采用何种齿形加工方法进行加 212”，设计者先说明齿轮加工的方法，再分析解答：分内齿轮的加工由于需要加工的是内表面，若采用滚齿加工，则没有足够的空间容纳滚刀，只能采用插齿加工；最后总结拓展：齿形的加工方法选择需要考虑的因素很多，但对一些结构较特殊的齿轮，如双联齿轮，为了防止刀具和齿坯干涉，也只能选择插齿加工。学习者既知道了方法，也掌握了知识点的关键，做到了触类旁通、举一反三。再如“金融市场”课程，设计问题有：期货开户有哪些流程？具体如何操作？如何用算术股价指数法计算股票价格指数？契约型投资基金与公司型投资基金有哪些主要区别？这些问题贴近生活实际，设计合理，巧妙地运用文本、网页、Flash 等形式，实现图、文、声、像和动态视频的有机结合，很受学习者的欢迎。从实际效果看，“刑法专题”“西方经济学”“金融市场”等课程点击率较高，学习者评价好，得分高。笔者所在课题组在无锡、常州、淮安、徐州等 20 个市县教学点 200 名学生中调查及访谈。调查显示，课程辅导答疑库受到 98% 的学生欢迎。有 52% 的学生通过辅导答疑库学习取得突出的进步；有 38% 的学生学习取得较大的进步；有 8% 的学生学习进步不明显；2% 的学生没有通过辅导答疑库学习。

第三节　反转教学资源建设及其应用探讨

微课及课程辅导答疑库的建设带动了课程与教学的变革，其应用也得到广泛重视。但是，在建设与应用中也存在一些问题，有必要采取有效性策略。

一、反转教学资源建设与应用存在的问题

（一）教师层面

1. 理论认识偏差

有的教师认为，当今成人学生学习功利性很强，只要提供给学生复习迎考的内容即可，大可不必劳神费力去建设微课资源及课程辅导答疑库，所以，缺乏建

设热情。对承担几百门课程任务的省级电大／开大来说，显然，目前微课资源满足不了学生学习的需求。

2．时间精力不够

教师从自身出发，强调平时开放工作已比较繁重，时间不够、精力不够，只要做好常规的网络资源就行，对微课及课程辅导答疑库建设积极性不高。有的迫于行政命令为了参赛而制作微课，较少考虑是否能满足学生的实际需求。

3．专业不精

微课及课程辅导答疑建设建立在对课程内容全面的把握上，对教师专业素养要求高。有的教师对教学内容理解不深，把握不透，使解答内容泛化，失去了辅导答疑的效果。制作的微课也流于形式，利用率不高。

4．缺乏一定的现代教育技术

微课是利用网络多媒体技术展示和传播的，对技术要求较高。虽然管课教师经过一定的现代教育技术培训，但有些教师还不能熟练掌握视频、音频、Flash、RAR 技术，所以，目前，有 80％的课程答疑题多以文本、PPT 形式呈现。

(二) 学生层面

1．陷入短视和功利化的泥潭

受社会大环境的影响，有不少学生认为，学即为用，学即为考，对考试没用的不用掌握那么多，对工作没用的也无须学习。40％的学生只关注网上与考试有关的内容。即使偶尔浏览点击微课或课程辅导答疑库，也是查找试题答案。

2．受条件限制，上网学习条件差

视频学习需要一定的上网学习条件，有的学生因上网学习存在网速问题，容易放弃视频学习。还有 2％的学生基本不上网学习。

3．缺乏必要的自主学习时间

由于工学矛盾，54％学生尽管想多学点，但苦于没有时间。相当多的成人学生学习是处在“要我学”的消极被动状态，把学习看作负担，业余时间要“集中力量考试”，所以，课程学习资源，特别是视频资源点击率普遍不高，应用程度较弱。

(三) 技术支撑层面

1．兼容性不够

当下课程辅导答疑库和“电大在线”2.0 平台不能对接。登录“在线平台”后

不能直接进入到课程辅导答疑库系统中，存在二次登录的问题，这样，学习者需反复登录，进入不同平台，比较烦琐，影响了学习者的学习情绪。新开发的教学平台虽然有了改进，但是，由于服务器带宽不足或负载过大，视频资源点击时缓冲时间太长，学生观看视频比较费时费力。

2．交互性不够

由于没有同步“电大在线”BBS 论坛，因此，学生在课程论坛中提出的问题不能及时反映到课程辅导答疑库中，而对课程辅导答疑库中的问题解答学习者在 BBS 论坛中也无从看见。目前，课程辅导答疑库中的问题都是教师根据提问频率整理得出的，虽然具有一定的代表性，但是问题提炼不够及时，所以，增加学习者自主提问的功能模块是当务之急。

3．检索功能不够强大

例如，课程辅导答疑库只能以课程为单位进行检索，没有建立全文索引库，目前只能对答疑的标题进行搜索，还不能对 Word、Excel 等文章中的实际内容进行搜索。

4．附件容量有局限

在教师实际操作中，特别是上传 FLASH 文件格式的视频资源，附件容量有限制，不能满足大课件的需求，因而，需要增加附件的容量。

二、反转教学中资源建设的有效性策略

课程学习资源建设的目标不在于资源本身的形成，而在于资源的应用及推动教学实践。反转教学更注重优质学习资源的建设，对教学内容的整合，对学生的引导和激发学习兴趣，培养学生学习个性与学习的创新性。

（一）反转教学资源建设的有效性理论

网络资源的使用涉及一个十分重要的问题，那就是资源使用的有效性。网络资源使用有效性问题作为有效教学研究的重要领域之一，其研究的意义重大。“有效性”，是指能实现预期目的的，是接受了实践检验的。有效性的反面是低效、无效。提升网络资源使用的有效性必须以创设和生成有价值的情境和问题为前提。建构主义理论认为，学习不是单纯的现成知识的积累，是经验重建和意义生成的过程，任何教学设计不仅要考虑教学目标，还要考虑有利于学习者建构意义的情境创设问题。微课及课程辅导答疑库要从人本化的设计理念出发，重视学习者的学习形态、学习方式和学习体验，使学生获得发展，是为实现三大转变：由考试本位到多元学习转变；由只重学习结果到重视学习过程的转变；由接受学习到乐

于探究的转变。

为实现网络教学资源的有效性，教师要力避“三个偏移”。一是数量偏移。资源建设中关注的是数量，而不是质量。如果只关注数量的多少，粗制滥造，必然会导致资源的无效。二是向教师本位偏移。是以“师本”，还是以“生本”设计问题。资源建设要增强交互性、参与性，从支持教向支持学的方向转变，体现以学生为中心，有利于学生自主个别化学习。三是向搬运教材偏移。教师简单对教材内容裁剪、组合，没有对课程内容的深刻理解。微课与课程辅导答疑库不是课程简单的外延拓宽，不是课程的简单重复，需要教师在深入理解的基础上对教材内容进行提炼、拓展。

(二) 反转教学资源建设的有效性策略

1．规范资源建设流程

无论是微课还是课程辅导答疑库建设，教师申报需完成课程资源立项报告书，以保证质量。审议，是课程问题设计合理性的重要保证，要组织专家及师生对课程学习资源从内容到形式进行审核。坚持统筹规划，整体设计，明确目标，分步建设。

2．群策群力，团队合作

在开放大学系统外及系统内组织有较高专业水平的教师进行团队合作，协同共建。资源设计教师需及时同技术人员沟通与合作，以保证微课与课程辅导答疑库建设的目的在于交流与应用，在共享应用中体现其价值。

3．培养问题意识，激发学习兴趣

从学生内在需求出发，选择使学生获得可持续发展能力的问题作为教学资源，创设“自主、探究”的教学环境，培养学生的问题意识、创新精神和实践能力。

4．注重将教学资源融入在线教学

教学资源的可用性、便利性、可行性是提高教学质量的关键。需要增强微课与课程辅导答疑库中学习问题设计的针对性、适应性、灵活性、开放性。在课程BBS论坛中引导学习者提出问题，针对问题进行解答，想学生所想，急学生所急，为学生更好地自主学习创造良好的条件。彻底改变过去建设的大量的精品课程处于沉睡的状态，提高视频资源的利用率。

5．教师充分根据自己的个性，扩充专业知识

教师要着力提供与课程相关的大量案例，使学习者在解决案例的过程中进行知识的再次建构。进一步完善课程辅导答疑库系统，建立全文索引库，增强

答疑库的检索功能，增强师生的交互性。注重实际应用，强调资源评价，提高使用效果。

6. 实现多种网络教学资源的有机整合

微课与课程辅导答疑库只是网络教学资源的一部分，它必须要与其他网络资源配套使用，形成科学合理、共享共用的网络资源环境。各种硬件资源(计算机、存储设备等)和软件资源(操作系统、资源管理系统)之间规范标准一致，真正实现资源共享。

精心设计制作的微课与课程辅导答疑库是为学习者提供学习资源支持服务的重要措施之一。反转教学中的教学资源一方面讲求实效，能够满足学习者“学以致用”的需求，提高学习者的学习兴趣；另一方面，注重对学习者引导，关注学生的认知经验、情感体验，在培养学习者的科学素养和人文素养，完善品格发展方面起到了重要的作用。

第四节　反转教学的实践探索

现代信息技术有助于教师运用各种教学方法与手段，进行有效教学。反转教学利用现代技术，改变了传统的学习流程，运用混合式学习方式，使线下与线上的学习有效结合，宗旨是使每个学生掌握学习，学有成效。2012 年 6 月美国教育咨询公司 Classroom Window 发布了一项调查报告，揭示了翻转课堂的应用价值，报告显示：88％受访教师表示翻转课堂提高了他们的职业满意度；67％受访教师表示学生标准化考试成绩得到提高；80％受访教师声称他们的学生的学习态度得到改善；99 ％受访教师表示下一年将继续采用翻转课堂模式。[①]我们以“幼儿园语言教育专题”课程的教学实践为例，反转教学也取得一定成效。

一、反转教学个案实践的主要实施环节

对于原本就基于网络采用混合式教学的远程教育而言，我们从反转教学范式中得到启示，对“幼儿园语言教育专题”课程进行了教学探索，具体步骤如下：

(一) 明确学习目标

“幼儿园语言教育专题”课程是学前教育(本科)专业一门选修课，学习目标

[①] 章玳．反转教学：线上与线下学习的有效结合——“以幼儿园语言教育专题”教学实践为例[J]．教育探索，2013(11)：46-48．

为：了解学前儿童语言发展的一般理论；掌握学前儿童语言教育的相关理论；能够正确地设计与实施学前儿童语言教育活动，提高从事幼儿园语言教育实践和研究的专业素养。

本课程理论与实践性都比较强。教学中应有针对性地向学生介绍学前儿童语言发展和学前儿童语言教育的基本理论，提高学生对学前儿童语言发展及其教育的认识的理论化程度和理论认识水平。同时，更要让学生深入理解学前儿童语言教育的六种实践活动，提高学生设计、组织、进行幼儿园教育实践活动的能力，并进一步培养独立思考问题、分析问题和解决问题的能力。

(二) 分析学习者

学习者多为幼儿园老师，有公办幼儿园老师，也有民办幼儿园老师；有从教十多年的有经验的老师，也有刚入职转行的老师，全部为女性。

针对学生特点，线下教学即面授课宜采取重点知识讨论与案例分析等方式。发展性问题以讨论的方式为主，实践活动以案例分析的形式为主。线上学习包括自主学习与集体互动讨论，自主学习内容为课程各模块知识点，集体互动讨论主要在论坛完成。由于远程教育的特性，对于异质性的远程学习群体而言，教师的引领学习尤为重要。导学引领分线下线上引领。例如，线下第一次面授课介绍课程学习资源，明确学习目标、学习形式、学习规则、考核方式等。线上引领则在BBS论坛中对各教学点通过教师发帖、学生发帖做出规定，明确参与讨论的目标、要求、内容及时间安排等。

(三) 线下学习：激疑启思，答疑解难

线下面授教学打破了常规的按章节、单元的满堂灌讲授法，以问题激疑启思，教师通过对学生的兴趣与参与度灵活掌握，调整教学的进度与节奏，这使得师生面对面的时间变得更有价值。只有与学习者有关的知识才能激发学习者的关注度与兴趣，只有学习者认为有意义的学习材料才能够形成有意义的学习。由于职业特性，一些学生通常会打断授课教师的讲述提出自己关心的问题，特别是几个思维活跃的学生。教师对这样的学生进行激励的同时，将问题与学生平时的工作联系起来，启发式提问，例如，你对家长在幼儿早期阅读中作用持什么看法？你认为应该怎样做？以促进学生的创造性思维及解决问题能力的发展。

教师在每次面授课前至少提一个问题，讲授结束时，提出两三个比所讲的深奥或讲授中未能做出回答的问题。要求学生课前必须通过看在线视频，阅读相关的学习资源，调动原来的知识储备与学习经验；然后要求学生针对所学到的内容提出问题。面授课后教师则对学生提出的各种问题进行组织整理，有针对性地设计学习材料，组成辅导答疑库。将常见辅导答疑题发布在平台教学辅导栏中及BBS

讨论区中，供未参加面授学习的学生进行学习。

(四) 线上学习：练习强化，小组协作

反转教学中，线上(在线)学习不再是随意的，可有可无的学习了。教师明确了在线学习的任务，与学生签订学习契约，学生必须完成阶段性任务后才能继续学习下个阶段的内容。教师制作或与学生共同制作视频资源，让学生在课前预先学习。在线视频学习过程中设置通关练习，视频学习 5 分钟左右，就会弹出一个小测试或小问题，使学生像玩游戏一样，轻松、愉悦地完成练习。如果在线学习中学生被问题卡住，教师在线答疑能及时施以援手进行帮助；智能化学习系统可以自动记录学习过程和评测学习成果，在此基础上，教师采用多元评价方法，对学业表现好的学生给予奖励。

在线学习强调生生互动协作学习。协作学习分组有两种，一种是同质型小组，一种是异质型小组。同质型小组学员来自一个幼儿园或层次相近幼儿园，或具有相同或相近的学业能力、学业背景。异质型小组成员在学业能力、学业背景上有所不同，来自不同种类型的民办或公办园。随着教学的深入，教师根据不同小组的特点，变换小组协作活动内容。小组协作活动内容有语言教育活动方案设计、自制语言教育活动小视频、网上 WIKI 协作共同回答问题及幼儿园阅读情况调查、BBS 讨论区中相互质疑或解决难题等。教师的作用是聆听对话和指导性回应，或参与到有需要的小组学习中。主要实施环节如表 8-2 所示。

表 8-2　线下与线上学习实施环节

	导学引领	激疑启思	答疑解难	小组协作	练习强化
线下学习	明确课程学习目标及学习要求	文本教材学习，提出问题	思考题讨论、活动方案设计	设计方案、同质小组讨论，面对面	问题抢答、讨论题、案例分析
线上学习	明确学习任务及参加学习活动的规则	在线视频课件学习，提出问题	疑难题讨论、评析活动方案	评析方案、异质小组讨论，BBS、QQ 或 Wiki	通关测试、讨论题、案例分析

二、学习活动：线上与线下学习的有效结合

学习活动是课程与教学的基础，是线上与线下学习的关键一环。我们在面授课上布置了一个任务，分小组设计语言教育活动方案(《春天的电话》)，要求：设计出引导学前儿童理解故事的三个层次提问；设计一个完整的故事教育活动方案，重点体现幼儿编构环节。

根据学生人数，教师将学员分成六个同质型小组。各小组成员通过自主学习在线学习内容后，完成了故事活动设计方案。教师在面授课上评析了一组学员的

故事活动方案，并要求学生进一步在线学习语言教育活动方案设计步骤(多媒体课件)，布置在线讨论任务：评析各小组完成的故事活动方案。

在线教学为更多学生提供了参与到讨论中的机会。在线实时讨论时，学生晒出了小组的活动方案，并积极参与了评析。例如，学生参与讨论，主要从活动准备、活动目标及活动过程三个方面对设计方案进行了评析。

活动准备：

正值春季，我认为可以先带着幼儿野外去找春天作为活动的准备。

我认为该同学的“活动准备 1”应该出示一些春天的图片，或者直接就是提问小朋友眼中的春天是如何的，而不是带领幼儿外出找春天，这不安全吧!

我认为是不是在材料的准备上用图标的形式和小动物之间说的话用对话框的形式，在图标的摆放上可以用一个圆来表示，就可以不用分段。

(活动准备是要写清楚通过本次活动达到的具体目标要求。学员各抒己见，思维碰撞，说出了物质准备与语言准备。)

活动目标：

目标的制定有点问题。

目标的制定应该是知识、技能、情感这个顺序!

对，老师说得很好，设计活动目标要有针对性，大班和小班孩子能完成的目标肯定是不一样的。

春天的电话活动过程围绕目标，并能完成目标，我觉得不错。活动中还有游戏，是孩子喜欢的一节语言课。

如果是小班的幼儿，这节课的目标 2，可能达到效果的概率不是太大。如果是大班的幼儿，这节课太过简单，所以我感觉这节课适合中班的孩子上。并且在目标中加入，幼儿简单地复述故事。大班的幼儿可以加入创编。

活动目标可以设定为：①理解故事内容，知道春天的一些季节特征。②感知故事中电话号码的排列顺序，初步找出其中的规律。③体验伙伴间相互关心、团结友爱的精神。

(活动目标要写清楚通过本次活动应达到的要求。学员从笼统的表述“有点问题”到看出具体问题，学会清晰、专业地设定目标)

活动过程：

要素很齐全，但是感觉有点复杂，一个课时要完成的话，有点紧了。

怎么没有创编的过程呢？可以加入创编的过程。这也是活动的延伸啊。

通过动物们之间的联系，引出春天的主题我觉得还是比较恰当的，就是觉得动物写的太多，会让宝宝们思绪混乱。

可以分为两节活动，将延伸放在第二个活动中。整个活动很丰富，只是孩子一直坐在那里太静了，如果最后的结束能改成孩子们动起来的游戏就更好了，比如换上刚才开火车的结尾就更好了。

最后的结尾用“开火车”结束，做到了语言活动的动静结合，很好!只是整个活动的过程是老师问，幼儿回答，过于单调，吸引不了幼儿，可以改进一下。

(资料来源：http：//open．jstvu．edu．cn)

(一个经过精心设计的完整的活动过程在形式上应表明活动的起点与终点。需要重点提出问题，问题要与学习目标对应。在教师不断地引领下，学生能够把目标与内容、步骤联系起来发现问题，看到了教师没有发现的细节，学生的创造性表现得以体现。)

以“学生为中心”，教师在整个活动中只进行指导性回应，教师引导语如表8-3所示。

表8-3 网上讨论活动中教师引导语

引导语	举例
鼓励式	同学们说得很好啊，继续加油! 回鹿××同学：学习永远不晚哦!
启发式	有的同学说“目标设定有问题”，那你是如何设定的呢？ 在活动延伸部分，我们有什么样的创编更好呢？
点评式	所以，你可以针对小班或者大班的幼儿设计。设计要有针对性。周××一组的活动方案设计贴近幼儿生活，活动过程交代清楚、启发幼儿思维，可行!但活动目标还要微调一下。
陈述式	期待另一组的活动方案，……好的，另一组同学的活动设计新鲜出炉了，大家也来评一评啊。22号上课时会有BBS活动小结，敬请参加。

调查中发现，学生在线上线下学习中参与度有所不同。线下面授只有20%的学员愿意在同班同学面前表达自己的观点，而在网上BBS实时讨论中，85%以上的学员愿意与他人分享自己的观点。有一个学员在一个小时的讨论中，发帖、回帖高达51条。

教学过程中发现，学员参与教学的积极性提高，参与程度加大，学习认识与方式得以改变。下面是来自部分学员的反馈。

学生一：我是一个有十几年教龄的公办幼儿园老师，我的方向正好是语言教育活动方向，我平时工作很忙，原本只想通过自学完成学习任务，但是同学说上课讲的很有用，所以我来了，我听到了我原来不知道的东西。一些新绘本的介绍，一些语言活动设计方案的评析，丰富了我的经验，以后的课程讨论我一定会参与的。

学生二：我原先是学艺术的，我很热爱幼儿园工作，所以选择了幼儿教育事业。现在一所民办园当老师，刚入职不久，理论知识掌握甚少，甚至《纲要》是什么都不知道。虽然平时也通过老教师的带领进行学习，但是通过这样的教学我还是受益匪浅，我准备将学到的知识运用到教育实践中去。

学生三：激发了我学习的积极性，运用多媒体课件，先进!网上学习真方便，在这样的学习活动中不仅能和教师交流，还能和同学们一起学习，真好!

三、反转教学实现条件

在教学实践中我们发现，线上与线下学习的有效结合提高了学习成效。但是，我们也注意到，要真正有效实现反转教学需要一定的条件。实现条件是指教学范式发挥效力的条件目标，主要有以下三个方面。

（一）技术支撑与保障

随着教育与技术的深度融合，信息技术已经远远突破“辅助教学”的概念而成为教育不可或缺的工具和要素。从技术促进教育变革的角度来看，反转教学得益于视频教学等信息技术，技术提供了一种学生和教师可以同时作为学习者和学习的促进者的环境；技术融合了文本、图片、动画和视频等信息源；技术允许学生按照自己的进度安排学习和完成与之匹配的作业；技术还可以一站式访问到分散在图书馆、视频资源库等学习资源。而借助技术，教师也得以空出更多时间与学生互动。[①]智能化技术可以随时收集学生的学习数据，学生的学习经验和学习成果被系统加以记录，围绕学习讨论产生的资源可以加工整理。如今，网络形式向移动学习平台发展，学习平台在不同程度上整合了交流工具，开发基于 Android、Apple 的学习软件已成为可能。学习平台建设离不开完善的信息基础设施，另外，数据库也需要有保障。

（二）教师课程意识与课程能力

如果没有高素养的教师，就不可能有反转教学模式的重大变革。伯格曼和萨

① 萨尔曼·可汗．翻转课堂的可汗学院——互联网时代的教育革命[M]．刘婧，译．杭州：浙江人民出版，2014：90.

姆斯强调，反转教学仅有的手段是雇佣、训练以及支持优质的师资。优质教师必须具备课程意识与课程能力。课程意识是指向教师教学观念的，是教师从事教学活动设计与实施的内在力量，直接影响教师的教学思路和行为方式。在实施反转教学过程中，教师要把自己看作学生的对话者，强化课程意识，满足学生的学习需要。教师还要具备课程能力。课程能力直接影响着课程与教学实践的成效。课程能力包含着教学能力，但又超越教学能力，具体包括课程设计及整合能力，教学设计能力，视频资源制作能力，与学生线下、线上的交流能力，引导学生发现问题并指导学生探索问题的能力，通过调动学习者的学习主动性和积极性，提高学生获取信息能力以及充分利用信息资源快速高效地解决问题的能力等。要有效地实现反转教学，一定会增加工作量，所以教师要为学生付出更多的努力。

(三) 规范管理与提升学生学习品质

远程学习者通常处于弱控制状态中，学习者的学习行为是一种自由状态，约束性差，需要学习者有自律性、抗干扰性，才能达到预期的学习目标。对自控力差的学习者而言，不仅面授课会缺课，在线学习也会敷衍。反转教学中激励学生的学习会使学生肩负更多的学习责任。所以，一方面学校管理方要有制度规范的约束，管理支持服务要更偏向和课程相关的信息发布、反馈和处理答复的管理，及时、有针对性地对学生的信息反馈进行处理。另一方面着眼于人的终身学习能力，必须提升学生学习品质，发挥学生学习的主观能动性，使学生自觉对学习行为进行控制，进行评价及反思。让学生参与教学，亲历发现、探究问题的全过程，体验教学的成功感，学会对自己的学习与今后的发展负责。

社会的变革，现代信息技术的发展，给教师带来的挑战是空前的。新的教学方式对大多数教师来说，是一个十分重要的考验。现代教师要灵活运用各种教学方法与手段，进行有效教学，使学生学有所成。值得指出的是，反转教学并没有一个固定的模式，其教学理论还在发展和完善之中，如何更好地理解线下(课堂面授)学习与线上(在线)学习之间的关系，设计学习任务、学习内容与学习方式，改善自己的教育教学实践，实现理念向行为的转化，还有待我们进一步探索。

参考文献

[1] 赵样．开放大学课程资源建设的整体设计与应用策略[J]．人大复印报刊资料《教育学文摘》，2014(04)：72-74．

[2] 赵样．开放大学立体化课程资源体系构建[J]．人大复印报刊资料成人教育学刊》，2014(11)：33-42．

[3] 赵样．学习成果折旧：终身教育学习成果的知识技能时效性思考及对策[J]．中国远程教育，2020(03)：P．73-84．

[4] 赵样．国家资历框架下的学历纵向衔接体系构建[J]．现代远距离教育，2020(05)：P．69-83．

[5] 赵样．“桥梁式”中高本纵向衔接课程体系构建[J]．中国职业技术教育，2020(13)：P．61-77．

[6] 赵样，张倩．双模式开放大学课程资源建设实践与应用[J]．云南开放大学学报，2020(01)：17-25．

[7] 赵样，李跃昆．开放教育学习理论与实务[Z]．南京：江苏教育出版社，2018．

[8] 赵样．开放教育执行性专业规则报批审核系统的设计与实现[J]．中国远程教育，2012(07)：P．81-84．

[9] 赵样．开放大学立体化课程资源体系构建[J]．现代远程教育研究，2014(04)：91-98．

[10] 赵样，白磊. 开放教育执行性专业规则报批审核系统的设计与实现[J]. 中国远程教育，2012，000(013)：P．81-84．

[11] 赵样，安庆. 学分银行中"课程折旧"在学分积累与兑换方面的应用[J]. 广东开放大学学报，2015，024(003)：P．15-18．

[12] 赵样．开放教育学习基础[Z]．南京：江苏教育出版社，2013．

[13] 赵样．一种简便的网络课程设计脚本的实现方法[J]．云南教育高等教育研究，2014(1)：50-51．

[14] 赵样．网络课程设计脚本编写及其 PowerPoint 实现[J]．云南电大学报，2012(01)：23-25．

[15] 赵样. 基于 PDCA 循环的哲学社会科学科研活动诚信建设与管理[C]. 云南省哲学社会科学科研诚信建设论文集，云南：云南大学出版社，2020.

[16] 赵样．网络环境中互动式远程教育教学支持服务模式探索[J]．科教创新导刊，2012(13)：91-97．

[17] 赵样，李联贵，杨蕾．基于 PDCA 循环的高校科研廉政风险防控研究[J]．云南科技管理，2020(01)：33-39．

[18] 赵样，商云辉．远程开放教育课程资源建设总体思路与实践[J]．云南开放大学学报，2013(04)：15-18．

[19] 赵样，曾云昆．4G 时代基于云计算技术的远程教育模式探索[J]．云南国防工业职业技术学院学报，2012(02)：12-17．

[20] 赵样，曾志雄，李丽娜．云南开放大学课程资源建设与应用策略研究[C]．“开放办学服务终生”云南开放大学试点建设论文选集，南京：江苏教育出版社，2012．

[21] Yang Zhao．Analysis of Learner's Behavior Characteristics Based on Open University Online Teaching Platform [C]．International Conferences of Pioneering Computer Scientists，Engineers and Educations (ICPSEE2020)，pp：452-458．

[22] Yang Zhao．Learning Outcomes Depreciation to Solve Knowledge Timeliness in Lifelong Education [C]. International Conference on Computer Science and Educational Informatization (CSEI2020)，pp：233-237．

[23] Yang Zhao．The Design and Implementation of the Examination and Approval System of Executive Professional Rules in Open Education [C]．Proceeding of 3rd International Conference on Education，Economics and Management Research (ICEEMR)，(Advances in Social Science，Education and Humanities Research，VOL．385)，pp：68-71．

[24] Yang Zhao．The Application of “Course Depreciation” in Credit Bank for Credit Accumulation and Exchange [C]．Proceeding of 3rd International Conference on Education，Economics and Management Research (ICEEMR)，(Advances in Social Science，Education and Humanities Research，VOL．385)，pp：29-33．

[25] Yang Zhao．Interface Design for Credit Bank System and Level-Cross Curriculum system[C]．Proceeding of 2013 2nd International Conference on Management Science and Industrial Engineering (MSIE)，pp：744-750．

[26] Yang Z，Zhao Y，Hu X，et al．A flexible vehicle surround view camera system by central-around coordinate mapping model[J]．Multimedia Tools and Applications，2019，78(9)：11983-12006．

[27] Zhao Y，Qian W H，Xu J，et al．Sketch Simulating Based on Non-Photorealistic Rendering[J]．Applied Mechanics & Materials，2013，353-356：3619-3622．

[28] Yang Zhao，Qian W H，Chen Q，et al．Optimization Methods to Texture Synthesis[J]．Advanced Materials Research，2011，217-218：662-667．

[29] Yang Zhao．Research in Distance Education Mode base on Cloud Computing in 4G Communication Period [C]．The Asian Association of Open Universities (AAOU 25th)，2011，pp：68-71．

[30] Yang Zhao．Overall Design and Practical Experience of ODER by Yunnan Open University[C]．The Asian Association of Open Universities (AAOU 27th)，2013，pp：315-321．

[31] Yang Zhao．On the Application of the Course Depreciation in the Learning Credits Bank for the Credits Accumulation and Exchange[C]．The Asian Association of Open Universities (AAOU 30th)，2016，pp：153-159．

[32] 潘文林，赵样，张玉忠．大数据与信息可视化方法研究[M]．长春：吉林科学技术出版社，2019．10

[33] 蒋作，邹丽红，赵样．深度解读：大数据与数据分析[M]．长春：吉林科学技术出版社，2019．10

[34] 上海开放大学开放教育国际研究院课题组．中国特色开放大学体系的建立和发展研究报告[J]．开放教育研究，2014(12)：10-22．

[35] 商云辉，赵样．Y 省视频会议省级控制中心的构建[J]．昆明冶金高等专科学校学报，2013(05)：46-50．

[36] 李联贵，赵样，杨蕾，李颖．高校基本建设项目管理与成本控制方法探析[J]．经济管理，2020(02)：33-39．

[37] 王海蓉，赵样，王斌．基于高职人才职业迁徙能力培养体系的构建[J]．学术探索，2018（教育研究专辑）：73-80．

[38] 李林，赵样．虚拟中的现实——网络教育师生关系[J]．中国科教创新导刊，2011(02)：91-97．

[39] 曾云昆，赵样．开放远程教育教学资源建设案例——“教学媒体及应用”文字教材编撰分析[C]．“开放办学服务终生”云南开放大学试点建设论文选集，南京：江苏教育出版社，2012．

[40] 杨立峰，滕丽莎，赵样．网络课程中学习动机激发与保持策略的涉及[C]．“开放办学服务终生”云南开放大学试点建设论文选集，南京：江苏教育出版社，2012．

[41] 李丽娜，曾志雄，赵样．基于开放平台的系统设计[C]．“开放办学服务终生”云南开放大学试点建设论文选集，南京：江苏教育出版社，2012.
[42] 赵样．基于“1+X”证书制度的学历纵向衔接人工智能应用人才培养模式研究前期调研报告[R]．教育部人文社科规划基金项目，2020.
[43] 赵样．基于“1+X”证书制度的学历纵向衔接人工智能应用人才培养模式研究前期调研报告[R]．教育部人文社科规划基金项目，2020.
[44] 赵样．虚拟仿真及数字媒体产学研一体化中心研究报告[R]．云南省高等教育质量工程项目，2017.
[45] 赵样．多种媒体课程资源移动互动学习平台开发研究报告[R]．云南省高等学校教学改革研究项目，2017.
[46] 赵样．职业教育中高本一体化人才培养模式构建研究报告[R]．云南省教育厅科学研究基金重点项目，2016.
[47] 赵样．开放教育专业规则信息管理系统的研究开发[R]．云南省教育厅科学研究基金一般项目，2012.
[48] 赵样．云南开放大学项目管理系统研究报告[R]．云南开放大学科学研究基金项目专项项目，2020.
[49] 赵样．云南开放大学课程资源管理系统的研究与开发[R]．云南开放大学科学研究基金项目专项项目，2013.
[50] 赵样．基于学分银行的中高本衔接现代学徒制 VR 技术人才培养模式研究前期文献综述报告[R]．国家开放大学科学研究基金项目专项项目，2020.
[51] 王一兵，等．新型大学的构建——中国特色开放大学体系的建立和发展研究报告[M]．南京：江苏教育出版社，2015.
[52] 陈鲁燕，徐彬．云南开放大学试点建设的实践与创新[M]．南京：江苏教育出版社，2013.
[53] 陈芬萍．课程与教学论新编[M]．合肥：安徽大学出版社 2012.
[54] 陈丽．远程教育学基础[M]．北京：高等教育出版社，2018.
[55] 陈玉琨，沈玉顺，等．课程改革与课程评价[M]．北京：教育科学出版社，2001.
[56] 丛立新．课程论问题[M]．北京：教育科学出版，2017.
[57] 丁念金．课程论[M]．福州；福建教育出版社．2007.
[58] 丁新．国际远程教育研究[M]．北京：高等教育出版社，2008.
[59] 丁兴富．远程教育学[M]．北京：北京师范大学出版社，2017.
[60] 龚益鸣．现代质量管理学[M]．北京：清华大学出版社，2007.